雷锋精神赋能园区高质量发展

主　编　杨忠民
副主编　周庆年　贺培育

湘潭大学出版社

图书在版编目（CIP）数据

雷锋精神赋能园区高质量发展 / 杨忠民主编. -- 湘潭 : 湘潭大学出版社, 2022.8
ISBN 978-7-5687-0838-8

Ⅰ. ①雷… Ⅱ. ①杨… Ⅲ. ①雷锋精神—文集 Ⅳ. ①D64-53

中国版本图书馆 CIP 数据核字（2022）第 148463 号

雷锋精神赋能园区高质量发展
杨忠民 主编

责任编辑：王正杰
封面设计：李 平
出版发行：湘潭大学出版社
社 址：湖南省湘潭大学工程训练大楼
电 话：0731-58298960 0731-58298966（传真）
邮 编：411105
网 址：http://press.xtu.edu.cn/
印 刷：广东虎彩云印刷有限公司
经 销：湖南省新华书店
开 本：787 mm×1092 mm 1/16
印 张：13
字 数：269 千字
版 次：2022 年 8 月第 1 版
印 次：2022 年 8 月第 1 次印刷
书 号：ISBN 978-7-5687-0838-8
定 价：78.00 元

目　　录

特邀嘉宾主旨演讲篇

雷锋精神赋能园区发展篇

雷锋精神助力文明实践篇

雷锋精神基础理论研究篇

特邀嘉宾主旨演讲篇

雷锋精神助推高新技术企业高质量发展的四个着力点

——对长沙高新区学雷锋活动的调研与思考

省雷锋精神研究会课题组*

2021年11月22—23日，省雷锋精神研究会课题组在杨忠民会长带领下，采取现场观摩、会议座谈、个别访谈、个案剖析等方式对长沙高新区“雷锋新城”建设和学雷锋活动进行了为期2天的实地调研，在此基础上，着重对园区高新技术企业推进雷锋精神全面融入高质量发展进行了深入研究。

调研得知，长沙高新区经过30多年发展，形成了以新一代信息技术、工程机械为优势，以生物医药、先进储能及新能源汽车、航空航天为特色的现代产业体系，现聚集着1338家高新技术企业和30万产业工人，已成为长株潭国家“两型社会”建设综合配套改革试验区、长株潭国家自主创新示范区、国家级湖南湘江新区和长株潭衡国家智能制造试点示范区的核心区，目前名列全国169个国家高新区第14位。近年来，长沙高新区充分依托雷锋精神发源地这个区位优势，积极担当“雷锋家乡学雷锋”的政治责任与文化使命，坚持不懈将开展学雷锋活动、弘扬雷锋精神作为推动企业高质量发展的重要抓手与强大动力，制定出台了《关于“雷锋新城”建设的指导意见》《雷锋新城建设三年行动计划》《雷锋文化进企业工作方案》《关于专职雷锋志愿者招募及管理实施细则》等政策措施。2021年3月5日，举办“三十万产业大军学雷锋，奋力建设‘三高一城’”誓师大会，再度掀起企业学雷锋高潮。系列举措制度的出台与主题实践活动的开展，创造性地把雷锋精神高度融入园区经济、政治、文化、社会、生态文明及党的建设各个领域，为高新技术企业深入开展学雷锋活动、助推高质量发展做出了有益探索，提供了宝贵启示。

---

* 课题组成员：杨忠民，湖南省委原常委、省军区原政委、省雷锋精神研究会会长；伍新林，湖南省社会科学院工会主席、副研究员；胡守勇，湖南省社会科学院社会学所副所长、研究员。

一、厚植家国情怀：高新企业学雷锋的价值要旨之维

家国情怀是一种深层次的文化心理密码，表现为对国家的高度认同感、归属感、责任感和使命感，以及对国家富强、人民幸福的理想追求。国家高新区的设立与发展，关乎我国高科技产业的兴衰成败，关乎国家的前途命运。高新企业作为知识密集、技术密集型经济实体，直接面向世界科技前沿，直接面向国家战略需求，直接面向国民经济主战场。家国情怀，是高新技术企业应有的价值追求，亦是高新技术企业发展的强大力量。高新技术企业唯有以家国情怀立命，志存高远，将企业发展主动融入国家富强、民族复兴的时代伟业中，才能凝聚人心、汇聚民力，才能根深叶茂、茁壮成长。雷锋不管在哪个工作岗位上，都把国家富强、民族振兴、人民幸福作为不懈追求，发乎心而践于行。他热爱党、热爱祖国、热爱人民、热爱社会主义的崇高理想和坚定信念，本质上就是一种深厚的家国情怀，与高新技术企业发展壮大的价值要旨高度耦合。

长沙高新区在推进“雷锋新城学雷锋”过程中，坚守“发展高科技、实现产业化”的使命导向，注重将雷锋爱党爱国、忠诚担当的优秀品质与园区创新创业、奋发向上的创业文化深入融合，引领园区企业以强烈的家国情怀投身国家建设，园区高新企业无不坚持以产业报国、实业强国为己任。华曙高科创始人许小曙的创业初衷是弥补中国在工业加工制造中增材制造技术的空白，彰显了“国家的需要，就是我们的使命”的企业情怀，其浓浓的爱国情、报国志深深浸润在企业发展的方方面面。近年来，该企业在破解国外“卡脖子”技术难题方面屡建奇功。中联重科始终抱着产业报国、布局全球的理想抱负，成功收购全球混凝土机械市场排名第三的意大利 CIFA 公司，在服务“一带一路”中不断拓展新局面。公司副总裁、总工程师付玲博士组织团队成功研发出全球最大吨位 2000 吨全地面起重机、全球最长 101 米泵车等多款全球之最产品，打破了国外技术封锁。威胜集团牢记习近平总书记视察该公司时提出的“加强研发，不断创新”的殷殷嘱托，始终坚守振兴民族工业、奉献威盛精品的初心，致力于成为全球能源计量与能效管理专家。

长沙高新区推进企业学雷锋的实践表明，高新技术企业开展学雷锋活动应旗帜鲜明地将厚植家国情怀作为价值旨归，这既是传承与弘扬雷锋精神的应有之义，也是实现高质量发展的必然之举。家国情怀既要体现在企业使命、核心价值、战略定位、企业精神等方面，也要融入企业的日常党建、管理、生产、生活的细节中去。既要体现在广大企业员工身上，更要充实到企业家精神中，引导企业家胸怀“两个大局”，心系“国之大者”，把企业发展同国家繁荣、民族兴盛、人民幸福紧密结合在一起，主动为国担当、为国分忧。

二、锻造工匠品格：高新企业学雷锋的内涵发展之维

习近平总书记指出："学习雷锋精神，就要把崇高的理想信念和道德品质追求融入日常的工作生活，在自己岗位上做一颗永不生锈的螺丝钉。"高新企业承担着从"中国制造"向"中国智造"强力迈进的引领角色，肩负着"把关键核心技术掌握在自己手中"的国家使命，锻造工匠品格，弘扬十年磨一剑的专注精神与精益求精追求卓越的敬业精神，是高新企业实现高质量发展的内在需要。工匠品格是雷锋精神的重要组成部分，雷锋干一行爱一行、专一行精一行的优良品质生动体现了工匠品格的核心内涵。深入开展学雷锋活动，无疑是高新技术企业培育工匠精神、锻造工匠品格的重要抓手。

长沙高新区为深入推动企业学雷锋，推出"每个人都了不起"麓谷工匠杯匠人节活动，通过开展技能竞赛，表彰能工巧匠，褒扬工匠情怀，园区尊崇工匠精神蔚然成风，各类工匠人才不断涌现。中联重科旗下电器控制技术公司制造部电工吴辉，多次参与技能大比武，先后获得"智能匠星""质量之星""十行状元百优工匠"等荣誉称号。长沙奥托机械股份有限公司折页机车间主任刘志军，作为技术钳工，追求1/5头发丝精度的工装标准，设计和制作的模具工装精度达到0.02毫米，刘志军工作室被评为长沙市示范性劳模和工匠人才创新工作室。威胜集团通过产业发展建立了企业和行业人才培养平台，为行业培养出一大批工匠人才、科技人才以及海外智力人才。

长沙高新区推进企业学雷锋的实践表明，高新技术企业开展学雷锋活动必须紧扣工匠品格这个精神内涵。培育工匠品格就是要将"甘于奉献、爱岗敬业、精益求精、追求卓越"的精神理念注入现代化生产中。要通过开展各层级"匠星"人物评选命名表彰活动，加大典型选树宣传力度。要通过完善政策供给加大激励力度，在福利待遇、职务晋升、个人成长等方面对工匠人才给予倾斜，以鲜明的用人导向营造崇尚工匠氛围。要将雷锋式"中国匠心"教育作为企业全体员工必修课程，除了培育一线技术工人的工匠精神，也要培育管理人员的工匠精神，使工匠品格成为全员集体价值观。

三、培育创新意识：高新企业学雷锋的企业文化之维

国家高新区是创新驱动发展的示范区，是高质量发展的先行区。创新是高新技术企业的根本属性和发展动力。对于高新技术企业而言，只有通过持续不断的技术创新、组织创新、管理创新和市场营销创新等全方位创新，才能在激烈的市场竞争中始终立于不败之地，不断开创发展新局面。高新技术企业员工大多为知识型员工，他们具有较高的学历和丰富的专业技能，通常更喜欢具有挑战的任务和工作，希望将工作岗位变为实现自我价值的舞台，而创新正是自我价值实现的重要途径。雷锋同志一生总是把工作作为一种无穷动力，不断通过学习提升自己，在任何工作岗位都表现出一种勤

于钻研、勇于开拓、锐意进取的创新意识。高新技术企业应将开展学雷锋活动作为培育企业创新文化的重要抓手，着力营造创新创优的文化氛围，为员工搭建实现人生价值的平台，为企业发展提供不竭的内生动力。

长沙高新区在推进企业学雷锋过程中，明确提出打造“科技创新之谷，雷锋精神之城”，引导企业在青年职工中组建雷锋青年突击队、雷锋式科研攻关团队，激励青年职工在科研攻关、项目攻坚中发挥中流砥柱作用。探索设立“雷锋创新奖”“麓谷创新贡献奖”等，作为高新企业创新创造的最高奖项，鼓励企业开拓创新。倡导成立“雷锋创新基金”，支持园区中小企业科技创新。在系列鼓励创新举措的推动下，中联重科紧密结合生产经营任务，成立了48支青年突击队，在此基础上申报创建了10支雷锋青年突击队，创新成果加速涌现。威胜集团坚持以研发驱动科技创新，成立创新创业基金，每年将不低于年销售收入的7%投入技术研发中，鼓励在技术、市场、运营、管理等方面有创新举措的团队及员工，加大对“四个创新”激励的支持力度，形成了“全员创新、全面创新”格局。盈峰环境科技集团股份有限公司始终坚持“科技创新是我们发展的根本”，积极响应“雷锋新城学雷锋”号召，成立了6支突击队，其中液压传动技术先行突击队获“雷锋式科研团队”称号，液压泵性能优化突击队、电气工艺突击队、新品实现突击队等获“雷锋青年突击队”称号，推出了一个又一个引领行业创新趋势的前沿产品。

长沙高新区推进企业学雷锋的实践表明，高新技术企业开展学雷锋活动必须将培育企业创新文化作为重要维度。创新行为的产生不仅有赖于个体旺盛的创造力，更有赖于企业营造倡导创新、激励创新的浓厚文化氛围。唯有形成了创新文化的企业，才能推进各方面创新，才会拥有良好发展势头。从文化高度来审视，大多数企业的创新还只是局限为企业管理问题，还没有将其作为文化建设或者企业核心价值培育来对待。全员创新创造的文化氛围还需要进一步营造，将雷锋精神融入创新文化建设的举措和特色还需要更加鲜明。各级党委政府应该在更高层面强化制度和机制创新，让雷锋式创新文化在园区蓬勃发展。高新技术企业管理层应从战略角度高度重视创新文化的建设，不断深化创新文化内涵的挖掘与提取，积极鼓励员工树立创新创造意识。

四、弘扬大爱精神：高新企业学雷锋的社会责任之维

习近平总书记指出：“要倡导社会文明新风，带头学雷锋，积极参加志愿服务，主动承担社会责任，热诚关爱他人，多做扶贫济困、扶弱助残的实事好事，以实际行动促进社会进步。”爱是一切道德的基础，作为道德标杆的雷锋精神，其核心内涵之一就是大爱精神。只有对国家和人民胸怀大爱，才能产生强烈的社会责任感。企业是现代社会的重要组织形式和治理单元，高新技术企业是完善现代社会治理和提高社会文明

程度的重要力量。高新技术企业深入开展学雷锋活动，必须在弘扬雷锋大爱精神，履行企业社会责任方面下功夫、见行动。

长沙高新区在推进企业学雷锋过程中，坚持以产业链党建为抓手，积极倡导企业组建党员志愿者团队和青年志愿者团队等志愿服务队伍，引导企业积极参与公益事业，主动担当社会责任；组织园区开展“高新好人”评选活动，在每年的学雷锋先进评选表彰中，表彰名额向企业倾斜，以激励广大职工争当“身边雷锋”，在园区形成浓厚的奉献爱心、回报社会氛围。园区企业通过开展扶贫帮困、爱心助学、抢险救灾等学雷锋活动，展现了对社会责任的硬核担当。据不完全统计，威胜集团近年来向受灾地区群众捐款捐物价值累计超1300万元，其中，2020年新冠肺炎疫情捐款100万元，2021年河南洪灾捐款200万元，充分彰显了“责任威胜”“爱心威胜”的企业形象。华诺星空电子技术有限公司运用达到国际先进水平的生命探测技术，成立公益救援队，多次赴地震、泥石流、矿难等救援现场参与救援活动。拓维信息系统股份有限公司积极响应习近平总书记“可以发挥互联网在助推脱贫攻坚中的作用，推进精准扶贫、精准脱贫，让更多困难群众用上互联网，让农产品通过互联网走出乡村，让山沟里的孩子也能接受优质教育”的号召，发起“互联网＋教育”精准扶贫援助计划，借助互联网让公益更有力量。该扶贫项目入选“国家互联网信息办公室网络扶贫双百项目”。中联重科青年志愿者协会的“社会责任”主题公益项目，已形成青春益起来，助学·筑梦·铸人，献爱心·送温暖，责任担当、爱满中联、情系社会四个品牌活动。九芝堂股份有限公司发扬百年药企的仁心大爱，成立芒果V基金·九芝堂壹元关爱公益基金，建立起长效公益救助计划。

长沙高新区推进企业学雷锋的实践表明，弘扬大爱精神、履行社会责任是高新技术企业开展学雷锋活动的又一重要维度。同时，企业在履行责任、回报社会的过程中可以提高企业的品牌形象，深化员工对企业的情感认同，从而激发员工积极的工作态度，进而促进企业更好发展。高新技术企业一方面要积极引导员工主动承担社会责任，热诚关爱他人，多做扶贫济困、扶弱助残的实事好事，以实际行动书写新时代的雷锋故事；另一方面要从企业层面结合自身行业特点发挥专业优长打造学雷锋志愿服务品牌。运用专业化服务弘扬大爱精神，履行社会责任，可以提升学雷锋活动的质量与成效，确保学雷锋活动持续有效开展。各级党委政府部门也要积极创造条件，做好服务和对接工作，为高新技术企业在学雷锋活动中弘扬大爱精神、履行社会责任创造条件。

统而言之，长沙高新区推进企业学雷锋的实践启示我们：高新技术企业深入开展学雷锋活动，应该聚焦于学习雷锋的家国情怀、工匠品格、创新意识、大爱精神，以此引领企业的价值追求、内涵发展、文化建设、社会担当，这是高新技术企业传承弘扬雷锋精神的要义所在，也是实现其高质量发展的路径所在。

全面弘扬雷锋精神 赋能高新区高质量发展

周庆年*

长沙高新区创建于1988年，1991年经国务院批准成为全国首批国家高新区。区域面积140平方公里，常住人口40万人，托管雷锋街道等4个街道，是长株潭国家"两型社会"建设综合配套改革试验区、长株潭国家自主创新示范区和国家级湘江新区核心区。近年来，长沙高新区坚持以习近平新时代中国特色社会主义思想为指引，深入贯彻十九大及十九届历次全会精神，高举"雷锋新城学雷锋"的大旗，以"建设雷锋新城"为抓手，以"赋能高质量发展"为目标，不断拓宽学雷锋活动的内涵和外延，不断健全完善学雷锋志愿服务体系和长效机制，让雷锋精神成为新时代雷锋新城建设的靓丽风景和响亮品牌。

一、人人学雷锋，时时学雷锋，成为雷锋家乡"党有号召学雷锋，持之以恒学雷锋"一种永远追求的行动自觉

雷锋是实践社会主义、共产主义思想道德的楷模，他以短暂的一生谱写了无比壮丽的人生诗篇，树起了一座令人景仰的思想道德丰碑，是全国人民学习的光辉榜样。雷锋精神是中华民族精神的重要内容，哺育和激励了一代又一代人成长。50多年来，毛泽东、邓小平、江泽民、胡锦涛、习近平等中央领导同志先后对学习雷锋精神进行题词或讲话。1963年3月5日，毛泽东同志亲笔题词，号召全国人民"向雷锋同志学习"。此后，邓小平同志这样题词："谁愿当一个真正的共产主义者，就应该向雷锋同志的品德和风格学习。"江泽民同志这样题词："学习雷锋同志，弘扬雷锋精神。"胡锦涛同志在讲话中指出："雷锋精神对于我们这个民族和社会过去具有、现在仍然具有重大价值和时代意义。"习近平同志在讲话中强调："雷锋精神，人人可学；奉献爱心，

---

* 作者系长沙高新区党工委书记。

处处可为。积小善为大善，善莫大焉。当有人需要帮助时，大家搭把手、出份力，社会将变得更加美好。”

在历届党和国家领导人的亲切关怀和大力倡导下，学雷锋活动在全国各地蓬勃开展，雷锋精神在广大干部群众中广为传扬。作为雷锋家乡，我们结合实际、着眼大局、提高站位，响亮提出与望城“资源共享、工作共推、品牌共塑、共同发展”的思路和建设“雷锋新城”的口号，着眼于建设社会主义核心价值体系，着眼于推进社会公德、职业道德、家庭美德、个人品德建设，着眼于提升园区公民思想道德素质和社会文明程度，以传承和弘扬雷锋精神为主题，以青少年为重点，以社会志愿服务为载体，贴近实际，创新手段，广泛进行雷锋事迹、雷锋精神和雷锋式模范人物的宣传教育，广泛开展“五进五评”“雷锋新城学雷锋”志愿服务活动，广泛普及爱国、敬业、诚信、友善基本道德规范，推动学雷锋活动常态化，形成“我为人人、人人为我”的良好氛围。

二、个个学雷锋，处处见雷锋，成为雷锋家乡“弘扬雷锋精神，赋能高质量发展”一种永不懈怠的精神动力

（一）以雷锋精神推动新城建设

这三年，面对规划相对滞后、园区飞速发展的现状，长沙高新区弘扬艰苦奋斗、勤俭节约的雷锋精神，掀起了雷锋新城建设的“新高潮”。

高起点谋划雷锋新城建设。出台《雷锋新城建设三年行动计划》等纲领性文件，对雷锋新城核心区进行整体规划，将雷锋新城建设纳入我区经济社会“十四五”规划。以“两馆”为中心，构建“内镇外城”的空间格局，打造“一镇三片，一环十景”的整体功能结构，彰显小镇独特的文化底蕴。

高水平塑造雷锋新城品牌形象。结合雷锋家乡特点，设计传承传统雷锋形象的新城主视觉 LOGO，即戴单军帽的雷锋形象，这在全国尚属首创。出台《雷锋新城建设文化创意策划方案》，并确定“建设雷锋新城，创建精神高地”的主题宣传语，以响亮的口号凝聚人心。

高标准启动雷锋新城建设。全力实施“八大工程”，精致精美建设雷锋文化小镇，建好雷锋文化路牌、雷锋文化场馆、雷锋文化主题公园等标志性建筑和设施，打造“雷锋窗口”“雷锋超市”“雷锋车队”等示范标杆典型，组建“雷”字号单位联盟，共同发起学雷锋行动。开展雷锋精神“五进五评”“文明楼栋、美丽社区”评比活动，全方位塑造雷锋新城形象，将雷锋新城打造成园区新名片。

（二）以雷锋精神推动产业发展

这三年，面对突如其来的新冠肺炎疫情和经济下行压力加大的现状，长沙高新区弘扬锐意进取、不怕困难的雷锋精神，夺得疫情防控和经济复苏“双胜利”。

将雷锋精神融入产业链党建之中。近年来，我们结合园区特点，创新提出“把党委建在产业链上”的非公党建模式，成立电子信息、互联网等六大产业链党委，以党建为引领，以学雷锋活动为载体，通过发挥政治引领、政企沟通、企业合作“三个平台”的作用，推进产业链上下游企业资源共享、发展共商、协作共赢。同时，面向园区30万产业工人，大力推行“三十万产业大军学雷锋”行动，成为园区弘扬雷锋精神的一张靓丽名片。

将雷锋精神厚植于营商环境优化之中。以雷锋精神为引领，在政务中心设置学雷锋志愿服务岗，深入推行一窗办、合并办、随时办等“六办”服务，进一步优化营商环境，推进企业开办再提质。政务服务水平走在全省前列，“放管服”改革经验获全市推广。

将雷锋精神践行在企业帮扶之中。深化企业倍增等“四项计划”，启动“企业帮扶新三年”行动，持续做好680家重点企业的精准帮扶。实施“千博万硕”引才工程，完善企业上市帮扶机制，率先开展惠企政策“免申即享”，建设国际科技商务平台，形成“1+N”服务平台体系。

这些平台作用的发挥，为弘扬雷锋精神，赋能高质量发展提供了强有力的支撑。园区连续三年主要经济指标保持两位数增长。2021年，麓谷园区实现企业总收入3240亿元，增长15%；财政总收入245.15亿元，税收158.1亿元，增长22.8%。上市企业50家，占全市的64%、占全省的38%；世界500强及其分支机构31家。荣登“2021中国先进制造业百强园区”第9位，成为湖南排名最靠前园区。

（三）以雷锋精神推动文明风尚的形成

这三年，长沙高新区克服行政区机构不完善等难题，弘扬顽强拼搏、自强不息的雷锋精神，创新了典型示范引领“新模式”。

强化学雷锋志愿服务“品牌化”建设。连续主办“雷锋新城学雷锋”系列活动，大力实施“五进五评”活动，建设三级新时代文明实践中心（站、所），常态化开展志愿服务活动，将雷锋新城建设推向了高潮。建成100个雷锋式科研团队、100支雷锋青年突击队、158支志愿者队伍，有近10万名志愿者；有66个单位和423名个人受到市级以上表彰嘉奖。其中，中联重科获评“全国抗震救灾工作先进集体”，雷锋派出所获评全国首批“枫桥式公安派出所”，麓谷街道和馨园社区获评“全国最美志愿服务社区”，阿迪力·麦麦提吐热获评全国“向上向善好青年”，刘习明等获评“全国道德模范”，卢光琇等获评“中国好人”。

强化学雷锋志愿服务“项目化”建设。制定了学雷锋志愿服务站项目建设标准，在园区政务大厅、社区卫生服务中心、物业服务窗口等，按照“五个一”标准来建设志愿服务站，为困难群众、空巢老人等特殊群体及办事群众，提供便捷高效优质服务。

强化学雷锋志愿服务“常态化”建设。通过组建雷锋志愿者骨干队伍，建立学雷锋联盟，每年表彰“双十佳”学雷锋先进集体和最美志愿者，每个季度评选“高新好人”等，推动学雷锋志愿服务常态化。如“吾心为爱”爱心公益组织、DNA 公益寻亲等一大批志愿服务队伍，常年活跃在大街小巷，用大爱续写“新时代雷锋日记”，用担当书写“新时代奉献之歌”。

三、人人颂雷锋，代代学雷锋，成为雷锋家乡“雷锋新城学雷锋，雷锋精神代代传”一道永不褪色的靓丽风景

习近平总书记指出，雷锋是时代的楷模，雷锋精神是永恒的。实现中华民族伟大复兴，需要更多时代楷模，要把雷锋精神代代传承下去。面向未来，长沙高新区将以“雷锋新城学雷锋，雷锋精神代代传”的使命担当，全面弘扬雷锋精神，激发向上向善的时代力量，主动担当实施“三高四新”战略和“强省会”战略的领头雁，加速创建具有世界影响力的高科技园区，让雷锋精神闪耀更加璀璨的时代光芒。

（一）把弘扬雷锋精神与筑牢理想信念相结合

雷锋同志曾说过：“我就是长着一个心眼，一心向着党，向着社会主义，向着共产主义。”弘扬雷锋精神，就是要筑牢理想信念，做热爱党、热爱祖国、热爱社会主义的时代新人。

切实抓好青少年思想教育。切实担负起在青少年中开展学雷锋活动、弘扬雷锋精神的重要职责，把树立崇高理想、坚定理想信念作为青少年思想教育的重要内容，把雷锋故事、雷锋精神作为思政教育的重要素材，引导青少年从小树牢正确的人生观、世界观和价值观。

持续巩固党史学习教育成果。引领党员群众和产业工人，充分发挥雷锋新城载体作用，深入推进党史学习教育常态化，引领全社会增强中国特色社会主义道路自信、理论自信、制度自信、文化自信，忠诚拥护“两个确立”，坚决做到“两个维护”。

全面加快雷锋文化小镇建设。按照“一镇三片，一环十景”的总体规划和功能布局，采取“政府主导、市场运作”等方式，加大招商力度，加快项目建设，高标准建设雷锋文化小镇，努力打造“品位独特、精致精美、宜居宜业”的特色街区。

（二）把弘扬雷锋精神与引领文明风尚相结合

雷锋同志曾说过："人的生命是有限的，可是，为人民服务是无限的，我要把有限的生命，投入到无限的为人民服务之中去。"弘扬雷锋精神，就是引领文明风尚，做服务人民、助人为乐的时代新人。

全面提升学雷锋志愿服务的组织效能。加快构建覆盖广泛、形式多样、机制健全的社会志愿服务体系，完善"文明委统一领导、宣传部门牵头、有关部门各负其责、社会团体积极配合、各方面广泛参与"的工作机制，确保学雷锋志愿服务有力有效。

全面营造学雷锋志愿服务的良好氛围。进一步健全全民教育和舆论引导机制，继续在机关、学校、社区（村）广泛开设"道德讲堂"，着力办好"雷锋精神论坛"，加大思想道德建设正面宣传力度，推动学雷锋志愿服务成为新时尚。

全面夯实学雷锋志愿服务的群众基础。全面发动群众参与，持续开展"五进五评"、学雷锋"双十佳"等评比表彰活动，倡导"不让雷锋流泪""不让奉献者吃亏""让有为者有位"等新风尚，持续擦亮"雷锋新城学雷锋""三十万产业大军学雷锋"等志愿服务品牌，助力创建全国文明典范城市。

（三）把弘扬雷锋精神与园区人才队伍建设相结合

雷锋同志曾说过，"做一颗永不生锈的螺丝钉，党把自己拧在哪里，就在哪里闪闪发光"。弘扬雷锋精神，就是要大力加强园区人才队伍建设，做干一行爱一行、专一行精一行的时代新人。

努力营造一流人才成长环境。全面实施"千博万硕"引才工程，全力打造近悦远来的创新创业人才高地。

着力打造一支能工巧匠队伍。大力弘扬新时代工匠精神，持续开展"麓谷工匠杯""十行状元"等各类职业技能大赛，锻造一支数量庞大、作风优良、精益求精的工匠队伍。

全力培育一批高端科研精英。要围绕产业升级，咬定主攻方向，做强市场主体，重点培育和造就一批硬科技领军科研人才，不断提升园区企业核心竞争力。

（四）把弘扬雷锋精神与推进园区高质量发展相结合

雷锋同志曾说过："我愿在暴风雨中艰苦的斗争中锻炼自己，不愿在平平静静的日子里度过自己的一生。"弘扬雷锋精神，就是要推进园区高质量发展，做锐意进取、自强不息的时代新人。

聚焦产业升级抓实体壮大。重点围绕"打造五大优势产业、构建五大创新体系、推进十大重点项目、建设十大创新平台”，做大做强实体经济。

聚焦科技创新抓资源集聚。集中力量建好“十大科创平台”，构建五大创新体系，加速推进科技成果转化。

聚焦能级提升抓城市提质。积极打造“一轴两区三带”城市空间布局，整体提升园区城市品质。

“潮平两岸阔，风正一帆悬。”展望未来，长沙高新区将积极践行习近平总书记关于“雷锋精神，人人可学”的指示精神，全面落实省委“三高四新”战略定位和使命任务，加速创建具有世界影响力的高科技园区，努力开创“弘扬雷锋精神，赋能高质量发展”的美好未来。

雷锋精神在中国共产党人精神谱系中的地位及作用

陶　克*

（一）

在党史学习中，我研究和思考了这样一种文化现象：在我党我国我军的历史上，雷锋的名字为什么如此响亮？雷锋精神为什么如此重要？就我个人经历来讲，从10岁向“雷锋叔叔”学习开始，雷锋影响了我一生。这不是个别现象，雷锋影响教育了几代人。

《中国共产党简史》这样表述雷锋：人民解放军战士雷锋，在平凡工作岗位上甘当螺丝钉，勇于奉献，乐于助人，表现出崇高的共产主义情操，成为那个年代最响亮的名字。1962年8月，他因公殉职时，年仅22岁。毛泽东题词：“向雷锋同志学习”。雷锋精神，成了新中国社会风尚的一个标志。

党中央在建党百年前夕公布了两个重要文件，一个是《新时代公民道德建设实施纲要》，一个是《关于全面加强新时代少先队工作的意见》。这两个重要文件，着眼全民社会主义核心价值观的培塑，是千秋大业的树人工程，是中华民族伟大复兴的灵魂工程，是让老百姓过上美好生活的幸福工程，是我党坚守百年初心在新时代的体现。

（二）

在中国古代的神话传说中就有关于氏族部落首领实施德治的记录。例如，神农辨药尝百草，彰显了他不怕牺牲、造福人类的精神；尧、舜、禹先后主动让位，彰显了他们的禅让精神；大禹治水“三过家门而不入”，彰显了他大公无私、甘于奉献的精神。虽然他们没有明确提出德治主张，但在他们的身教中无不体现着德治精神。而儒

* 作者系《雷锋》杂志总编辑、解放军报社原副总编辑、少将。

家思想，更是推崇“仁爱”的美德。随着社会的发展，逐步形成了以“仁义礼智信”为“五常”的基本道德要求，“礼义廉耻”还被视为“国之四维”，“四维不张，国乃灭亡”。

中华民族是一个善良的民族，中国有着崇尚“善文化”的悠久历史。但几千年来，“为谁而善”“如何善治中华”是历代统治者没有解决的问题。“开天辟地”的中国共产党，面对着灾难深重的中国，从建党之初就不断探索和寻找救国救民的良方，终于形成了前无古人的崇高宗旨“全心全意为人民服务”，始终坚守的初心“为中国人民谋幸福，为中华民族谋复兴”。

从百年前的“红船起航”，我党践行着自己一贯的初心。在极其艰苦的战争年代，我党不怕牺牲，勇敢地同强大的反动势力搏斗，无私奉献，形成了红船精神、井冈山精神、长征精神、延安精神等。

得人心者得天下，文明可以赢得未来。我党树立了一大批英雄模范，如白求恩、张思德、雷锋等。白求恩和张思德都是八路军战士，一个是外国医生，一个是中国士兵。他们都是战争年代涌现出来的先进典型，都是高尚的人，都是人民热爱的人。从他们身上体现出了人类美好的追求，更体现了我党全心全意为人民服务的根本宗旨。雷锋是和平年代出现的道德榜样，他的“平凡而伟大”，进入到中国共产党领袖的慧眼之中。毛主席发出“向雷锋同志学习”的号召，在其后的两年时间里，毛主席先后六次大力倡导学雷锋。

毛主席“向雷锋同志学习”的号召，顺应了人民群众对新中国美好生活的向往，契合了共产党人建立新中国新道德新风尚的理想。学雷锋活动如雨后春笋在新中国的大地上蓬勃兴起，雷锋的名字成了一面永不褪色的旗帜。邓小平、江泽民、胡锦涛、习近平等中央领导同志，都一以贯之地带领全党全军全国人民学雷锋。习近平总书记先后25次论述学雷锋，为新时代弘扬雷锋精神指明了方向。

中国为什么出了个雷锋？雷锋为什么成为中国共产党人的精神旗帜，成为中华民族的思想道德丰碑？让我们回顾党的历史，看看雷锋的成长轨迹吧。

（三）

雷锋出生于1940年12月18日。他是在旧制度的裂变和新制度的诞生中成长的。懂得珍惜，憎爱分明，感恩报恩，是雷锋最明显的特征。

雷锋是一个苦难的孤儿。父亲被日本鬼子毒打致死，12岁的哥哥因病无治而亡，3岁的弟弟活活饿死在母亲怀中，母亲中秋夜含冤而死。这时，雷锋才7岁。在黑暗的旧中国，雷锋有一个梦：拿起枪，粉碎那些狗豺狼为爹妈报仇！是共产党解放了他的家乡，雷锋获得新生。

在光明的新中国，雷锋站起来当主人。他心中腾生了一个建设者的英雄梦。雷锋10岁上小学，16岁小学毕业。雷锋考上了中学，但他不愿给乡政府增加负担，自愿弃学返乡。在小学毕业典礼上，雷锋一口气说出了自己的青春梦：“我响应党的号召，决定留在农村广阔天地里，去当新式农民……决心做个好农民，架起拖拉机耕耘祖国大地；将来，如果祖国需要，我就去做个好工人建设祖国；将来，如果祖国需要，我就去参军做个好战士，拿起枪用生命和鲜血保卫祖国，做人类英雄。”雷锋讲完这番话泪流满面。他回乡担任扫盲教员，受到乡亲欢迎。

16岁那年，雷锋被选到县委当上了公务员。县委张兴玉书记辅导他阅读《毛泽东选集》，带他下乡扶贫。张书记为揭不开锅的贫困农民捐款，雷锋看到了“共产党的官是什么样子”，也捐出了10元钱。两年后，雷锋主动要求离开县委机关，参加艰苦的治伪河水利工程建设，成为望城第一个拖拉机手。

18岁，雷锋报名去东北鞍钢当工人。离别家乡前，他提出要把原名“雷正兴”改个名。他说，雷正兴这个名字有家道兴旺的意思，旧社会他连家都没有，还说什么兴旺。他不喜欢，一直想改个名字。他提出改名叫“雷峰”，登高望远，胸怀大志。在鞍钢，雷锋3次被评为先进工作者，5次被评为红旗手，18次被评为节约标兵。

19岁，雷锋响应祖国号召报名应征，因为个子小、体重不达标，在体检关口就被卡住。但他的决心超乎常人，引起了兵役局副政委、老红军余新元重视。余新元童年时期有着和雷锋相似的经历。他说，雷锋热爱共产党，热爱解放军，他学习毛主席著作，是一个好苗子。雷锋在新兵启程前8小时，才作为“特殊兵员”领取了军装。余新元给雷锋买了许多生活用品，他的爱人老田把雷锋送上了火车。雷锋眼含热泪，想叫余新元和老田一声“爸爸”和“妈妈”，这是一个孤儿在新中国大家庭感受到的幸福的心声！但他这样一个发自真情的朴素要求，受到了余新元严肃的批评。在这个老红军眼里，共产党的干部无论为百姓做多少好事，永远都是人民的儿子。这是雷锋参加解放军刻骨铭心的第一课。

1960年，入伍才8个月的雷锋，以突出的表现引起了部队领导的注意。辽阳市委来信反映，雷锋给灾区寄去100元。望花区人民公社反映，雷锋给新成立的公社捐款200元。在这之前，火车站、学校、建筑公司都到部队寻找一个做好事不留名的战士，寻找的结果都是雷锋。当陈广生把以政治处名义写的《雷锋同志模范事迹材料》交给雷锋修改时，雷锋却把原题目划掉，饱含深情地写下了一句话：“解放后我有了家，我的母亲就是党”。陈广生看到这句话心头发热。“我是党的儿子”“我是人民勤务员”，这就是雷锋的行为之源。

于是，雷锋的事迹以“党的好后生”为题，寄到了沈阳军区《前进报》。没想到，一篇平常的稿件又破例报给了沈阳军区副政委兼政治部主任杜平。这个传奇的红军将领，曾是抗美援朝战争中首任志愿军政治部主任，是他组织了对黄继光、邱少云等英雄模范的宣传，影响和教育了一代又一代人。看到雷锋的事迹，杜平的第一感觉是“罕见”，他看完稿件，挥笔写下了“毛主席的好战士”标题，又做了一大段批示：“解放后，全国人民在党和毛主席的领导下，彻底翻了身，正为建设美好、幸福的生活而忘我地劳动，可是有的人竟在短短的十一年中忘了本，身在福中不知福。因此，雷锋同志这种精神显得十分重要，值得学习。”

1960 年 11 月 26 日，沈阳军区《前进报》从一版头条开头用两个整版篇幅套红，刊登了雷锋的事迹报道——《毛主席的好战士》。20 岁的雷锋被沈阳军区工程兵党委授予“模范共青团员”称号。

1961 年 8 月，21 岁的雷锋当选为抚顺市人民代表。在照片上从来都是微笑的雷锋，在这张手持代表袋的照片中却没有笑。他在照片的背后写下了这样一段话：“过去当牛马，今天做主人。人民有权利，选举自己人。衷心拥护党，革命永继承。”

1962 年 8 月 15 号，年仅 22 岁的雷锋不幸因公殉职，抚顺军民陷入了深深的悲痛之中。抚顺市委书记沈越把给自己老母亲准备的寿棺送给雷锋安葬，不足 70 万人的抚顺有 10 万人走向街头为雷锋送别，白花、哭声笼罩着抚顺，一个士兵的盛大葬礼史无前例！

雷锋牺牲后，沈阳军区政委赖传珠上将深感痛惜，要求把雷锋作为先进典型继续宣传。针对雷锋因公殉职还要不要宣传的疑问，杜平中将明确地说：“雷锋这个全心全意为人民服务的典型，具有强烈的时代精神，应该给予充分肯定，不能因为出了事故，就抹杀这个先进人物。”正是在这些开国将领的坚持下，沈阳军区把雷锋的故事和日记上报给了总政治部并呈毛主席和周总理。

今天，我们回顾 60 年前这一幕，是不是感到有点惊心动魄？要不要把雷锋继续当典型宣传？要不要上报毛主席？一念之差，天地之别。我们可以肯定地说，即使领袖没有给雷锋题词，人们也会怀念学习雷锋，但人类历史上绝不会有“雷锋现象”，更没有在占世界人口四分之一的东方大国经久不衰的学雷锋活动。

“没有共产党就没有新中国”，不仅仅是指劳动人民翻身解放，还包括人的思想道德的解放和全面素质的提升。没有共产党，雷锋不可能从一个苦难的孤儿成长为一位伟大的共产主义战士，成为一个在中国乃至世界都享有盛誉的道德榜样。

“故大德必得其位，必得其禄，必得其名，必得其寿。故天之生物，必因其材而笃焉。故栽者培之，倾者覆之。”中华民族的传统美德就有一条：让好人得好报。推动学雷锋和志愿服务活动，提升公民道德素质，党和政府是最大的推手，领导干部责任重大。凡是学雷锋成气候的地方，好人多、风气好。被中宣部树为“时代楷模”的邓州编外雷锋团就是生动一例。当年邓州 560 个新兵入伍来到雷锋所在部队，成为雷锋的战友。他们在离开雷锋的日子，回到家乡继续弘扬雷锋精神。50 多年之后，编外雷锋团发展到20 多个雷锋营、2 万多名成员，被中宣部树为“时代楷模”，邓州也被称为生产“雷锋”的名城。

雷锋的美好，是理想和信仰的美好。他树立了最先进的人生价值观，“活着，使别人过得更美好”；他热爱劳动，忘我奉献，认为“青春啊永远是美丽的，是属于忘我劳动的人”；他敬业诚信，极端负责，要“做一颗永不生锈的螺丝钉”；他多行善事，甘做“傻子”，却获得无比的“幸福感”；他见贤思齐，谦虚奋进，“把有限的生命投入到无限的为人民服务之中”，毛主席称“此人懂得一点哲学”。

雷锋的美好在今天处处得到体现。社会最流行的时尚——最美工匠，诚信之星，志愿小哥，环保使者，慈善达人……都可以从雷锋身上找到影子，就连联合国志愿组织干事长也称赞“雷锋是全球志愿者标兵”。雷锋一生的全部意义在于回答了“人为什么活着”“怎么做人”的根本问题。

雷锋的生活方式和生活习惯，满满地书写着“公民道德”四个字。由人民出版社主管主办的《雷锋》杂志创刊第二天，美国《纽约时报》记者登门拜访，一进门口就被墙壁上一条红色的标语所吸引：人类美好的向往——雷锋。后来，这条标语刊登在《纽约时报》。向往美好，是人类的共同价值。一个有着美好生活方式和生活习惯的榜样雷锋，必然是令人羡慕和向往的！

（四）

如今，雷锋已经80 多岁了，但他依旧有着鲜活的面容，年轻的脸上挂着那美丽的微笑，正如湖南雷锋纪念馆门前的一个景观上的标语——“雷锋 80 正青春”。如今，我们的党已经100 岁了，正带领人民向着中华民族伟大复兴目标奋力迈进，“我党百岁正青春”！从毛主席号召“向雷锋同志学习”，到习近平总书记强调雷锋精神要“世世代代弘扬下去”，这是跨越半个世纪的传承。在中国文明史上，对一个人的怀念和学习长达半个世纪之久，这就是人类历史上少有的“中国雷锋文化现象”。

雷锋创造了两项吉尼斯纪录：一是他是获得党和国家领导人题词最多的士兵；二是以雷锋为题材的出版物最多，达400 多种。

雷锋精神传播广泛，雷锋纪念馆在全国最多，不仅有 3 个国家馆，而且有近百个地方和民办展览馆，参观人数达到 2 亿人次。拍摄的雷锋题材的电影有 30 多部，为雷锋创作的歌曲有数百首。

一个雷锋倒下去，千万个雷锋站起来。在中华人民共和国成立后的半个世纪，中央和军队表彰的学雷锋典型有 1500 余人。近 10 年来，由中央文明网评选的“中国好人”有近万人。近 6 年来，中央宣传部每年都评出 100 个学雷锋先进集体和个人，中央文明办表彰了学雷锋志愿服务“四个一百”。雷锋，已成为好人的共同名号，是高尚的文化图腾。当今，学雷锋志愿服务成为新时尚，注册志愿者已达到2.2亿人之多。

在今天，学雷锋志愿服务已经由一项群众性的自发活动上升到治国理政的战略决策。习近平总书记两次主持政治局会议，研究部署新时代文明实践中心建设和学雷锋志愿者活动。

（五）

“文革”动乱时期，邓小平用一则“雷锋叔叔不在了”的政治笑话呼唤雷锋归来，整顿社会风气；党的十三届六中全会特别强调“全体共产党员和党员干部，都要带头学雷锋”；党的十八大明确提出“推动学习雷锋常态化”。事实告诉我们，在中国社会，学雷锋是中国治理的一面旗帜，成为凝聚民心、匡扶正义的明智之举。

雷锋精神和中华人民共和国建设时期涌现的大庆铁人精神、焦裕禄精神、红旗渠精神、“两弹一星”精神都是永恒的，但雷锋精神在中国共产党人精神谱系里却具有独特的价值。一是它的深厚而博大的集成性。习近平总书记指出，雷锋是时代的楷模，雷锋精神是永恒的。它是五千年优秀中华文化和红色革命文化的结合，和我们党“为人民服务”“做人民勤务员”是一脉相承的。中华传统美德的沃土，孕育了雷锋精神，而雷锋精神又是中华民族传统美德和中国共产党革命精神精华的集成。雷锋精神是一本形象生动的教科书。二是它的广泛性。雷锋是中国百姓公认度最高的榜样。一个向雷锋学习的群众性活动，在几十年历史进程中延续不断，影响了一个时代的风气。正如世人所言“中华英雄千千万，离百姓最近的是雷锋”。三是它的可复制和发展性。“雷锋精神，人人可学；奉献爱心，处处可为。”雷锋是谁，是你是我是他，只要你真学雷锋，就能成为“活雷锋。”“雷锋是平凡的，人人可以做到；雷锋是伟大的，只有努力才可以做到。”学雷锋活动是一个动态的开放的发展过程。四是它的世界性。雷锋精神放射的是人性的光辉，反映了人类向上向善的共同追求，能够跨越国界、政党、民族，目前已传播到76个国家，将成为人类命运共同体的价值取向。

哲学家冯友兰先生说，圣人并不需要为当圣人做什么特别的事情，他们不可能施行神迹，也不需要那么去做，圣人所做的事无非就是寻常人所做的事，但是他对所做的事有高度的理解。因此，圣人与凡人之间，并非有一道不可逾越的鸿沟，只要有信仰有追求有坚持，就可以到达理想的彼岸。

超越半个世纪的时间已经证明，雷锋精神是中国共产党人精神谱系中极为重要的宝贵财富。在学雷锋活动的丰富实践中，雷锋精神正在成为“大众好人文化”。党中央审时度势，在《新时代公民道德建设实施纲要》中明确提出：要弘扬雷锋精神和奉献、友爱、互助、进步的志愿精神，围绕重大活动、扶贫救灾、敬老救孤、恤病助残、法律援助、文化支教、环境保护、健康指导等，广泛开展学雷锋和志愿服务活动，引导人们把学雷锋和志愿服务作为生活方式、生活习惯。推动志愿服务组织发展，完善激励褒奖制度，推进学雷锋志愿服务制度化、常态化，使“我为人人、人人为我”蔚然成风。

“引导人们把学雷锋和志愿服务作为生活方式、生活习惯。”这个提法通俗易懂，很接地气，这是学雷锋半个世纪以来一个崭新的提法，如同二十世纪五六十年代深受人们接受的“我为人人，人人为我”的口号一样，使学雷锋融入人们日常生活，使我们的人生更有意义，社会更加美好。

生活方式和生活习惯，是人们在生存和发展的各种活动中形成的自觉的健康的文明的并且持之以恒的行为。生活方式和生活习惯体现了道德和信仰，与社会道德、职业道德、家庭道德、个人道德紧密相连。推动践行以文明礼貌、助人为乐、爱护公物、保护环境、遵纪守法为主要内容的社会公德，鼓励人们在社会上做一个好公民；推动践行以爱岗敬业、诚实守信、办事公道、热情服务、奉献社会为主要内容的职业道德，鼓励人们在工作中做一个好员工；推动践行以尊老爱幼、男女平等、夫妻和睦、勤俭持家、邻里互助为主要内容的家庭美德，鼓励人们在家庭里做一个好成员；推动践行以爱国奉献、明礼遵规、勤劳善良、宽厚正直、自强自律为主要内容的个人品德，鼓励人们在日常生活中养成好品行。这都是公民道德的基本要求，也是培育良好生活方式和生活习惯的目标。

提起雷锋，人们仿佛看到了他的微笑，就随口一句话：“学雷锋做好事。”“做好事”三个字，成了和“学雷锋”三个字绝好的搭配，这是人民对雷锋这个道德榜样多么大的认可和赞美啊！如果我们切实把学雷锋和志愿服务作为生活方式和生活习惯，并逐渐进化为高尚的品质，这对自己对家人对社会对国家，是多么大的一件福事啊，我们生活在这样的环境中是多么的美好啊！

培企业之根，铸企业之魂

——雷锋精神赋能产业高质量发展的基础性思考

李天文*

神州大地气象新，芙蓉国里尽朝晖。在虎年之春第59个学雷锋纪念日来临之际，伴随着“奋进新征程，建功新时代”的铿锵步伐，我再次参加湖南省雷锋精神论坛，感到很高兴！我曾应邀参加过2013、2017两届论坛，虽已事过境迁，但仍记忆犹新。论坛常办常新，久盛不衰，每届一个正确鲜明的主题，每届都有一批成果丰硕的论文，每参加一次都有一次新的收获。这次论坛，以“弘扬雷锋精神，赋能园区高质量发展”为主题，在长沙市高新区举办，更有时代意义。

参会前，我看了长沙市高新区的一些资料，得知园区现有32000家企业，形成了独特的产业聚集区和一批蓬勃发展的新兴产业。园区取得了令人刮目相看的成就，我感到欢欣鼓舞！

园区高质量发展，依赖于产业高质量发展，而产业的基础在企业。今天我发言的题目是“培企业之根，铸企业之魂——雷锋精神赋能产业高质量发展的基础性思考”。

一、培企业之根，铸企业之魂，对于产业高质量发展具有基础性决定性作用

企业与产业密不可分，企业是基础单位，比它大的是行业，然后是产业。多个同产类的企业构成了行业，多种行业形成了产业。产业就是在企业、行业基础上构成的具有某种同类属性的经济活动的集合或系统。无数个生产相关产品的企业小的微观，形成了产业这个大的宏观。企业与产业这种渐次递进、紧密相连、不可分割的关系，决定了企业在产业中的基础性地位。办好企业是强大产业的先决条件。培企业之根，铸企业之魂，则是办好企业的根本保障。习近平总书记强调：“一个国家、一个民族不

---

* 作者系中华志愿者协会传承雷锋精神志愿者委员会主任。

能没有灵魂”。同样，一个企业也不能没有灵魂。没有灵魂的企业，必将从“利润死水”走向企业破灭。无数事实证明，凡是有生命力的、发展好的企业，都是有灵魂、根基稳固的企业。因而培企业之根，铸企业之魂，对于企业乃至产业的生存发展特别是高质量发展尤为重要，举足轻重。应当深入研究，举一反三，推而广之，切实对其在产业高质量发展中的基础性、决定性作用，引起高度重视，在更大范围普及，为产业高质量发展注入不竭动力，增添生机活力。

二、雷锋精神赋能产业高质量发展，就要把握培企业之根，铸企业之魂的基本内涵

雷锋精神作为我们民族精神的最好写照，中国共产党人精神谱系的伟大精神，其赋能产业高质量发展，可以从多方面多角度做工作，而用雷锋精神为企业培根铸魂，则是极其重要的基础性工作。所有企业都能以雷锋精神作为企业文化的重要组成部分，从企业的领导者到每一个员工，真正把雷锋精神植入头脑，融入血液，全面践行，那么这种以雷锋精神为内核的有灵魂的企业，将无往而不胜，以这样的灵魂企业为基础所构成的产业，实现高质量发展，就有了根本性保证。企业用雷锋精神培根铸魂，应当把握其内涵。我认为，应当把以下五个方面，作为企业之魂的基本内涵。

（一）担当争光的民族气节

雷锋在这方面堪称典范，仅从他到鞍钢当工人的表现可见一斑。据资料记载，当年鞍钢到湖南湘潭、长沙、望城三个地区招工，望城进展最慢。有些人听传说“东北冷，伸出手就会冻坏”，不愿应招。而雷锋却带头报名，坚决要求参加钢都建设。当领导安排他学推土机当徒工，告诉他不仅脏累，每月工资还比原来少 10 块钱，征求意见时，雷锋毫不犹豫地回答：“没意见，我不是为这个来的，我是来参加社会主义建设的。”他以火一样的热情投入工作，荣获生产标兵、红旗手和节约能手“三项全能”。工作四个半月，18 次被评为先进，荣获弓长岭矿先进生产者称号，出席鞍山市青年社会主义建设积极分子大会，其为国家富强而担当争光的民族气节，令人敬佩。进入新时代，为国担当争光的民族气节，不仅没有过时，而且仍然是企业之魂必不可少的基本要素。事实上，当今企业，凡是注入了这种基因并不断发扬光大的，都有优秀的表现，对推动产业的高质量发展都是积极的贡献者。我在北京接触到哈工大机器人集团，他们把担当争光的民族气节融入企业之魂，成为全员的文化自觉和行动自觉，给我留下极其深刻的印象。80 后集团总裁王猛，原在央企有令人羡慕的工作和不菲的收入，然而哈工大博士毕业的他，致力于在机器人产业为国家做出一番贡献，当领导同意其辞去原有工作后，他最早参与创立了哈工大机器人集团。他们把“产业报国，聚天下

力，争世界先，实现人生价值”作为基本理念，集团上下勇于担当，士气高昂。经过7年打拼，集团建立起由多名院士、长江学者、万人计划等专家领衔，规模逾1200人的创新创业人才队伍，生态圈员工6000余人，建成了涵盖全链条、全要素的技术创新、成果转化和产业培育的业务体系，申报专利2300余项，研发和推出30余类、200余种产品；培育机器人及新兴产业领域的科创企业100余家，在智慧工厂、工业机器人、服务机器人、特种机器人、文旅机器人、医养康助机器人以及产教融合等方面，形成了产业集聚和协同共生的发展态势，生态圈实现产业收入53亿余元；王猛总裁由于践行雷锋精神在集团的突出表现，被评为学雷锋先进典型，成为“北京榜样人物”。

（二）为民服务的价值理念

全心全意为人民服务是雷锋精神的实质和核心。雷锋把为人民服务看作最大的幸福，无论是在县委当公务员、在鞍钢当工人，还是在部队当战士，都把自己的岗位当作为人民服务的平台，走到哪里就把好事做到哪里，毕生以全心全意为人民服务的实际行动，践行他那“我活着就是让人们生活得更美好”的人生价值观。企业用雷锋精神培根铸魂，确立为民服务的价值理念尤为重要。把为民服务理念作为企业之魂，在生产经营活动中就衍生为一种经济形态，我们暂且把它称为狭义的“服务经济”，这种“服务经济”的核心是为民。正是这种以民为核心的“服务经济”，很大程度上决定着企业的命运，往往呈现出其有而优者，企业则兴而旺；反之，企业则衰必亡。正因如此，真正兴旺发达的企业，无一不在铸为民服务之魂上具有出色的表现。长沙高新技术产业开发区的圣湘生物科技股份有限公司，正是把为民服务的理念深植企业之中，进而把为民服务的工作做实、做大、做强的典型范例。为民服务，不仅体现在国内，而且面向国际，公司明确把“为全世界人民提供用得起、用得好的基因技术、产品和服务”作为公司使命，全员秉承这样的理念，全员践行这样的使命，为民服务的生产经营活动联创佳绩，捷报频传。在抗疫工作中，其新冠核酸检测产品服务全球160多个国家和地区，累计向国内外捐赠价值近1.7亿元抗疫物资，“圣湘方案”在全球众多国家成为当地抗疫核酸检测主导方案。圣湘耀眼地闪烁在2021湖南企业100强榜单中，并以54.94%的收入利润率，位居百强企业利润榜首。

（三）至诚守信的为人原则

前些年，我在中国文明网发表了一篇《雷锋成长内因探析》的文章，其中专门论述了雷锋言行一致、说到做到的至诚守信的为人原则，把它列为雷锋成长的三大内因之一，揭示了雷锋之所以平凡而伟大，恪守至诚守信、言行一致、说到做到，是其重要原因。而企业的诚信，应为企业之魂的重要元素。用雷锋精神培根铸魂，就要更加重视把企业诚信文化搞得更好，厚植这种企业的无形资产。否则，企业诚信缺失，产品假冒伪劣，甚至欺诈消费者，就会败坏企业声誉，自毁企业“长城”，后果不堪设想。企业的诚信，说到底是人的诚信。对人以诚信，人人信之；对事以诚信，事无不成。海涅说得好：“生命不可能从谎言中开出灿烂的鲜花。”像雷锋那样坚持至诚守信、言行一致的为人原则，做诚信之人，做良心产品，这是企业健康发展的制胜准则与法宝。我们的研究表明，凡企业自身强大，推动产业高质量发展的，都是把至诚守信做人，放在企业之魂重中之重的突出位置来打造的。今天的论坛在湖南，我们就用大家看得见、摸得着的身边事例来说明。我从2月7日的报道中看到，2021湖南企业100强榜单中，中联重科在长沙高新区处于领跑地位，报道说“带头大哥”变得更强。该公司实现年度营业收入651.09亿元，同比增长50.34%，强劲增长的营收和净利，刷新纪录并创历史最高水平。看着报道顺藤摸瓜，进而研究他们的企业文化，令人彻悟。在查阅有关资料时，最先跳入眼帘的是“至诚”二字，资料中明明白白地写着：中联重科的核心价值观是“至诚无息，博厚悠远”，并对这八个字逐一做了分解。其中，对诚信的注解是：“内诚于心，外信于人，企业的为人之道，事业的原点。”他们还在“八个字”核心理念统领下，不断创新和淬炼，形成中联“一元，二维，三公，四德，五心，六勤，七能，八品”的文化观体系，作为中联重科的价值标准、道德标准、能力标准和企业品格的集中表述，从而实现了传统文化与现代管理理念的紧密融合。而摆在首位的“一元”，即是“诚”。可见，“诚”是他们的魂中之魂，至高无上。“问君哪得清如许，为有源头活水来。”这就不难看出，2021湖南企业100强榜单中，中联重科占有领跑优势的奥秘所在。

（四）勤勉专注的做事风格

雷锋的勤勉专注体现在他的钉子精神和螺丝钉精神上。他那种学习上的勤奋钻研和工作上的干一行、爱一行、精一行，至今仍然是我们学习的榜样。用雷锋精神培根铸魂，就要把勤勉专注的做事风格融入企业文化建设，作为企业之魂不可或缺的必要元素。企业在发展中面临诸多困难和挑战，大力培养勤勉专注的做事风格，是排除干扰诱惑，战胜艰难险阻，实现可持续发展的“护身符”，所谓“一勤天下无难事”就是这个道理。引导员工在岗位勤业敬业，像雷锋那样干一行、爱一行、精一行；企业始终专注自己的领域，精益求精，才能有所突破，做大做强。真正立得住、走得远，不断推动产业高质量发展的，往往是那些“十年磨一剑”乃至于几十年磨一剑，甚至一辈子专注自己领域，勤勉不殆、执着前行的企业。记得在2017年湖南举办的“雷锋精神与职业道德”论坛上，我以“让雷锋精神在本职岗位熠熠生辉”为题发言时，曾经讲到华为的企业文化。人称“一根筋”的任正非，正是专注自己的领域，勤勉执着，带出了一往无前的华为。他从选择通信行业创业开始，35 年来一直在这一领域摸爬滚打。其间，当房地产行业最赚钱时，不少人劝任正非做房地产，可他心里只有一个念头："一个企业只把一件事做成已经不容易了。"他坚持"一条路走到黑"，从未动摇，如今华为手机品牌创国内销量第一，并超越苹果跃居全球销量第二，成为全世界最大的电信设备商，服务着 170 个国家、世界 1/3 的人口，拿着 70% 的海外收入给中国纳税，其发展与贡献令人叹为观止！

（五）创新创造的进取状态

创新精神是雷锋精神的重要内涵，雷锋无论在哪个岗位，总能根据实际工作需要，开动脑筋，拿出从无到有的创新成果。在鞍钢焦化厂时，施工现场运泥供不上，他创新制造"横杆吊斗"，加快了施工进度；他三次搞技术革新，被评为技术革新标兵。开汽车时，他改装化油器，将"耗油大王"变成了节油车；汽车驾驶训练车少人多矛盾突出，他创新出"汽车模拟训练驾驶台"，增强了训练效果。雷锋这种创新创造的精神特质，在企业培根铸魂中应当大力发扬和彰显。创新既是民族进步的灵魂和不竭动力，更是企业进步的灵魂和强大动力。2020 年 7 月 21 日，习近平总书记在企业家座谈会的讲话中，希望大家勇于创新，努力把企业打造成为强大的创新主体。因为发展企业，推动产业高质量发展，一刻也离不开创新。2020 年 12 月 26 日，在山东枣庄召开了产业联盟创新发展座谈会，参会的几十家代表企业论证了一个观点：凡是企业发展好的，都是具有创新之魂因而创新成果突出的。会上还总结了这些企业创新的基本经验，提出了不断创新的要求，包括"敢为人先'闯'中创，抱团取暖'合'中创，发挥优势'特'中创，精耕细作'深'中创，瞄准服务'正'中创"，就是要形成让创新活力激情迸发，沿着创新之路行走，不断创立新业绩的生动局面。

三、运用学雷锋活动常态化模式，抓好培企业之根，铸企业之魂的落脚点

铸企业之魂虽是企业文化建设，属于软件工程，但所铸之魂并非看不见、摸不着的空灵虚幻，它不是悬在空中，而是有抓手、能落地、有落脚点的，它要落实到更有意义的价值创造、更有灵魂的生命存在和更可感知的实际成就上。这正好与我们推出的学雷锋活动常态化模式——"在岗位做贡献，在社会做奉献"（简称"两在两做"）相吻合。培企业之根，铸企业之魂，其落脚点就是"在岗位做贡献，在社会做奉献"。我们运用学雷锋活动常态化模式，抓好培企业之根，铸企业之魂的落脚点，就是要在"两在两做"上见到最实际的成果。

学雷锋活动常态化模式，是我们于 2020 年 3 月，总结半个多世纪来学雷锋的丰富实践而推出的。对此，我专门以多媒体课件的形式，做了详细论证与讲解。新闻媒体

宣传后，在社会上得到较为广泛的认同和实施。因为“在岗位做贡献，在社会做奉献”，既是雷锋精神的集中体现和雷锋做法的凝练概括，又是被广大学雷锋人生动的学雷锋实践所证实的，学雷锋活动常态化的一般方式，即实现模式。学雷锋都能“在岗位做贡献，在社会做奉献”，那么岗位人人都有，贡献人人都做，社会人人身处其中，奉献处处可为。这就既锁定了广大人群，又涵盖了广阔范围，既岗位成果巨大，又社会价值巨大，从而实现了学雷锋活动常态化的基本形态，达到学雷锋应有的实际效果。

抓好培企业之根，铸企业之魂的落脚点，引导广大员工在常态化学雷锋活动中，把担当争光的民族气节、为民服务的价值理念、至诚守信的为人原则、勤勉专注的做事风格、创新创造的进取状态赋予企业之魂的灵动神奇之光，辐射于身，滋养于心，践之于行，积极“在岗位做贡献，在社会做奉献”，那么作为产业基础的企业，就会“源头活水溢平川”，企业集聚起来的产业，则必定“桃花色香总自然”，高质量发展所呈现的必然是一派生机勃勃的景象。长沙高新区乃至湖南全省各产业，在全面建设现代化国家新征程上，必将大有作为，一定能创造新的更大荣光！

打造世界级雷锋文化小镇
为长沙高新区“挺进全国十强”赋能

胡跃福*

长沙高新区是一方神奇的土地，她既是雷锋精神早期孕育重镇，又是湖南高新技术产业率先崛起重镇。进入新时代，在实现第二个百年奋斗目标新征程中，长沙高新区应以打造世界级雷锋文化小镇为引擎，助推园区高新技术产业高质量发展，再创新时代长沙高新区发展的新奇迹。

一、“三大资源”聚集，彰显长沙高新区打造世界级雷锋文化小镇的深厚底蕴

1. 根基资源异乎寻常。习近平总书记指出，雷锋精神的核心内涵就是雷锋身上所具有的信念的力量、大爱的胸怀、忘我的精神、进取的锐气。雷锋精神是中华民族优秀传统文化和社会主义核心价值观的生动体现，是世界思想文化宝库中的璀璨明珠。雷锋精神属于中国，享誉世界，这是长沙高新区打造世界级雷锋文化小镇的根基资源和根本依据。

2. 独享资源举世无双。长沙高新区是时代楷模雷锋的故乡，雷锋 22 年短暂人生中有 16 年在这里度过，他在这里涅槃重生，淬火成钢。在 16 岁高小毕业典礼上，雷锋畅谈自己的人生理想：响应党的号召，去当新式农民，驾起拖拉机耕耘祖国大地；做个好工人，为祖国的社会主义工业化建设出把力；做个好战士，用生命和鲜血保卫我们伟大的祖国，做人类英雄。雷锋这一发自内心的铮铮誓言，就是雷锋精神在长沙高新区这方红色热土早期孕育阶段的生动写照。

3. 创新资源丰盈厚实。作为长株潭国家两型社会配套改革试验区、长株潭国家自主创新示范区、国家级湘江新区产业核心区，长沙高新区现有企业 32000 家，其中高

---

* 作者系湖南省政府参事、湖南省社科院二级研究员。

新技术企业1800家，上市企业47家，世界500强企业及分支机构31家，知名央企50余家，综合实力在全国168个国家级高新区中排名第14位，产业园区竞争力排名第10位，国家级研发机构数量排名第3位。长沙高新区的这些丰盈厚实的产业创新资源，为长沙高新区打造世界级雷锋文化小镇，创新新时代雷锋精神与高新技术产业文化深度融合的方式，赋能高新技术产业高质量发展，提供了广阔平台和无限可能。

二、长沙高新区打造世界级雷锋文化小镇的“三大任务”

1. 在小镇物理空间建构上，要将雷锋文化这一民族精神图腾融入园区重要纪念设施、重要市政设施、重要科技产业设施的物理空间之中，将雷锋文化与建筑文化、市政美学、产业美学深度融合，让广大公众能在不经意间感受雷锋文化的魅力，受到雷锋精神的滋养。

2. 在小镇社会新风形成上，让雷锋精神为园区精神文明建设提劲抹彩。要紧紧围绕培育和践行社会主义核心价值观，营造浓厚“雷锋家乡”文化氛围，全面倡导“雷锋家乡学雷锋”理念，切实强化雷锋精神传承的广度、深度、力度和热度，让雷锋精神融入园区精神文明建设各方面各环节，形成人人敬雷锋、个个学雷锋的生动局面。

3. 在小镇文化特质锻造上，实现雷锋精神对园区高新技术产业高质量发展的价值引领。高新技术产业是新时代经济社会高质量发展的战略制高点。实现雷锋精神对园区高新技术产业高质量发展的价值引领，是长沙高新区打造世界级雷锋文化小镇的一大难点、亮点、创新点。要在推进雷锋精神与园区科学家的创新精神、企业家的创业精神、技能人才的工匠精神深度融合上下足功夫，要在用雷锋精神的强大号召力、感染力、传播力，激发园区企业追求经济效益与社会效益完美协同和有机统一上实现突破。

三、长沙高新区打造世界级雷锋文化小镇的“三大策略”

1. 务必将雷锋街道打造成为世界级雷锋文化小镇的核心区。建议围绕打造世界级雷锋文化小镇核心区目标，按照集学习、参观、交流、培训、体验、实践、休闲、旅游于一体的思路，着眼打通城建、交通、文旅、公共服务等方面的“肠梗阻”，制定高起点、高标准、有特色的雷锋街道核心区建设规划，确保核心区建设高水准推进。建议以雷锋故居为重中之重，加强对雷锋学校、雷锋工作过的“安庆乡政府”等雷锋生活、学习、工作过的重要历史文化遗存的抢救与保护。当务之急，要加强与雷锋纪念馆（内含雷锋故居，属望城区管辖）的深度合作，争取省市支持，彻底整治紧贴雷锋故居而建的别墅群及周边环境。彻底改变雷锋故居与雷锋纪念馆主馆区一馆两地、以墙分割、别墅相连、前弱后强、本末倒置、显失敬重的尴尬窘境，牢固确立雷锋故居再简陋也是雷锋家乡“第一景观”“第一纪念设施”的核心地位。建议长沙市委市政府在适当时期，在充分尊重望城区人民对雷锋深厚情感的基础上，站在雷锋属于全长沙、全湖南，属于全中国、全世界的高度，基于有利雷锋家乡整体保护与建设考量，妥善解决包括雷锋故居在内的湖南雷锋纪念馆与雷锋街道“生硬剥离”，分由望城区管辖和长沙高新区代管的行政分割状态，还雷锋一个完整的家乡。建议恢复雷锋镇，或将雷锋街道更名为“雷锋镇街道”，突显雷锋文化小镇建设的文化内涵。

2. 务必构建雷锋精神赋能长沙高新区高新技术产业高质量发展的有效机制，彰显长沙高新区弘扬雷锋精神的鲜明产业特色。重点推进雷锋文化与产业规划、品牌建设、招商引资融合机制建设，雷锋文化与企业创新创业文化融合机制建设，以雷锋精神培育高新技术产业时代新人机制建设，不断丰富雷锋精神赋能高新技术产业高质量发展的方式和途径。

3. 务必在总体上实施省市区共建，在规划、布局、建设、政策上实施“省市统筹、高新区为主”，形成打造世界级雷锋文化小镇的强大合力。建议省政府和长沙市政府采用特殊手段与政策，支持长沙高新区世界级雷锋文化小镇建设。建议长沙高新区形成具体有效的政策措施，并切实抓好落实工作，力保世界级雷锋文化小镇建设稳步推进。

以雷锋精神构建园区命运共同体

贺代贵*

雷锋是永恒的革命战士，他看似平凡的人生实践，却铸就了力透时空的精神坐标。习近平总书记曾经提出“雷锋精神是永恒的”“要做雷锋精神的种子，把雷锋精神广播在祖国大地上”。在第59个学雷锋纪念日到来之际，我们重温雷锋精神的闪光点，我想结合湖南信息职业技术学院雷锋精神育人的成效，谈谈“以雷锋精神构建园区命运共同体”。

第一是同源。我们同在“好人之城、雷锋之家”，长沙高校和高新区一起，用雷锋精神全面落实“三高四新”战略定位和使命任务，不断发挥领头雁效应，努力实现“强省会”目标，在各自的领域中砥砺前行。作为工科院校，我们精准对标长沙22条产业链，为长沙经济社会发展提供源源不断的高质量技术技能型工业人才，为高新区输送锐意创新、敢拼敢闯的新生力量。雷锋精神是我们与园区共同的精神之源。

第二是同力。雷锋高小毕业后，成为我国第一代拖拉机手。他立志要把自己的一生献给祖国最壮丽的社会主义建设事业。雷锋精神给予我们生生不息的力量，我们的教育力、生产力和精神力，就是新时代践行雷锋精神的生动注脚。

雷锋精神书写我们的教育力。去年我校金艳老师将雷锋精神融入课程思政的教学实践，获得全国特等奖。我们开发了校本特色教学资源“雷锋五子金课”，从思想根本上抓好学生的敬业精神培养，雷锋精神的教育力在一次次课堂改革中，不断入脑入心。

雷锋精神赋能我们的生产力。在园区、在企业，我们不断用思想的感召和文化的浸润，去激发员工干事创业的信心与激情，园区不是只有效益，更有奉献和情怀。以全面弘扬雷锋精神，助推高新技术企业高质量发展，把雷锋精神运用于园区生产力发展的当代实践，这是一个非常有价值、有意义的命题，是我们深厚的文化软实力。

---

* 作者系湖南信息职业技术学院党委书记。

雷锋精神感召我们的精神力。我校有一个传承了8年的学生志愿服务组织“雷锋教导团”，雷锋精神是他们的“传家宝”。自2015年起，他们义务完成了每年的新生军训任务，疫情防控期间，他们化身守护师生的“防火墙”，守护了复学复课“生命线”，实现了国防教育、素质教育与人格发展的有机结合。

教育力、生产力和精神力，三力协同，就能共同营造学习、工作、生活向上向善的积极氛围。

第三是同进。1958年，雷锋响应号召，从湖南一路北上来到鞍山钢铁厂当工人。在临行前，他将名字改为“雷峰”，意为“攀登高峰”。1959年，鞍钢决定在弓长岭兴建一座焦化厂，需要抽调一批年轻人。但当时的弓长岭地点比较偏远，很多人都不愿意来。雷锋第一个报名，而且还带动了一大批年轻人来到这里。这就是值得我们追随的青春行动，是值得我们敬佩的进取之心，更是值得我们学习的奋斗姿态。

高校和园区是紧密相连的命运共同体，师生进园区，园区进学校，互享资源，是我们“同进”的目标。近年来，湖南信息职业技术学院与超过50家企业建立了校企合作关系，其中不少是我们园区的企业。我们通过订单班、现代学徒制、产业学院等合作方式，“走出去、引进来”，畅通人才流动机制，形成人才培养的良性循环体系。

第四是同荣。2014年3月，习近平总书记在给“郭明义爱心团队”的回信中这样写道：“雷锋精神，人人可学；奉献爱心，处处可为。”高校人才培养的质量越高、行业匹配越精准、校企合作成果共享越多元，将来进入园区工作后，可带来的能量就会越大，而园区能量和凝聚力的不断增强，会反作用于人才培养，尤其是在学生岗位实习中，园区教育能直接提高学生的职业能力和职业素养，这就是我们期盼的同向、同行、同荣的“多赢”格局。

雷锋精神是联通高校和企业的精神桥梁，有助于高校和园区精准对接的产教融合，让我们携手同行，呼吸与共，构建我们的命运共同体，同源、同力、同进、同荣，一起向未来！

传承创新，让经济园区富有文化底蕴

余旭阳*

1963年，毛主席发出“向雷锋同志学习”的伟大号召。家乡人民响应号召，1963年2月23日，在雷锋母校荷叶坝完小两间小小的教室里，建立了第一代场馆。虽然比较简陋，却是雷锋家乡最早的雷锋事迹展览馆，在当时起到了很好的宣传雷锋事迹的作用，吸引了来自全国各地一批又一批的参观者。

面对日益增多的参观者，1968年11月，雷锋纪念馆第二代场馆建成开放。第二代场馆由一个序厅、四个展厅和接待室组成，陈列面积1500平方米，也就是我们今天的长沙国防（人防）教育馆。

走入新世纪，面对新形势的发展和要求，雷锋纪念馆第三代馆于2002年启动建设，并于2003年3月5日毛主席题词发表40周年之际全面完工。新建的陈列馆面积为1072平方米，改扩建后的纪念馆面积比原来扩大了近3倍。

2014年至2018年，雷锋纪念馆启动了新一轮提质改造，项目总投资1.2亿元。第四代场馆，也就是今天的雷锋生平事迹陈列馆正式建成开放，与雷锋故居、长沙好人馆、长沙国防（人防）教育馆，形成三馆一故居的参观格局。

高新区这片土地，见证了雷锋纪念馆从第一代场馆的两间教室，到今天总面积达108000平方米的第四代场馆。同时，也见证了一代又一代雷锋馆人在不断弘扬雷锋精神的道路上接力向前。在雷锋纪念馆蓬勃发展的同时，我们也交出了一份满意的答卷。开馆近60年来，我们荣获全国爱国主义教育示范基地、国家AAAA级旅游景区、全国学雷锋活动示范点、全国文明单位等荣誉称号，累计吸引接待了国内外4700多万游客。

踏入新时代，雷锋馆人始终在弘扬雷锋精神的道路上大步前行，守正创新，致力

* 作者系湖南省雷锋纪念馆馆长。

于将雷锋精神转化为城市发展的不竭动力。

我们不断建强主阵地。率先打造网上 VR 展馆，策划推出专题展览，每年主办承办大中型学雷锋活动 10 余次，仅去年一年，就有累计 200 万游客来到高新区，走入雷锋纪念馆参观学习。

我们不断拓宽新领域。出版《榜样》从书，推出《印象雷锋》系列故事会。2021 年，组织雷锋精神宣讲团外出宣讲，为高新区党性教育培训班、雷锋小学、和馨园社区等多家单位、学校、社区开展了累计 108 场次的主题宣讲。我们还与 30 家企事业单位达成基地共建，以雷锋精神为企业经济发展注入鲜活的动力。

我们不断打造新品牌。纪念馆成立了正兴学雷锋志愿服务中心，组建队伍 15 支，招募志愿者 1642 人，累计开展活动 1842 场次。目前，正在积极参评“全国最佳志愿服务组织”。来自长沙职业技术学院、湖南涉外经济学院等高校的大学生志愿者身穿红马甲，走入雷锋街道、走入高新区，以实际行动践行雷锋精神，为城市发展赋能助力。

近年来，高新区管委会提出了雷锋新城的建设规划，以“一园、一馆、一路、两校”为中心打造雷锋文化小镇，推出了一系列的重要举措，都充分地体现了高新区“举雷锋精神的旗子，树雷锋故乡的牌子，走雷锋新城的路子”的坚定信心和勇毅担当，令我们深感钦佩。站在雷锋纪念馆的角度，就进一步以雷锋精神赋能园区发展，我想提几点个人思考：

一是坚持硬件规划。进一步加强雷锋纪念馆周边交通规划，保留纪念馆天际线，充分发挥雷锋故里的资源优势，让全市乃至全省人民能够更加便捷地走入高新区、走入雷锋新城、走入雷锋纪念馆学习雷锋精神，助推高新区文旅融合发展，让雷锋精神的种子广播在这片热土上。

二是加强软件建设。在雷锋新城的建设上，加强沟通交流，着重突出湖南元素与湖南特色，实现学雷锋活动的共建共享，志愿服务品牌的共创共推。进一步擦亮“雷锋家乡、雷锋新城”品牌。让新时代雷锋故事从高新区传递到全市、全省，乃至全国。

三是挖掘时代内涵。2021 年，雷锋精神被纳入第一批中国共产党人精神谱系，雷锋精神的时代价值不断丰富。建议进一步加强雷锋精神研究、着力挖掘雷锋精神的时代内涵，让雷锋精神成为激励人们奋勇前行的强大动力，成为园区高质量发展的深厚文化优势。

弘扬雷锋精神 践行医者初心

刘习明*

我是长沙生殖医学医院院长刘习明，从医40多年，开展不孕症的研究和治疗28年，已为4万个不孕症家庭送去了拥有孩子的欢乐，实现了生儿育女的梦想，为家庭这个社会细胞的和谐稳定、民族的健康繁衍作出了积极贡献。

一、践行初心，为不孕症家庭排忧解难

一个孩子是一个家庭的希望，千万个孩子是一个民族的未来。20世纪70年代初，我国还没有不孕症学科，也没有治疗不孕症的专科医院。在行医过程中，我耳闻目睹了不少夫妇因为不能生育小孩而忧心忡忡，甚至家庭破裂。为了帮助不孕症家庭圆梦，我从1983年开始，专注于不孕症的研究和治疗。白天看诊，晚上学习，翻阅了大量古典和现代医学文献，北上首都医科大学，南下广州中山医学院等，请教权威专家，拜访名老中医，收集了30多种中药处方和验方。经历无数次实验，研制出了治疗不孕症的纯中药制剂生精素片，应用于临床而且效果很好，填补了我国在这一领域的空白。

1991年，著名医学科学家、中国医学科学院院长吴阶平亲笔致信鼓励我："开展不孕症的研究和治疗是一件很有意义的事"。1995年，我创办湖南省第一家治疗不孕症的专科医院——长沙生殖医学医院，扎根雷锋家乡。在优化传统治疗的基础上，开展人类辅助生殖技术研究，形成了中医中药、康复理疗、西医手术、宫/腹腔镜微创手术、人工授精、试管婴儿等不孕症治疗体系，为医院的高质量发展奠定了坚实的基础。生殖生物学泰斗、中国科学院院士刘以训给予高度评价"雷锋家乡医院学雷锋，大夫力求医术医德双全，以精湛医德治病救人，生龙育凤，传宗接代"。

---

* 作者系长沙生殖医学医院院长，全国道德模范。

二、医者仁心，不让患者多花一分冤枉钱

兴办医院要以人民健康为中心，做到有温度、有良知、有责任。我坚持诚实守信，不让患者多花一分冤枉钱，为患者“因病制宜”制定经济有效的治疗方案，实施“三不”举措：一是能不住院的尽量不住院，在门诊完成治疗；二是不滥收滥治，不搭车收费；三是对经检查确诊无法治愈的患者，不做无谓的治疗。

以医者仁心解患者之难，医院设立了困难家庭减免部分医药费的制度，尽己所能让看不起病的患者也能圆生儿育女的梦想。2017 年以来，医院为 2370 名患者减免治疗费用 1000 余万元。

2001 年，一对残疾人夫妇找到我，他们年近 40 尚未生育。经检查，丈夫患有死精子症，这个病能治好但治疗时间长，而且费用需要上万元。当这对夫妇知道死精子症能治好、还能生孩子时开心得不得了，可是一听费用，脸上立马愁云密布，妻子当时就哭了起来。我实在是不忍心看着这对残疾夫妇再次遭受命运的打击，于是邀请相关专家会诊，并向医院申请减免了他们的大部分治疗费用。一年后，夫妇俩如愿生下一个健康漂亮的女儿，一家三口其乐融融跑来向我报喜。

三、学习雷锋，赋能医院高质量发展

以雷锋为榜样，在雷锋精神的感召下，长沙生殖医学医院全体干部职工同心同向、攻坚克难，走出了一条特色化、跨越式和可持续发展之路，已将医院建设成为湖南省三级生殖与遗传专科医院、湖南省院士专家工作站、湖南省博士后科研流动站、国家高新技术企业，跨入了国内生殖医学领域先进行列，得到了党和政府的肯定、人民群众的认可，先后获得全国文明单位、全国巾帼文明岗、全国百姓放心示范医院等多项国家级荣誉。我个人先后被授予全国道德模范、全国劳动模范、中国好人、中国优秀医院院长、全国文明家庭、长沙市学雷锋十佳个人、雷锋传人·长沙榜样等多项荣誉称号。

“人民对美好生活的向往，就是我们的奋斗目标。”为了满足人民群众对优质医疗服务的需求，我们又创办了长沙宁儿妇产医院、湘西宁儿医院。打造了一条“科学孕育—安全分娩—舒适坐月子—形体康复—抗衰防老”的完整“宁儿幸福链”，构建了妇女儿童全生命周期健康守护网，增强了人民群众的获得感、幸福感。

昨天已在记忆中成为美好的过去，明天将在奋斗中成为崭新的开始。我们要以雷锋为榜样，全心全意为人民服务，艰苦奋斗，勇毅前行，为长沙高新区的高质量发展，为长沙市争创全国文明典范城市、为湖南省实施“三高四新”战略作出新的贡献。

雷锋精神助力抚顺高质量发展

张春民*

我来自雷锋精神发祥地、中国雷锋城辽宁抚顺。

中华人民共和国成立后，作为工业重镇，抚顺一度被列为首批直辖市。在开采高峰期，抚顺煤炭总产量曾占全国的1/10，因而得名“煤都”；在大庆油田发现之前，抚顺油母页岩炼制的页岩油曾占全国石油总产量的30%～50%。中华人民共和国的第一吨铝、第一吨镁、第一吨硅、第一吨特种钢、第一台机械式挖掘机，均产自抚顺。抚顺石化、抚顺铝业、抚顺特钢、抚顺发电、抚顺挖掘机等企业单位为支援全国各地经济建设源源不断地输送了大量人才和技术力量，作出了巨大贡献。

中华人民共和国成立后，党带领全国人民建设社会主义新中国，中国人民的精神面貌焕然一新，爱国主义、集体主义、大公无私的思想道德成为时代的主旋律。雷锋生在旧社会，7岁就成了孤儿；长在新中国，对党充满了深厚的感情。他忠于党、热爱祖国、关心集体、关心他人，全心全意为人民服务。1960年4月7日下午，雷锋同志来到抚顺，在抚顺工作期间，先后立功、入党、当班长、当两所学校的校外辅导员，正像他的日记写的那样，他把有限的生命投入到了无限地为人民服务之中。1960年12月11日，《抚顺日报》长篇通讯整版报道了雷锋事迹，刊登了《雷锋日记摘抄》。雷锋同志牺牲后，他的事迹广泛传扬，从抚顺传遍全国各地，影响了一代又一代人。半个多世纪以来，抚顺人坚持不懈学雷锋，使学雷锋活动逐步从以官方组织为主到更多表现为民间自觉，渐次成为一种文化。从机关到社区、从城市到农村、从学校到军营、从工厂到街巷，处处都能感受到抚顺作为雷锋城的文化底色，时时都能触碰到抚顺人对雷锋精神的铭记和坚守。

雷锋精神，是中国共产党培养出来的。思想上高度纯粹地爱祖国、爱人民、爱社

---

* 作者系抚顺高新区党工委委员，分管日常工作的副主任，总工会主席。

会主义、爱中国共产党，行动中高度自觉地树立崇高理想，坚持爱岗敬业、无私奉献、助人为乐的共产主义道德风尚，是中国共产党人的初心使命和中华民族传统文化精髓所共有的价值认同。半个多世纪以来，雷锋精神融进抚顺的城市血脉。20 世纪 60 年代，抚顺深入开展“学雷锋做革命事业接班人”活动；80 年代，抚顺提出了“人人学雷锋，创建文明城”的响亮口号；90 年代，抚顺倡导“发扬雷锋精神，争做四有新人”。进入新世纪，走进新时代，从 2006 年起，抚顺市政府发起在人民群众中推选学雷锋典型——百姓雷锋，至今已推选 15 届，154 个百姓雷锋个人及群体典型，成为雷锋精神薪火相传的燎原火种。

此外，抚顺有全国建馆最早、规模和影响最大的雷锋纪念馆，雷锋墓和雷锋纪念碑是全国仅有的两处雷锋题材全国重点保护文物。瓢儿屯火车站等 10 余处承载雷锋故事的历史遗迹和旧址、雷锋学院等 10 余个雷锋题材的基地展馆共同形成了全国最具规模的雷锋精神宣传、研究、教育、培训基地。雷锋生前战友乔安山、雷锋辅导过的学生陈雅娟、雷锋故事的亲历者王维秀、雷锋团一批批退役官兵等，他们都是传播雷锋精神、弘扬雷锋文化、见证雷锋事迹、讲述雷锋故事的活教材。

2018 年 9 月 28 日，习近平总书记在东北考察期间，到抚顺专程参观了雷锋纪念馆，就学习雷锋作出重要指示，为进一步加强新时代学雷锋工作指明了方向。抚顺人牢记习近平总书记嘱托，坚持以人民为中心的发展思想，学习雷锋精神，深入开展新时代学雷锋活动。在党政机关、企事业单位、百姓群众中间，努力把崇高理想信念和道德品质追求转化为具体行动，体现在平凡的工作生活中。抚顺大地到处涌现学雷锋的热潮，抚顺这座城市因雷锋而更有热度。

抚顺高新区设立于 2006 年 12 月，规划面积为 42. 77 平方公里，现已建成园区面积 15. 9 平方公里。园区依托中油集团抚顺石化公司的原料资源，围绕乙烯、丙烯、碳 4、碳 5、碳 9、芳烃、塑料橡胶及石蜡深加工八大产业链，初步形成精细化工、化工新材料、高端精细化学品和生物医药产业四大集群。2021 年实现规模以上工业总产值 494. 2 亿元，公共财政预算收入 15. 2 亿元。2007 年 12 月被科技部认定为全国首家“国家精细化工高新技术产业化基地”。2019 年被国家发改委、科技部、工业和信息化部、自然资源部和国家开发银行批准为首批“国家产业转型升级示范园区”。2020 年被国务院批准为第三批国家双创示范基地。2021 年荣获辽宁省模范劳动关系和谐工业园区。目前正在积极创建国家高新区。

2021 年 9 月，国务院批复同意实施的《“十四五”特殊类型地区振兴发展规划》将抚顺市列为老工业基地和资源枯竭型地区，明确抚顺市为国家产业转型升级示范区，并以化工新材料及高端精细化学品产业为重点培育发展接续替代产业。不久后，国家发改委、科技部、工业和信息化部、自然资源部、国家开发银行联合印发《“十四五”

支持老工业城市和资源型城市产业转型升级示范区高质量发展实施方案》（发改振兴〔2021〕1618号），进一步明确提出“支持抚顺高新区按规定创建国家高新区”。

雷锋精神闪耀着人性的光辉，具有跨越时空的永恒魅力。抚顺高新区坚持用雷锋精神教育广大党员干部，坚持用雷锋精神推动各项工作开展，坚持用雷锋精神创建和谐园区，坚持用雷锋精神打造优质营商环境。真诚欢迎全国各地企业家到抚顺高新区投资兴业，我们将以春天般的温暖和夏天般的热情，为企业家提供全方位服务，与企业家合力同心，大展宏图！

弘扬雷锋精神，助力“智造谷”建设

文　丰*

2022年3月5日是毛主席为雷锋同志题词59周年纪念日。59年过去，雷锋依然是中国人的精神丰碑，标记着全民族的道德高度。他以对党的无上忠诚，对祖国的无比热爱，对人民的无限深情，谱写了光彩夺目的人生诗篇，树立了历久弥坚的思想道德标杆。

湘潭高新区成立于1992年，2009年晋升为国家级高新区，2014年获批长株潭国家自主创新示范区。为抢抓“一带一部”历史新机遇，落实创新驱动发展战略，打造“中国制造2025”试点示范城市，建设中部智造谷，“十四五”期间，湘潭高新区以习近平新时代中国特色社会主义思想为引领，以“树立新思维、培育新动力、探索新模式、实现新发展”为发展路径，着力构建高端装备制造、新一代信息技术、新材料产业和现代服务业为主导的“3+1”产业体系，打造中部地区创新生态完善、高端产业聚集、开放合作深入、体制机制创新的智能制造示范区。

多年来，湘潭高新区始终坚持“以人民为中心”的发展思想，把传承弘扬雷锋精神贯穿工作始终，凝聚榜样力量，弘扬志愿精神，全面贯彻落实湖南“三高四新”战略定位和使命任务，围绕“六个湘潭”和湘潭高新区“一谷四区”建设，努力营造优良营商环境，全力服务园区发展。

一、强化思想教育，提高文明素质

湘潭高新区强化学习贯彻习近平新时代中国特色社会主义思想，围绕庆祝中国共产党成立100周年宣传教育和党史学习教育，开展形式多样的教育实践活动。组织开展“我为群众办实事”志愿实践活动，累计收集园区203个问题，办结194个，办结

---

* 作者系湘潭高新区总工会副主席。

率达95.5%；大力开展多种形式的宣传教育，在网站和微信公众号刊载《湘潭市文明行为促进条例》，在小区出入口、文化活动广场等显著位置张贴《社会主义核心价值观》《文明健康有你有我》《我是志愿者我来帮》《共同战“疫”》《未成年人思想建设》等公益广告3000余处，推动社会主义核心价值观融入法治建设和社会治理。

二、打响“我是志愿者我来帮”志愿服务品牌

湘潭高新区常年对辖区内困难党员、群众、优抚对象、空巢老人、残疾人以及环卫工人等进行节日慰问。区妇联号召辖区企业积极为困境妈妈捐款，仅2天的时间，就在线上实现了20150元筹资；区总工会持续开展“夏送清凉”和“冬送温暖”职工慰问活动，并组织基层工会干部开展助力乡村振兴消费扶贫和关心关爱园区新就业形态劳动者志愿服务；湘潭市义工联合会组织志愿者加班加点共同抗疫，风雨兼程助力创文创卫，引进专家做智慧社区服务需求调研报告；迅达集团宝莲慈善基金2021年帮扶困境家庭193户，职工子弟154人，计512100元；长郡湘潭高新实验学校组织学生开展“捐旧衣献山区”“争当环保小卫士”“我来摆摊做义卖”等志愿活动，有效引领青少年进一步弘扬“奉献、友爱、互助、进步”的志愿精神。

三、持续深化群众性精神文明创建活动

湘潭高新区持续开展公益志愿、家风家教的宣传和主题活动，在“3·5”雷锋日、三八节、母亲节之际，通过微信、宣传单等方式发放倡议书，开展“父母成长计划”，志愿服务送课进基层，常态化开展最美公益、文明家庭、最美家庭、廉洁家庭等评选表彰、巡讲活动，更好地发挥爱心公益，好家风、好家规、好家训的教化作用。

四、高标准打造有温度有速度的政务环境

人人是营商，事事是营商，处处是营商。湘潭高新区不断深化“放管服”改革，持续落实简政放权，出台了《承接落实赋权园区事项的实施方案》，推出了重点项目跟踪办、大厅分区引导办、关联事项一窗办、“1+1+1+N”全程帮代办服务和“减证便民”专项行动，删减取消108项证明（盖章）类材料，全面落实“一件事一次办”，政务服务提速又提质。湘潭高新区公安秉持“社会治安也是投资环境，公安工作也是生产力”的服务理念，走访企业420余家次，调处涉企矛盾95起，为企业解决实际问题43个，开展法律宣传35场次，组织企业参加公益活动40场，得到了辖区企业和职工的充分肯定。

“因高而远，因新而活，促产业集群聚势，壮气如虹。”这是对湘潭高新区奋勇改革、快速崛起的生动诠释。高新人在创新创业中大力弘扬雷锋的“螺丝钉精神”和坚

守初心的“奉献精神”，啃下了一批改革的“硬骨头”，形成了一批制度创新的“新成果”，为全力建设“五好园区”汇聚了强大动力。

今天，我们汇聚在此，以雷锋精神赋能园区建设论坛为契机进行研讨，这是对雷锋最好的怀念和敬仰。在我们的工作实践中，我们已将雷锋元素、雷锋精神和雷锋文化有机融入湘潭高新区“智造谷”的建设发展中，这一红色和英雄文化已深深融入园区文化，增强了园区文化底蕴，这份宝贵的精神财富也将在产业园区未来建设中绽放更加璀璨的时代光芒。

新年伊始，尽管疫情反复等诸多因素给园区发展带来的不确定因素增加，但是，前进路上的坎，只有靠前进才能迈过，发展过程中的问题，只有靠发展才能解决。发展没有等出来的精彩，只有干出来的辉煌；不唱衰，不躺平。雷锋精神依然是我们高新人干事创业的灵魂所在！向雷锋同志学习，筑牢信念，和衷共济，共同努力，一起面向未来！

雷锋精神赋能园区发展篇

以雷锋精神引领湖南“五好”产业园区高质量发展

李雨薇*，姚选民**

产业园区对一个地区经济社会发展的贡献是全方位、多层次的。它作为我国科技资源、研发活动、创新成果最为密集的地区，是地方经济的发动机，同时还肩负着汇聚创新资源、培育新兴产业、实践高水平对外开放的重要使命。2021 年 6 月 3 日，湖南省产业园区高质量发展推进会在长沙召开，时任省委书记许达哲、省长毛伟明出席会议并讲话，会议还以视频形式开到市州一级。在这次会议上，湖南省委、省政府重磅推出了聚焦“规划定位好、创新平台好、产业项目好、体制机制好、发展形象好”的园区高质量发展“1 +3”政策体系，“1”份总纲，即《创建“五好”园区，推动新发展阶段园区高质量发展的指导意见》，“3”份协同配套文件，分别是《“十四五”产业园区发展规划》《创建“五好”园区若干政策》，以及《产业园区评价办法》。形式多样的高新区是实现我国高质量发展的重要载体，园区企业高质量发展不仅需要硬件设施等硬环境支撑，亦需要园区文化等软环境支撑，而弘扬雷锋精神与园区文化建设有着高度内在契合。习近平总书记说：“我国工人阶级应该为全社会学雷锋、树新风作出榜样，让学习雷锋精神在祖国大地蔚然成风。”雷锋精神作为第一批被纳入中国共产党人精神谱系的伟大精神，其实质是忠于祖国、服务人民的奉献精神，锐意进取、自强不息的创新精神，艰苦奋斗、勤俭节约的创业精神，干一行爱一行、专一行精一行的敬业精神[1]。以雷锋精神为引领，指导其家乡湖南开展“五好”园区建设，必能产生 1 +1 >2 的效果。

一、湖南产业园区发展情况

产业园区是改革开放带来的探索和突破。湖南的首家国家级高新区于 1991 年获

* 作者系湖南省社会科学院会计师。

** 作者系湖南省社会科学院研究员。

批，首家国家级经开区于2000年获批。历经30年的摸着石头过河，我省产业园区完成了从无到有、由弱变强的历史性蝶变，目前全省一共有21个国家级园区、122个省级园区，以仅占全省0.5%的面积，牢牢占据了全省34.5%的GDP产出，当之无愧地成了全省经济建设的引领区、产业发展的集聚区、科技成果的转化区、创新开放的示范区、深化改革的先行区。近年来，以国家经开区、国家高新区为代表的园区发展愈发趋同，在新发展阶段，以高质量发展为基本要求，二者功能界限预计将更加模糊。

就横向比较而言，商务部自2016年开始，定期组织力量对国家级经开区综合发展水平进行考核评价。在2021年1月由商务部发布的国家级经开区综合发展水平2020年考核评价结果中，全国218家经济技术开发区中的前30名中，长沙经济技术开发区作为湖南省唯一的代表，位列第17名，与上年排名持平。这30家国家级经开区在当年实现地区生产总值3.8万亿元，占218家国家级经开区比重的36.4%

2021年8月，直属于工业和信息化部中国电子信息产业发展研究院的赛迪顾问公司发布“园区高质量发展百强（2021）”榜单，面向全国169个国家高新区和218个国家经开区，选取了创新驱动、产业跃升、开放协同、绿色集约、营商引领这5个一级指标，以及高新技术企业数量、地区生产总值（经开区）或企业营业收入（高新区）增速等34个二级指标，评选出前100强，湖南仅3家入选，分别是长沙高新技术产业开发区、长沙经济技术开发区和株洲高新技术产业开发区。江苏省入榜园区数量最多，占据了18席，浙江省和广东省紧随其后，各9席，湖北省和山东省并列第三，入榜园区均为7席。

迈入“十四五”时期，我国向着第二个百年奋斗目标进军，开启了全面建设社会主义现代化国家的新征程。湖南省也积极贯彻落实“三高四新”、中部崛起、长株潭都市圈等一系列战略和规划。产业园区作为经济建设的主阵地、主战场，是建设现代化新湖南的中坚力量。创建“五好”园区，就一定要在“闯”字上下功夫、在“新”字上求实效，以只争朝夕的精神状态，以比学赶超的浓厚氛围，全力克服要素成本上升、环境约束趋紧、疫情防控压力等不利因素影响，深化改革、扩大开放、二次创业。

2021年6月推出的《创建“五好”园区，推动新发展阶段园区高质量发展的指导意见》，明确要求了我省“五好”园区建设应努力的方向：一是规划定位好。国家级园区提前布局未来产业，力争“大而强”；省级园区注重传统优势产业转型升级，聚焦“专而精”；结合亩均效益评价，支持具备条件的园区建设“一园多区”。二是创新平台好。支持园区联合高校、科研院所共建科研成果转化基地；支持各园区设立引导性基金；建立“卡脖子”技术人才需求清单，完善靶向引才、专家荐才机制。三是产业项目好。依托长沙高新区、长沙经开区、株洲高新区等重点园区，做大做强航空航天动力、轨道交通装备、工程机械等产业，全力打造三大世界级产业集群；重点依托长株潭园区，前瞻布局量子信息、低维纳米技术等一批未来产业。四是体制机制好。探索试行身份档案制、全员岗位聘任制、竞争上岗制、末位淘汰制改革；实行扁平化管理，推行大部门制，完善“小管委会、大公司”的管理机制。2021 年 12 月，长沙经开区在全省首次试点自主开展高级职称评审，享受到更多的用人自主权。五是发展形象好。依法赋予园区在科技创新、产业促进、人才引进、市场准入、项目审批、财政金融等方面的省级和市级管理权限[2]。

二、以雷锋精神推动湖南产业园区高质量发展

雷锋传播了中华优秀传统文化，身体力行着社会主义核心价值观，以其短暂的一生谱写了壮丽的人生诗篇，赢得亿万人民长久的敬意，树起了令人景仰的道德丰碑，引领了绵延数十年的社会风尚。

弘扬雷锋的“一滴水精神”，做新发展阶段园区为民服务的“孺子牛”。关于个人价值与集体利益的关系，雷锋在日记中这样写道：“一滴水只有放进大海里才能永远不会干涸，一个人只有当他把自己和集体事业融合在一起的时候才能最有力量。”这句话即使现在来看，也毫不过时。产业园区，就是规模化地解决产业发展所需的公共服务配套问题，再利用产业上下游间的分工协作、创新协同与资源共享，有效提升区域产业集群效应。只要坚守崇高理想、秉持人民情怀、践行奉献精神、投身民族复兴，每一个工种在这里都有舞台，都能发光发亮。我们应将小我融入祖国的大我、人民的大我之中，怀着满满的责任感和使命感，积极为园区建设添砖加瓦。牢固树立“天下兴亡，匹夫有责”的大局观，终能实现自我价值与社会价值的统一。

推广雷锋的“钉子精神”，做新发展阶段园区创新发展的“拓荒牛”。雷锋曾说：“钉子有两个长处：一个是挤劲，一个是钻劲。我们在学习上，也要提倡这种“钉子”精神，善于挤和善于钻。”当前产业园区发展面临着全球疫情肆虐、全球技术封锁升级和全球产业链重构三种威胁，同时也拥有全球科技革命、产业变革和新时代国际开放合作三种机遇。产业园区要实现高质量发展，关键在于实现科技自立自强，更加强调自主创新。而创新，既要求从业者心无旁骛地钻研，更需要越挫越勇的坚守，考验的是园区科研人员“板凳要坐十年冷”的耐力和能力。我们要推广雷锋“学而不厌，锲而不舍”的钉子精神，鼓励园区工作者努力学习前沿理论，刻苦钻研业务技术，练就一身过硬本领，为“五好”园区建设保驾护航。

宣传雷锋对“青春”的认知，做新发展阶段园区艰苦奋斗的“老黄牛”。雷锋是多面能手，在望城县委当公务员期间，被评为县委机关工作模范；在辽阳市弓长岭焦化厂工作了 142 天，创造了 3 项技术革新成果；在工业战线工作的 1 年 3 个月中，3 次荣获先进工作者称号，5 次荣获红旗手称号，18 次荣获标兵称号，还被评为青年社会

主义建设积极分子；在部队2年8个月，他荣立二等功12次、三等功2次[3]。他在日记中写道："真正的青春，只属于这些永远力争上游的人，永远忘我劳动的人，永远谦虚的人。"因高质量发展的需要，产业园区也在不断转型。之前产业园区更注重实施优惠政策，定位为加工型高新区，强调引进大型公司，倚重单纯的土地运营，更多是功能单一的产业区。而现在，产业园区强调向发展产业集群转变、向研发型高新区转型，注重培育科技型中小企业集群，高度重视综合的产业开发和氛围培育，目标是成为现代化综合功能区。相对园区"专业化、集群化、高端化、国际化"发展要求，需要园区"想干事、能干事、干成事"的从业人员真抓实干、埋头苦干，凡做一事、必忠一事，以实际行动书写新时代的雷锋故事。

三、以长沙为标杆，打造雷锋精神与园区发展融合样板

长沙是湖南的省会，无论是学雷锋的步伐，还是产业园区的实力，都堪称全省的"领头雁"。这座城市多年来始终将学雷锋作为一种情怀来坚守、一份美德来传承、一身使命来担当，持续擦亮"雷锋家乡学雷锋"的金字招牌。全市所有社区均建立了"学雷锋志愿服务站"，雷锋岗、雷锋车队、雷锋志愿者、雷锋专线等雷锋元素随处可见，每年定期举办雷锋精神论坛，常态化开展"身边雷锋·长沙好人"活动，持续运营社区"雷锋580""五老四教"等志愿服务品牌，着重打造"道德银行""雷锋超市"等道德实践平台，涌现出一大批道德模范，"中国好人"累计入榜188人[4]。

长沙的园区数量也毫无悬念地摘得全省桂冠，省级及以上的工业园区主要由"五区六园"共11个园区组成，具体是：5个国家级园区，即长沙经开区、长沙高新区、望城经开区、宁乡经开区和浏阳经开区（浏阳高新区）；6个省级园区，分别是雨花经开区、天心经开区、岳麓高新区、金霞经开区、宁乡高新区和隆平高科技园（参照省级产业园区管理）。

以长沙高新区为例，这里既是雷锋精神的发祥地，也是科技新城的发源地。2008年，长沙市委市政府决定，将望城雷锋镇（现雷锋街道）整体委托长沙高新区管理。该区以"建设雷锋新城，创建精神高地"为努力方向，以"雷锋新城学雷锋"为重要抓手，以雷锋精神助推园区持续健康发展。

2020年初，长沙高新区先后出台了《关于"雷锋新城"建设的指导意见》以及《"雷锋新城"建设三年行动计划》，着重打造"雷锋新城"建设八大工程，分别是组建雷锋精神宣讲团、深挖雷锋精神的时代新义、实施"雷锋传人"培育工程、深化群众性精神文明建设活动、推进志愿服务站（点、岗）建设、打造风貌特色鲜明的雷锋故里、建设"雷锋文化小镇"、培育雷锋文化产业。

长沙高新区志在成为新时代的雷锋精神引领区、文化传播核心区。近期目标是通

过三年行动计划，深挖雷锋文化元素、弘扬雷锋文化氛围；中期目标是创建雷锋文化小镇；远期目标是打造焕然一新的雷锋新城。该区先后推出了雷锋新城建设文化创意方案，举办了“雷锋精神与未成年人思想建设”主题研讨会，并成功组建了100个雷锋式科研团队、雷锋青年突击队和74个雷锋志愿服务组织[5]。通过30万产业志愿者共建雷锋新城，该区成为以雷锋精神引领产业“五好”园区高质量发展的模范标兵。

参考文献

[1] 人民日报评论员. 把雷锋精神代代传承下去［N］. 人民日报，2021-08-16（01）.

[2] 红网评论员. 符合条件的主要负责人优先提拔使用！湖南出台重磅措施促进园区高质量发展［EB/OL］.［2021-06-04］. https：//baijiahao. baidu. com/s?id=1701563229736686825&wfr=spider&for=pc.

[3] 靳晓燕，龚亮，刘勇. 雷锋精神：在平凡中成就不平凡［N］. 光明日报，2020-09-16（05）.

[4] 匡春林. 雷锋故里，文明高地［N］. 长沙晚报，2021-10-22（04）.

[5] 周庆年. 让雷锋精神在雷锋新城蔚然成风［N］. 长沙晚报，2021-05-26（07）.

刍议弘扬雷锋精神促进基层党建及赋能园区高质量发展创新实践的对策

王玉洲*

雷锋精神是中国共产党人在奋斗历程中形成的精神理念，具有辉煌历史意义和非凡时代意义。雷锋精神与基层党建创新实践息息相关。在此，笔者就如何弘扬雷锋精神促进基层党建及赋能园区高质量发展创新实践发表个人浅见，兼与大家商榷、交流。

一、雷锋精神的内涵

雷锋精神在全国富有影响力、号召力、感染力、凝聚力。雷锋虽然只是一个普通战士，但是雷锋精神在全国都具有鲜明特征和特殊印记，影响深远，意义重大。雷锋精神既与中国共产党人精神谱系中的其他精神具有同气连枝的整体性，也具有独特性，涵盖了创新精神、奋斗精神、奉献精神等精神品质，成为中国共产党人精神谱系中不可或缺的一分子、不可分割的一部分。

雷锋精神的实质即创新精神、奋斗精神、奉献精神的交融，也是其永葆魅力之所在。一是创新精神，蕴含着“双创”因子，即“创造”和“创新”。雷锋虽然只是社会主义建设时期的普通一员，亦是社会主义建设的创造者、创新者。二是奋斗精神，蕴含着“双坚”因子，即“坚定”和“坚毅”。信念坚定和行为坚毅是雷锋的高贵品质，也是促进党的事业发展进步的保证。艰苦奋斗、永不退缩是雷锋奋斗精神的底色。三是奉献精神，蕴含着“双为”因子，即“为公”和“为民”。其实“双为”是一致的，为公即为民，为民即为公。雷锋忠于国家，爱护集体，服务群众，以天下为公的情怀和忠诚为民的情操诠释了雷锋精神真谛。

---

* 作者单位系河南省新乡市公安局凤泉分局。

二、雷锋精神与基层党建及园区高质量发展创新实践的关系

（一）两者之间是互促互助的知行结合关系

雷锋精神是中国党建领域的国家级现象，雷锋精神是马克思主义中国化、社会主义特色化的重要表现和重要载体。雷锋精神对基层党建具有示范效应及引领指导作用，基层党建实践创新需要秉持雷锋精神中所蕴含的创新精神、奋斗精神、奉献精神，化精神力量为推动实践的动力。同时，雷锋精神与中国共产党人精神谱系中的其他精神具有共同价值内核，存在紧密联系，能够互相促进、互相融合，共同遵循党建创新的理论实践和发展规律，不断丰富完善，共同为推动园区高质量发展提质增效。

（二）两者之间是相辅相成的精神契合关系

雷锋精神具有崇高政治属性和高尚品质属性，是中国共产党革命精神、革命思想、革命理念的杰出代表，也是爱国主义和集体主义的重要体现。其与基层党建创新实践具有相同的时代价值内核，具有相同的政治文化认同。两者都具有创新性、时代性、革命性、战斗性。两者的精神实质、价值内核是共通一致、高度契合的，两者方向同一、目标同一、追求同一、表里同一，系紧密联系、互相促进的相辅相成关系，任何一方的削弱都会对另一方产生不利影响，任何一方的加强也必将对另一方产生激励作用，必须紧密结合、深度契合。

（三）两者之间是共生共荣的实践融合关系

基层党建及园区高质量发展创新实践应主动契合雷锋精神，实现理论与实践的完美融合。一是推动创新精神与基层党建及园区高质量发展创新实践完美结合。创新精神是雷锋精神的重要内涵，要学习雷锋勇于探索、敢于创新的精神，为基层党建及园区高质量发展创新实践提供思想引领。二是推动奋斗精神与基层党建及园区高质量发展创新实践完美融合。奋斗精神是雷锋精神的主要内容，奋斗精神为基层党建及园区高质量发展创新实践提供思想动力。三是推动奉献精神与基层党建及园区高质量发展创新实践完美融合。奉献精神是“立党为公、忠诚为民”总纲领、总目标的重要体现。要学习雷锋精神中蕴含的奉献精神和为民情怀，为基层党建及园区高质量发展创新实践提供思想保障，确保两者有机结合、高度契合、完美融合。

三、弘扬雷锋精神促进基层党建及赋能园区高质量发展创新实践的对策

（一）坚持五讲理念，树立五种创新意识

1. 讲政治顾大局，树立党性意识。以学习雷锋精神为契机，把党的政治建设放在首位来抓，发挥意识指引和思想保障作用，为赋能园区高质量发展提供党性保障。一要坚定政治方向。要以贯彻党的十九大精神特别是党的十九届六中全会精神为抓手，大力弘扬雷锋精神，坚持“两个维护”，做到绝对忠诚、绝对纯洁、绝对可靠，在党的绝对领导下推进整体工作、中心工作、重点工作统筹布局、协调发展，为深化基层党建创新实践指明道路和方向，为促进园区高质量发展奠定政治基础。二要坚持政治教育。弘扬雷锋精神应以学习党章、党纪、党规为抓手，强化政治教育、忠诚教育，突出思想引领，不断引导广大党员增强党性观念及党员意识，提高政治素养，为基层党建及园区高质量发展创新实践夯实思想根基。三要坚守政治规矩。要学习雷锋讲政治、讲大局、讲忠诚的精神品质，严肃政治规矩，严格组织生活，严守规章制度，以创新的方式推进批评与自我批评和民主集中制等制度机制建设，优化政治生态，为推进基层党建及园区高质量发展创新实践夯实组织根基。四要坚挺政治纪律。要学习雷锋精神的政治品质，恪守党员标准，讲党性、讲纪律，积极践行“一岗双责”和“两个责任”，创新监督监管方式，充分发挥监督、管理、惩戒、警示作用，教育广大党员严于律己、遵章守纪，挺纪在前，为推进基层党建及园区高质量发展创新实践提供纪律保障。

2. 讲作风立形象，树立创优意识。要抓好争先创优“四个结合”和“四个过硬”，不断细化基层党建创新实践工作举措，为赋能园区高质量发展提供作风保障。一要把抓作风建设与加强党建工作相结合。要以弘扬雷锋精神为抓手，坚持加强党的领导，强化党的建设，在党的领导下深化争先创优，做到政治过硬，确保基层党建及园区高质量发展创新实践“主体化”。二要把抓作风建设与强化业务实绩相结合。要以弘扬雷锋精神为抓手，与业务工作相结合，切实引领思想、引领行动、促进创新、促进发展，做到业务过硬，确保基层党建及园区高质量发展创新实践“实绩化”。三要把抓作风建设与弘扬公平正义相结合。要以弘扬雷锋精神为抓手，注重建章立制，注重导向引领，强力服务法治建设、平安建设，不断丰富争先创优的形式和内容，力保形式多样、内容实在、效果良好，做到手段过硬，确保基层党建及园区高质量发展创新实践“规范化”。四要把抓作风建设与切实维护民生相结合。要以弘扬雷锋精神为抓手，不断创新服务群众的方式方法，内容实打实，服务心连心，切实维护群众利益，拓展争先创优空间，做到作风过硬，确保基层党建及园区高质量发展创新实践“立体化”。

3. 讲品质促事业，树立奉献意识。要以雷锋精神蕴含的奉献精神引领基层党建创新实践科学发展，做到“四个坚持”和“四个正确对待”，为园区高质量发展提供品质保障。一要坚持服从组织，做到正确对待组织。要听从组织，服从管理，与组织共荣辱，坚持在组织的强有力领导下推进基层党建及园区高质量发展创新实践。二要坚持严以律己，做到正确对待自己。要以雷锋精神为指引，见贤思齐，生活上低标准，工作上高标准，筑牢防线，不踩红线，坚守底线，沉在一线，全身心践行基层党建及园区高质量发展创新实践。三要坚持爱岗敬业，做到正确对待事业。要学习雷锋的精神品质，以敬业的态度脚踏实地工作。要把工作当事业而不只是职业来对待，用生命去守护、去对待，以事业为重，力促基层党建及园区高质量发展创新实践始终保持良性发展。四要坚持无私奉献，做到正确对待名利。要以雷锋精神中蕴含的奉献精神为指引，抛却功利心，以本心、初心、平常心对待名利，不为名利欲望所役，心底无私，奉献自我，为基层党建及园区高质量发展创新实践提供智慧支撑。

4. 讲责任践使命，树立担当意识。要以雷锋精神蕴含的责任意识和担当意识为抓手，推进基层党建创新实践发展，坚持“三个担当”，为促进园区高质量发展提供责任保障。一要坚持总体担当。要以习近平总书记提出的“面对大是大非敢于亮剑，面对矛盾敢于迎难而上，面对危机敢于挺身而出，面对失误敢于承担责任，面对歪风邪气敢于坚决斗争”的“五个敢于”为指导总纲领、总目标，为弘扬雷锋精神提供理论指引、行动纲领、实践引领，做到坚持总体担当，力促基层党建及园区高质量发展创新实践总体发展。二要坚持全面担当。领导干部要有担当意识，率先弘扬雷锋精神，主动作为，当好“火车头”。一般党员要树立主人翁意识，敢于任事，敢于担当，始终保持血性和刚性，实现担当精神的理念、意识和行为“三统一”，力促基层党建及园区高质量发展创新实践全面发展。三要坚持制度担当。要严格落实责任机制，夯实“一岗双责”和“两个责任”，狠抓责任分解落实，层级分解落实任务责任，健全和完善制度担当的体系建设，力促基层党建及园区高质量发展创新实践科学发展。

5. 讲作为求发展，树立进取意识。要以雷锋精神蕴含的奋斗精神和进取意识促进基层党建“三个进取”，为园区高质量发展提供能力保障。一要保证理念态度层面的开拓进取。要以雷锋精神中的创新精神、奋斗精神和进取意识为指引创造性地开展工作，为基层党建及园区高质量发展注入不竭动力。二要保证行动实践层面的拼搏进取。弘扬雷锋精神要以争先创优为目标和方向，积极引导党员树立拼搏意识和进取意识，敢拼敢闯，善作善成，不断磨炼自我、完善自我，以拼搏实干力促基层党建及园区高质量发展创新实践跨越发展。三要保证制度机制层面的激励进取。要将弘扬雷锋精神纳入党建工作机制，建立平时管理考核机制和重大事项管理考核机制，坚持能上能下的用人原则，推行竞争激励机制，让愿干事、敢干事、会干事、能干事、干成事的干部和党员脱颖而出并得到提拔重用，形成示范竞争激励效应。

（二）贯彻五字要义，发挥五种创新作用

1. 贯彻“忠”字要义，发挥“三定”创新之核心凝聚作用。一要做到政治坚定。要以政治建设为核心，坚持“四个服从”，听党指挥，始终和党中央保持高度一致，以人民为中心推进基层党建创新发展。二要做到思想坚定。要牢固树立“四个意识”，坚定“四个自信”，综合利用“三会一课”“网络课堂”“学习强国”等学习载体和学习手段，拓宽学习渠道，深化学习内容，掌握思想武器，进一步夯实思想建设，践行忠诚教育，坚定理想信念。三要做到行动坚定。要坚持“两个维护”，党员及领导干部要加强党性锻炼，常做党性体检，坚持以党建工作为龙头统领各项工作，把党建理念落实到实际行动中，充分发挥先锋模范作用，增强政治判断力、政治领悟力、政治执行力，起到先行者、引领者、实干者、战斗者之实效。

2. 贯彻“正”字要义，发挥“三正”创新之标尺圭臬作用。一要以正思立基。要以弘扬雷锋精神为抓手筑魂，坚持正确的世界观、人生观、价值观、历史观、政绩观，以党建思想武装自己的头脑，指引基层党建及园区高质量发展创新实践正道直行。二要以正言导行。“立言”对于一个人的践行操守具有莫大作用。要以弘扬雷锋精神为立足点立言，然后身随心随神随，躬身践行，将个人放到集体中、大局中去考量，摒弃小我，追求大我，明确基层党建及园区高质量发展创新实践的目标任务并积极奋斗争取实现。三要以正行保效。在正思、正言的基础上，坚守主阵地，弘扬正能量，紧紧围绕公正、清正、忠正的目标高标准地践行雷锋精神，以正行促公正，以公正赢公信，坚持不懈地推动基层党建及园区高质量发展创新实践始终拥有扎实的细节保障和始终保持严实的发展效果。

3. 贯彻“公”字要义，发挥“三公”创新之砥砺品质作用。一要坚持公开原则。我党无私心、无私利，光明坦荡，为劳苦大众而奋斗，践行雷锋精神就必须把公开放在第一位，实行党务公开、政务公开，以“阳光作业”杜绝“暗箱操作”，以公开追求公平公正，以公开促基层党建及园区高质量发展创新实践阳光发展、绿色发展。二要坚持公平原则。“大公无私”“先公后私”历来为我党推崇。我们要弘扬雷锋精神就要把公平放在突出位置，关注弱势群体，注重保障民生，注重服务民生，以公平彰显公开公正，以公平促进基层党建及园区高质量发展创新实践持续发展、协调发展。三要坚持公正原则。要以执法奉公和廉洁奉公为己任，紧密结合政法队伍教育整顿和党史学习教育，将执法公正与清正廉洁有机结合，力促公正无私，以公正反哺公开公平，切实为基层党建及园区高质量发展创新实践提供制度保障、机制保障。

4. 贯彻“廉”字要义，发挥“三廉”创新之潜移默化作用。一要创新“学习思廉”机制。要认真学习习近平总书记重要讲话精神和党的十九届六中全会精神，将之与学习雷锋精神相结合，督导一般党员、党员干部进一步加强党性锻炼，引导其处事办事时刻牢记和绷紧反腐倡廉之弦，不断增强学习意识、自律意识、廉洁意识，提高党性修养，形成见贤思齐、思贤学廉的良好学习氛围。二要创新“文化育廉”机制。组织创作以反腐倡廉为主要内容的书法、征文、朗诵比赛活动，通过书写廉政格言、创作廉政文章、诵读廉政经典，使得参与者对廉政文化手知、眼知、心知、神知，入脑入心，形成文化育廉、文化促廉的浓厚氛围。三要创新“先进导廉”机制。要积极弘扬雷锋精神，充分挖掘并宣传其精神实质和精神特质，用其先进典型事迹感召人、鼓舞人、塑造人、团结人，从而使学习先进典型成为引导大众思廉、学廉、践廉的重要抓手和载体，营造风清气正的良好政治生态，推动党风廉政建设不断纵深发展，进而促进基层党建及园区高质量发展创新实践优质化发展。

5. 贯彻“明”字要义，发挥“三明”创新之价值引领作用。一要明心性、夯基础。要以雷锋精神为指引，引导基层党组织和基层党员干部不忘初心，保持本心，奉献真心，汇聚爱心，深怀爱民之心，多为群众做好事实事，夯实立党为公的执政思想之基，确保基层党建创新实践心心相印、常抓常新。二要明态度、建机制。要以谦恭的态度对待群众，牢记雷锋精神之宗旨实质，以开明、清明之姿态对待人民群众，党务政务主动公开透明，做到始终以服务民生为己任，力促“民生型”党务政务机制健全、实效凸显。三要明志向、勇开拓。位卑未敢忘忧国。每个党员和干部不论职务高低，都是党的事业的一分子，无尊卑之分，都要有志向、有志气、有肝胆、有魄力，以行动明志践志。要向先进看齐，采取“走出去”与“请进来”相结合的方式拓宽学习渠道和学习方式，以明志之心、明志之举推进基层党建及园区高质量发展创新实践严明发展，确保政治清明的政治导向和引领作用发挥到位。

（三）秉持五种思维，提升五种创新能力

1. 秉持战略思维，提升创新“定力”。一要提高“站位”。要讲政治，树立“四个意识”，站在促进经济社会高质量发展、践行习近平新时代中国特色社会主义思想的高度来弘扬雷锋精神，与学习贯彻党的十九大精神和习近平总书记系列讲话等精神同部署、同开展、同落实，高站位推进基层党建及园区高质量发展创新实践。二要规划“战略”。要紧扣我国社会主要矛盾的变化以及具体特点，高标准统筹推进经济建设、政治建设、文化建设、社会建设、生态文明建设“五大建设”，大力实施科教兴国战略、人才强国战略、创新驱动发展战略、乡村振兴战略、区域协调发展战略、可持续发展战略、军民融合发展战略“七项战略”，高规格推进基层党建及园区高质量发展创新实践深度发展。三要强化“战术”。战略确定后，战术层面的落实至关重要。针对我

党面临的“四大考验”和“四大危险”，要坚定“四个自信”，将战略部署和规定动作不打折扣、严丝合缝地执行下去，强化战术执行、落实，保持弘扬雷锋精神的政治定力，高质量落实基层党建及园区高质量发展创新实践的保障举措、备战举措、实战举措，确保执行到位、落实到位。

2. 秉持创新思维，提升创新“活力”。一要思想创新。要把弘扬雷锋精神置于先导性、关键性、基础性位置来抓，坚持用创新思想来统领和推进其优质传承及创新发展，使之成为促进发展的思想动力。二要载体创新。要创新方式、方法，利用新科技、新手段、新平台等来宣传推介雷锋精神，维护其主流价值观地位，与推进基层党建及园区高质量发展创新实践同宣传、同推广、同执行、同落实，使之成为促进发展的神兵利器。三要机制创新。要不断建立、健全和完善创新工作机制，从体制、经费、宣传、保障、督查、指导等方面着眼着力，将弘扬雷锋精神的举措干在平常、做在日常、形成经常，成为常态化工作机制，鼓励创新的事，激励创新的人，夯实基层党建创新实践的制度根基，使之成为促进园区高质量发展的源泉活水。

3. 秉持辩证思维，提升创新“合力”。一要坚持“矛盾”的观点。要着力解决人民群众日益增长的美好生活需要和不平衡不充分发展之间的矛盾，把弘扬雷锋精神放到服务于建设富强民主文明和谐美丽的社会主义现代化强国的大环境中去考量、去把握、去引领，抓住现阶段主要矛盾和矛盾的主要方面，对存在的问题结合实际加以改进，做到发现矛盾、解决问题、促进提升。二要坚持“联系”的观点。他山之石，可以攻玉。要将弘扬雷锋精神与学习其他先进思想、精神、意识、理念相结合，互相学习借鉴，做到普遍联系、深度融合、贯通发展。三要坚持“发展”的观点。弘扬雷锋精神既要守住其根本和本真，又要善于因情而变、因势而变，大胆利用自媒体、融媒体等形式创新传播途径、渠道和手段，宣传其实质、意蕴和道理，力促基层党建及园区高质量发展创新实践结合型、融合型发展，做到科学发展、汇智聚能、质量提升。

4. 秉持发散思维，提升创新“张力”。一要扩散思维力。要积极借鉴其他优秀文化的长处和优点，积极汲取世界上一切优秀文化之精华，与弘扬雷锋精神有机结合，扩散思维，撷采众英，博采众长，兼收并蓄，包容发展，为推进基层党建及园区高质量发展创新实践“稳心提神”。二要扩大影响力。弘扬雷锋精神不仅是共产党人应做之事，也应成为全社会各阶层各领域应思应做之事。要以党史学习教育活动和贯彻党的十九届六中全会精神为抓手，采取“传帮带”“比学赶帮超”等措施，不断增强雷锋精神的感染力、号召力、影响力和凝聚力，为推进基层党建及园区高质量发展创新实践“凝心铸魂”。三要扩充实践力。弘扬雷锋精神要在坚持扩散思维力、扩大影响力的基础上扩充实践力，采取“走出去、请进来”等措施，积极开展文化交流，扩充内容，与时俱进，不断丰富发展完善雷锋精神，提升硬实力和软实力，力促雷锋精神国际化、时代化、特质化，为推进基层党建及园区高质量发展创新实践“潜心聚魄”。

5. 秉持危机思维，提升创新“动力”。一要突出主题引领。针对当前意识形态领域颠覆常理、瓦解正义、消融崇高、抹黑英雄等谬误态势和问题，满怀危机感，旗帜鲜明地突出意识形态领域斗争主题，以弘扬雷锋精神为抓手占领意识形态领域精神高地，熔危机思维与底线思维于一炉，唱响主旋律，汇聚正能量。二要维护主流地位。要将弘扬雷锋精神放到主流地位，运用主流媒体，强势发音，强力推介，强手宣传。三要恪守主业职能。要将弘扬雷锋精神作为意识形态领域斗争的主业来抓，作为党的建设特别是从严治党管党的主业来抓，夯实基层党组织战斗堡垒。四要发挥主导作用。雷锋精神的优势和作用不言而喻，要充分发挥其主导作用，利用微博、微信等新技术、新手段、新平台、新渠道进行宣传推广，激励更多的人学思践行、提升应变应对应战能力，促进基层党建及园区高质量发展创新实践强势推进、强力赋能、强劲发展。

参考文献：

[1] 刘忠和，杨丽坤．新形势下雷锋精神学习读本［M］．北京：人民日报出版社，2012.

[2] 习近平．用新时代中国特色社会主义思想铸魂育人 贯彻党的教育方针 落实立德树人根本任务［N］．人民日报，2019－03－19（1）.

[3] 习近平．习近平谈治国理政（第二卷）［M］．北京：外文出版社，2017.

弘扬雷锋精神与高新技术产业园区高质量发展研究

——以洪江区高新区为例

肖洪嵩*

雷锋是时代的楷模，是民族的脊梁。党的十八大以来，习近平总书记多次生动地讲述雷锋故事，号召把雷锋精神代代传承下去。雷锋精神以为人民服务为核心，以集体主义为原则，饱含热爱党、热爱祖国、热爱集体、热爱人民的情怀，大公无私、甘于奉献、助人为乐、与人为善的高尚品质，爱岗敬业、艰苦朴素、勤俭节约、勇于担当的主人翁意识，锐意进取、自强不息的创新精神，是社会主义核心价值观的生动体现，已经成为党和国家一笔宝贵的精神财富，对实现中华民族伟大复兴的中国梦，具有极其重大的时代价值和实践意义。高新技术产业园区作为促进技术进步和增强自主创新能力的重要载体，不仅是高新技术产业发展的重要创新基地，更是带动区域经济结构调整和经济发展方式转变的强大引擎，在落实创新驱动发展战略，推进大众创业、万众创新，培育新产业、新业态、新模式等方面发挥着极为重要的作用，肩负着极其重大的责任。大力弘扬雷锋精神，对于高新技术产业园区贯彻新发展理念，实现高质量发展，具有十分重要的现实意义。

一、洪江区高新区弘扬雷锋精神的主要成效和重大意义

洪江高新技术产业开发区（以下简称洪江区高新区或园区）成立于2005年，2012年经省人民政府批准为省级工业集中区，2019年申报为省级高新技术开发区，纳入全省危险化学品产业（园区）布局规划。目前，园区注册企业达到67家，规模以上工业企业33家，从业人员4400多人。其中，专精特新小巨人企业9家（含国家级小巨人企业2家），工信部“标杆企业”1家，省级产业化龙头企业2家，省级两型企业2家，省级智能制造示范企业1家，深交所上市企业1家。

---

* 作者单位系怀化市洪江区工委党校。

近年来，园区始终坚持以弘扬雷锋精神为引领，积极发挥党员先锋模范作用，深入推进园区企业文化建设，着力优化人才成长环境，不断提升服务保障水平，努力增强持续创新创业能力，取得了明显成效。园区于2020年获批国家火炬洪江精细化工新材料特色产业基地和湖南省新型工业化示范基地；2021年被认定为湖南省第一批化工园区；园区重点发展的化工新材料与生物医药产业链，已被纳入湖南省20个工业新兴优势产业链，工业税收由2016年的3500余万元增加到2020年的1.91亿元，呈现了良好的加速发展势头。

1. 坚定理想信念，弘扬企业家精神。大力弘扬雷锋同志热爱党、热爱祖国、热爱社会主义的崇高理想和坚定信念，深入推进“两学一做”学习教育、“不忘初心、牢记使命”主题教育、党史学习教育。以“走进一线、贴近生产”为原则，通过党建共建、业务培训、政策宣讲、为企业服务等方式，围绕“不忘创业初心，接力改革伟业”“守法诚信经营，坚定发展信心”等主题，积极举办研讨会、报告会、座谈会、企业家沙龙等，通过集中学习、专题座谈、参观考察、心得交流等途径，扎实开展理想信念教育活动，大力营造“学理论、守初心，扬正气、强信心，重传承、持恒心”的良好氛围，切实增强民营企业家对新时代爱国奋斗精神、党和国家奋斗目标的理解和认同。同时，在区人大代表选举、区政协委员提名推荐过程中，优先考虑园区民营企业家等党外优秀代表人士，鼓励他们充分发挥自身优势，积极参政议政，努力把园区建设成为民营企业家的创新创业基地、学习交流载体、建言献策平台，引导他们与党同心同德、爱国报国，争做爱国敬业、守法经营、创新创业、回报社会的典范。

2. 坚持凝心聚力，唤起主人翁意识。大力弘扬雷锋同志对国家、社会的主人翁意识和忠于职守、精益求精的“螺丝钉”精神，精心组织丰富多彩的活动，助力人才成长、凝聚发展合力。园区以“双向培养”为抓手，坚持党群工作同推进、共提升，将工青妇统筹整合，积极开展“永远跟党走，咱们工人有力量”、民营企业恳谈会、外聘专家座谈会、校企联合办学、“鸿雁归巢”计划、青年百人计划等活动，不断深化与南开大学、中南大学、湖南师大等高等院校交流合作，共建产学研基地，努力把党员培养成公司骨干，把公司骨干培养成党员，发现和培育了一系列先进典型。先后荣获“湖南省五一劳动奖章”“全国五一劳动奖章”“湖南省劳动模范”“全国劳动模范”称号的湖南金丰纺织集团洪江有限公司工人龙吉珍，以及先后荣获“怀化市劳动模范”“湖南省劳动模范”称号的湖南双阳高科化工有限公司党总支书记、执行董事、总经理兼岳阳林纸股份有限公司总经理秦加美就是其中的杰出代表。同时，园区先后在全区范围内开展了学习十九大书写新洪江“工业园杯”书法展、洪江区首届“工业园杯”足球邀请赛、洪江区“工业园杯”秋季职工篮球赛、洪江区“久日杯”夏季职工篮球赛等一系列文体活动，积极组织企业参加春节传统活动、五四青年节文艺汇演、旅游文化周等特色文艺活动，进一步提升了园区大家庭的凝聚力，有力地激发了广大干部职工“以园区为家”“以企业为家”的主人翁意识和团结一致、干事创业的热情。

3. 聚力比学赶超，放大传帮带成效。大力弘扬雷锋同志学习上的“钉子精神”和干一行爱一行、专一行精一行的敬业精神，积极践行人才强园战略。在园区企业大力开展“示范单位、示范窗口、示范岗位”创建活动和“团队攻关”“安全生产大演练”“岗位练兵、技能比武”“凝聚智慧、献策公司”“岗位能手评比”“党员志愿者服务”等丰富多彩的主题活动，引导广大党员干部职工树立热爱企业、热爱集体和团结合作的团队意识，鼓励业务骨干、优秀职员通过“老带新”“师带徒”的方法，以校企联合办学、现代学徒制、工学交替、送教上门等多元化人才培养途径开展工作，传授经验，帮助年轻人和新员工更好更快成长，对表现优秀的员工和团队，在个人成长、职务晋升、薪资待遇、培训深造等方面予以优先考虑和大力支持，打造出多支作风优良、本领过硬、能打胜仗的优秀团队。华光生物的“从竹叶中提取竹叶黄酮成套设备工艺技术”、双阳林化的“一种氯化残液回收利用方法研究与应用”、棓雅生物的“五倍子深加工废水资源化与达标排放处理关键技术研究”、恒光化工的“氯酸钠和氯碱联合脱硝、冷冻工艺”等一系列优秀科技创新成果不断涌现，多次获得省、市科技成果鉴定和科技进步奖项。2021 年，韵邦生物获全省创新创业大赛优秀奖；双阳高科获“创客中国”中小微企业创新创业大赛怀化市比赛企业组二等奖，久源新材获创客组二等奖，恒安石化获企业组三等奖；申报省制造强省转型升级类项目 3 个，产业类项目 2 个，重大产品创新项目 2 个，制造强省奖励类项目 6 个，中小企业项目 3 个，共计 16 个项目均已通过评审并公示结束。

4. 强化保障服务，培育创业者沃土。大力弘扬雷锋同志艰苦奋斗、勤俭节约的创业精神，强力推进“大众创业，万众创新”。出台一系列政策帮助企业和创业者解决场地、资金、技术、人才等方面的问题，鼓励、支撑他们创新创业。全面推行区级领导、区直单位挂点联系帮扶责任制和“一站式”服务制、全程代理制，努力提高服务企业、服务员工、服务群众的档次和水平。园区为 20 家企业申报 2021 年湖南省“白名单”企业，帮助企业申报技术改造税收增量奖补资金，帮扶指导企业推进重点项目建设；积极推进洪江区创业创新基地建设，设立“洪江区小微企业孵化基地”和“古商城·欣科众创空间”，不断完善基础设施建设，优化办公条件，建立健全工作体制机制和优惠奖补政策，设立了 100 万元的天使创业基金，支持企业和创业者创新创业发展；为强化技术、人才对创新创业的支撑作用，洪江区就业服务中心积极与职业培训学校联合举办创业培训班并发放培训补贴；根据发展规模、带动就业人数等因素，针对入驻创业孵化基地正常运营一年以上的企业给予创业经营场所租金补贴、开办费补贴、商标注册补贴和稳岗补贴，针对创新创业的先进个人发放创业经营场所租金和开办费补贴资金，努力减轻企业和创业者负担，帮助他们脱离困境，支持创业载体健康发展。

5. 聚焦专精特新，构建大产业格局。大力弘扬雷锋同志锐意进取、自强不息的创新精神，牢牢把握科技创新与产业孵化的发展生命线。园区紧紧围绕“建百亿园区”目标，以化工新材料与生物医药产业链为重点，推动科技合作创新，激励企业和干部职工开展关键技术研发与创新，研发新技术、开发新产品。积极争取企业与长三角、珠三角等区域国家级科研机构、重点高校联合设立重点实验室、工程（技术）研究中心、企业技术中心等技术创新平台，与南开大学、中南大学、湖南师大等高校签订了长期合作协议，20余家企业与省内外高校开展产学研合作，搭建产学研合作平台9个；建成省级研发中心3家、市级研发平台21家，科技创新服务机构6家，众创空间和科技孵化器各1家，研发经费投入从3700多万元增长到1.75亿元，拥有授权专利382项，每万人拥有发明专利数达3.7件，科技成果登记数16项，技术合同成交金额达1.05亿元。园区瞄准主导产业集群，坚持大企业带动，协同引进上下游配套企业和产业缺环项目，加速形成“一个客商带来一批客商，一家企业落户吸引多家企业投资”的“以商招商”新格局，推动产业集群、集聚、集约发展。2020年园区亩产税收达14.9万元（园区建成面积0.69平方公里），高新技术产业产值占全区规模工业总产值达70.5%，高新技术企业税收占全区工业企业的60.1%，技术合同交易额达到1.63亿元。2021年一季度，高新区实现工业增加值3.0亿元，占GDP的比重为29.7%。

6. 厚植为民情怀，共享新发展成果。大力弘扬雷锋同志全心全意为人民服务、助人为乐的无私奉献精神和关爱他人、关注社会的浓厚人文情怀，深入推进“我为群众办实事”实践活动。组织党员领导干部到贫困村走访慰问，与贫困户“结对子”，帮他们“出点子”，全力帮助贫困户早日脱贫；积极征集群众在生活、工作、精神等方面的“微心愿”，念好“真、情、实”三字诀，扎实开展党员志愿者服务、献爱心服务等活动，创新方法实现群众“微心愿”，全力解决群众“急难愁盼”问题；组织企业参与“万企帮万村”行动，与贫困村结成帮扶对子，由企业向贫困村提供技术、资金、岗位，建立扶贫车间，推动贫困村经济快速发展。持续推进“企业结对帮扶”民生服务项目，提升企业人士参与“阳光事业”活动的积极性，为特别困难群众提供教育助学、医疗救助、生活照料、关爱帮扶、心理疏导、法律援助等服务。积极推进村民集中建房安置区、防洪堤、通信网络等项目建设，既极大改善了园区基础设施，提高了园区的承载能力，又使周边群众生产生活环境得到明显改善，获得感、幸福感、安全感得到了显著提升。

二、当前存在的主要问题

1. 思想认识有待提高。由于园区企业以民营为主，不少党员干部、企业业主和员工在一定程度上存在“重经济轻政治”“重效益轻思想”“重业务轻党建”的倾向，没有深刻认识弘扬雷锋精神对推进园区和企业高质量发展的重要性和积极性，片面地认为民营企业属于私人所有，应该以谋取利润为主，只要好好生产经营、照章纳税就可以了，错误地认为开展学雷锋活动不但不能给企业创造经济效益，反而会浪费企业资源，增加企业负担，对企业而言没有多少价值和意义，导致园区和企业对开展弘扬雷锋精神的活动重视不够、支持不力。

2. 组织领导有待强化。由于园区和企业日常生产、购销、经营、管理任务繁重，工作压力较大，导致对弘扬雷锋精神工作投入的精力和时间严重不足，没有设立领导机构进行集中统一领导，没有明确分管领导负责工作的推进协调，没有专门的工作人员落实工作的具体行动，没有安排专项经费保障工作的顺利开展，没有建立完善的考核评价和激励约束机制，导致对弘扬雷锋精神的工作谋划不够具体，措施不够有力，执行不够到位，往往陷入“机构缺席、领导缺位、落实缺人、经费缺乏、考评缺失”的不利局面。

3. 基层活力有待激发。由于园区企业规模大多相对较小，员工具有较强的流动性，往往更关注自己的个人待遇和未来的职业发展，对园区和企业组织的学雷锋活动不感兴趣，敷衍了事，缺乏支持配合。同时，由于大多数企业基层党组织组建率很低，一些企业没有党员或只有个别党员，不少党员都是流动党员，党员管理难度非常大，年轻员工、优秀员工入党积极性不高，导致基层党组织的凝聚力不够，创造力不足，战斗力不强，稳定性不佳，党员的先锋模范作用没有得到充分发挥，给弘扬雷锋精神带来了极为不利的影响。

4. 长效机制有待健全。由于对弘扬雷锋精神的意义认识不足，导致园区和企业在思想上缺乏认同，在行动上缺少主动，把“学雷锋活动”当作每年三月五日被上级摊派的一项例行公事，生搬硬套上级文件，既不能依托自身优势制定完善更加突出特色、切实可行的方案，也不能根据当前时势优化细化紧跟热点、凸显亮点的措施，更没有将弘扬雷锋精神与党建、宣传思想、意识形态、精神文明建设、志愿服务等密切相关的长期工作有机融合，使学雷锋沦为“三月来了四月走”的季节性活动。

5. 与时俱进有待加强。由于对雷锋精神的学习研究不够深入全面，不能深刻认识雷锋精神所具有的极为鲜明的时代特征，无法理解雷锋精神已随时代的不断推进和社会经济的发展被赋予了更多元化的丰富内涵，在弘扬雷锋精神时往往习惯于固守老思维、套用老规矩、沿袭老办法，将学雷锋片面理解为做一点好人好事和组织一下义务劳动，方案制定东拼西凑，活动开展连年雷同，宣传方式单调枯燥，严重影响了弘扬雷锋精神的工作成效。

三、对策建议

1．增强政治意识，强化思想教育。突出政治引领，学深悟透习近平总书记关于雷锋精神的系列重要论述精神，深刻认识雷锋精神是中华优秀传统文化的最好写照，是社会主义核心价值观的生动体现，对实现中华民族伟大复兴的中国梦具有极其重大的时代价值和实践意义，在行动上坚决落实习近平总书记的要求，将弘扬雷锋精神摆在突出重要位置，坚持思想教育与实际工作相结合，集中教育与日常教育相结合，将学习践行雷锋精神与深入学习贯彻习近平新时代中国特色社会主义思想有机紧密结合，与传承中华优秀传统文化、革命文化和社会主义先进文化有机紧密结合，与社会主义核心价值观教育有机紧密结合，努力培育园区和企业广大干部职工树立坚定正确的政治立场，不断增强对雷锋精神的思想认同、情感认同、价值认同。

2．细化落实举措，找准关键抓手。深入挖掘弘扬雷锋精神与建设先进园区文化和企业文化的契合点，积极探讨弘扬雷锋精神与推进园区建设、助力企业发展同步推进的可行性、必要性，制定细致周密、行之有效的实施方案，设立领导机构，明确分管领导，落实工作专干，安排专项经费，完善规章制度、组织领导、考核评价、资金保障等相关体系，把弘扬雷锋精神与园区规范日常工作、推进重点任务有机融合，与企业抓好安全生产、提高经济效益有机融合，与员工履行岗位职责、做好本职工作有机融合，推动学雷锋活动具体化、标准化、规范化、精细化、制度化、体系化，让每个人都能在学习弘扬雷锋精神的过程中找准位置、确定目标、明晰职责、取得成效。

3．树立身边典型，发挥榜样力量。大力强化基层党组织的战斗堡垒作用，激励广大党员积极发挥先锋模范带头作用，引导他们自觉成为弘扬雷锋精神的积极倡导者、先行示范者、有力推动者。注重发挥人民首创精神，充分调动人民群众弘扬雷锋精神的积极性、主动性、创造性，认真总结和推广人民群众在学雷锋活动中创造的先进经验，深入挖掘和大力宣传人民群众中涌现出的先进典型和感人事迹，用身边的故事感动、带动身边的人，激励更多的人从自己做起、从小事做起、从身边做起，把榜样的精神力量转化为人民群众践行雷锋精神的自觉行动，依靠人民群众的智慧和力量努力营造“人人学雷锋，人人争当雷锋”的良好氛围。

4．筑牢党建根基，推动融合共促。加大基层党建资金投入，深入推进基层党建示范点建设，积极指导“非公”企业开展党组织规范化建设，大力加强党对园区和企业的领导，坚决保证党组织发挥政治核心作用。将弘扬雷锋精神摆上党建工作的重要议事日程，纳入党建工作责任制，纳入领导班子、领导干部目标管理和员工的绩效考评，与业务工作同安排、同部署、同检查、同奖惩。充分发挥工会、共青团、妇联等社会组织联系群众的独特优势，努力放大志愿者协会、红十字会、慈善机构等公益团体帮扶群众的社会效应，吸引群众广泛参与、积极践行学雷锋活动。大力推进传统媒体与新兴媒体的深度融合，多维度、多角度、全方位宣传雷锋精神，报道学雷锋活动，不断扩大雷锋精神的覆盖面和影响力。将弘扬雷锋精神与宣传思想、意识形态、精神文明建设、爱国主义教育、创先争优、志愿服务等有机结合，使学雷锋活动与人们的日常生产生活、学习工作无缝对接，使学雷锋活动获得持久动力，形成常态。

5. 勇于推陈出新，丰富活动载体。经过长期努力，中国特色社会主义进入了新时代，这是我国发展新的历史方位，为开展学雷锋活动、弘扬雷锋精神提供了新的时代坐标和实践要求。只有主动适应时代发展变化，深入挖掘新的历史起点上雷锋精神新的时代内涵，积极开创群众喜闻乐见的新的表现形式，精心设计凸显时代特色的新的时尚元素，才能使雷锋精神在时代进步中获得历久弥新的活力。同时，要紧密结合地方特色和自身优势，紧紧围绕洪江区“文旅引领，工业驱动”发展思路和“创 AAAAA 景区、建百亿园区”、打造全国知名旅游目的地城市、南方康养休闲度假胜地和绿色低碳循环发展示范区战略目标，推动园区和企业对外加强部门联动，打造协作平台，跨越产业藩篱，主动融入全区发展大格局，在园区和企业长期坚守的招商、物流、文旅、经贸、科技、教育等阵地争做弘扬雷锋精神的标兵，对内加强思维思想更新、制度创新、体制革新，将弘扬雷锋精神与日常管理、中心工作、重点任务、文体活动等事项有机融合，奋力奏响学习雷锋“大合唱”，推动学雷锋活动常抓常新，让学习雷锋精神蔚然成风。

参考文献：

[1] 中国政研会、中宣部政研所调研组，范希春，韩慧，等. 让雷锋精神成为企业文化的灵魂和血脉——抚顺供电公司把雷锋精神融入企业文化建设的调研报告 [J]. 思想政治工作研究，2012 (5)：40 - 42.

[2] 翟元斌. 雷锋精神是永恒的——学习习近平总书记学雷锋系列重要讲话精神的体会 [J]. 思想政治工作研究，2018 (4)：38 - 41.

[3] 新时代雷锋精神研究课题组，胡承山. 雷锋精神是永恒的 [J]. 思想政治工作研究，2019 (6)：21 - 23.

弘扬雷锋精神助力高新技术产业园区高质量发展研究

徐淑芳*

中国共产党人精神谱系第一批伟大精神中，雷锋精神名列其中。雷锋精神诞生于社会主义建设时期，是以雷锋名字命名的、以雷锋事迹所呈现的精神力量为基本内涵的、在实践中不断丰富和发展着的革命精神，是对雷锋事迹所表现出来的先进思想、道德观念和崇高品质的理论概括和总结[1]。高新技术产业园区作为我国地区经济发展的重要引擎，在促进地方经济高质量发展中发挥着重要作用。园区依托经济要素聚集效应和政策优势，着力打造产业集群和产业链，已经成为产业创新发展的主阵地，在推动经济高质量发展中发挥引领带动作用。新时代，大力弘扬雷锋精神，对于高新技术产业园区实现高质量发展具有十分重要的现实意义。

一、雷锋精神的基本内涵契合高新技术产业园区高质量发展的内在要求

雷锋精神的基本内涵在时代发展过程中不断得到丰富与升华。新时代，高新技术产业园区的高质量发展仍旧需要从雷锋精神中汲取养分。

（一）为公为民的奉献精神

人活着是为了什么？雷锋的回答是：活着是为了使别人过得更美好；活着就要把自己有限的生命，投入到无限的为人民服务中去。雷锋一生秉承的理念和雷锋精神的主线都深刻地反映了雷锋和雷锋精神平凡而伟大的基本特征，即为公为民的奉献精神。雷锋在他短暂而光辉的一生中，无时无刻不在践行着为公为民的奉献精神，这种奉献精神是为人民服务最朴实的写照。雷锋的为公为民是发自内心的。他之所以能够主动做好事，就在于他有崇高的政治觉悟、坚定的革命理想和为人民服务的信念。有了这

* 作者系湖南省社会科学院助理研究员。

样的觉悟、理想和信念，就有了行动的向导和灯塔，就能够把助人为乐、做好事落在实处，就能够急他人之所急、想他人之所想。高新企业园区既要把提升园区企业经济效益作为第一要务，同时还要号召园区企业将对党对国家对人民的社会责任时刻记在心中，扛在肩上。

（二）忠于职守的敬业精神

“如果你是一滴水，你是否滋润了一寸土地？如果你是一线阳光，你是否照亮了一分黑暗？如果你是一粒粮，你是否哺育了有用的生命？如果你是一颗最小的螺丝钉，你是否永远坚守在你生活的岗位上？”[2]秉持着永不生锈的“螺丝钉”精神，雷锋在平凡的工作岗位上为社会做出了不平凡的贡献。这种履职尽责、爱岗敬业、刻苦钻研的精神对于园区高质量发展仍然意义重大。只有号召园区企业职工听党话、感党恩，自觉服从组织安排，自觉地把个人融入党和人民的事业中去，个人利益服从国家和集体利益，干一行、爱一行、钻一行，无私奉献、忘我劳动、忠于职守、尽职尽责，才能为社会创造更多的价值，实现共同富裕。

（三）艰苦奋斗的创业精神

毛泽东同志指出：“坚定正确的政治方向，是与艰苦奋斗的工作作风不能脱离的，没有坚定正确的政治方向，就不能激发艰苦奋斗的工作作风；没有艰苦奋斗的工作作风，也就不能执行坚定正确的政治方向。”艰苦奋斗、勤俭节约是雷锋精神的基本内涵。艰苦奋斗就意味着要具备自力更生、朴素节俭的工作作风，胸怀理想、不畏艰险、顽强拼搏的坚强信念，开拓创新、锐意进取、奋发向上的精神风貌。勤俭节约包含了勤劳和节约两个方面的意思，勤劳是事业成功的保证，是致富的重要条件，节俭是成功的基础。园区高质量发展离不开企业高质量发展，企业高质量发展需要持续弘扬艰苦奋斗的创业精神。

二、雷锋精神全面融入高新技术产业园区意义重大

高新技术产业园区作为高新技术企业产业的孵化器，可以为企业的发展提供支撑平台和环境。新时代，高新技术产业园区的高质量发展，不仅要追求速度与效率，更需要先进精神文化的融入和指引。

（一）雷锋精神有助于凝聚社会价值共识

2018 年 9 月 28 日，习近平总书记在参观抚顺市雷锋纪念馆时强调指出：“雷锋是一个时代的楷模，雷锋精神是永恒的。实现中华民族伟大复兴，要不断闯关夺隘，也

需要更多的时代楷模。积小善为大善，善莫大焉，这和我们党‘为人民服务’、‘做人民勤务员’是一脉相承的。我们要见贤思齐，把雷锋精神代代传承下去。学习雷锋精神，就要把崇高的理想信念和道德品质追求融入日常的工作生活，在自己岗位上做一颗永不生锈的螺丝钉。”随着改革开放的不断深入，人们价值观多元化的发展态势日益显现，这让雷锋精神所具有的价值观引领作用进一步凸显。雷锋同志对待生活的积极进取态度，实干巧干、爱岗敬业的工作精神，刻苦钻研的学习精神等，都是当下中国最基本的价值取向和行为标准。在高新技术园区弘扬雷锋精神，能够筑牢高新技术企业攻坚克难、开拓创新、抢抓机遇的价值共识，推动企业建设迈入新台阶。

（二）雷锋精神能够为园区高质量发展营造良好营商环境

雷锋精神对园区精神文明建设水平的提升、良好社会道德风尚的形成、干部队伍素质的提升、优良营商环境的营造，都具有积极的影响。产业园区是区域经济发展、产业调整和升级的重要空间聚集形式，担负着聚集创新资源、培育新兴产业、推动城市化建设等一系列重要使命。园区企业的发展不仅取决于内在的向上的动力，同时也受外部环境影响。在高新技术产业园区高质量发展中坚持弘扬雷锋精神，有助于引领园区企业始终坚持正确的价值导向，始终牢记党和国家发展的使命任务，始终坚持以人民为中心的发展理念，确保园区企业始终沿着党指引的正确的航向前进。

（三）雷锋精神能够为园区高质量发展营造良好干事创业氛围

作为全国英雄模范人物的杰出代表，雷锋同志兢业工作和刻苦钻研的精神为新时代园区高质量发展提供了行为示范，有利于在高新技术产业园区形成努力进取、向善向上、团结互助的社会价值取向。同时，雷锋精神所产生的强大社会效应，将为高新技术产业园区营造积极向上的干事创业氛围，在塑造积极向上发展形象、提升对外辐射作用等方面发挥巨大作用，在吸引外部资金、技术和人才等方面形成新的优势，推动园区持续健康发展。

三、雷锋精神助力高新技术产业园区高质量发展的有效路径

习近平总书记指出，我们既要学习雷锋精神，也要学习雷锋的做法，把崇高的理想信念和道德品质追求转化为具体行动。弘扬雷锋精神，助力高新技术产业园区高质量发展可以从三个方面入手。

（一）把雷锋精神宣传教育摆在首位

宣传教育是推进学雷锋活动的基础性工作。高新技术产业园区弘扬雷锋精神，不

能仅局限于传统媒介，需要不断创新雷锋精神宣传教育的方法和手段，要抓好新时代的特点，进行媒介的创新。通过借力微信公众号、微博、抖音等新媒体平台，以移动化、互动化、全媒化手段促进学雷锋活动“天天见、天天新、天天深”。让雷锋精神既内化于心外化于行，充分展现高新技术企业新时代的社会责任与社会担当，弘扬宣传社会正能量。

（二）将弘扬雷锋精神与园区志愿者服务相结合

弘扬雷锋精神是与时俱进的，全社会一波又一波的志愿者活动就是学雷锋的合理延伸，也是当代弘扬雷锋精神的理性补充和完善。志愿者服务体现着公民积极向上的精神追求，反映着社会文明进步的良好形象。志愿者服务是新时代学雷锋的主要表现形式。以志愿服务活动为切入点，可以提升学雷锋活动的生命力和影响力。要在园区营造把“传承雷锋精神、争当志愿服务者”视为自己的一种神圣义务和光荣使命的浓厚氛围。志愿服务精神若要持续闪光，仅仅依靠企业与员工自发的善念和善举是远远不够的，高新技术园区应该试图从制度建设入手，构建长效化机制，只有以制度化的组织、规范化的管理、科学化的运作护航，才能行稳致远。

（三）将弘扬雷锋精神与园区企业文化建设相结合

企业文化是实现企业可持续发展目标的有力保证，不仅可以激活生产力，还能增强凝聚力、执行力和创造力，促进企业核心竞争力再上台阶。要创造条件促进雷锋精神与园区企业文化相融合，帮助园区企业找准企业文化的切入点，把握好雷锋精神与企业文化的“共性”与“个性”关系，将雷锋精神转化为企业的核心价值理念和企业文化的灵魂与血脉。使雷锋精神融入企业生产经营和职工精神世界，凝聚发展力量、发挥育人化人功能，统一职工价值共识，扩大社会主流价值观影响力，使企业更好地服务职工、服务社会，担负社会责任。

参考文献：

[1] 刘忠和，杨丽坤．新形势下雷锋精神学习读本［M］．北京：人民日报出版社，2012.

[2] 雷锋．雷锋全集［M］．北京：华文出版社，2012.

雷锋精神融入园区“党建+校企合作”机制实践与探索

王　宇*

党的十八大以来，习近平总书记先后多次就如何在新时期学习弘扬雷锋精神做出重要指示，指出雷锋是我们“民族的脊梁”，“雷锋精神是永恒的，是社会主义核心价值观的生动体现”[1]。号召要把雷锋精神传承下去，深刻揭示了雷锋精神的恒久价值。

高职院校以培养高素质技术技能人才为根本任务，校企合作是我国高职院校教育发展和改革的重要途径。《国家职业教育改革实施方案》要求，促进校企“双元”育人，加强学生的职业适应能力和可持续发展能力。校企双方除在教育科研、实习就业等方面合作育人，还要在党支部建设等相关环节上深度融合，这对全面深化校企党建共建具有重要意义[2]。因此，培养学生坚定的政治立场、精益求精的工匠精神、无私奉献的高尚品德、为人民服务的精神追求等，是高职院校思想政治教育工作的重要组成部分，这与雷锋精神的深刻内涵不谋而合。而党建在高职院校学生思想政治教育工作中发挥着主导性作用，两者具有紧密的联系。因此，将雷锋精神融入高职院校党建工作，是有效提升学生思想政治教育成效的重要方法。

一、新时代雷锋精神的内涵及价值意蕴

雷锋精神诞生于20世纪60年代，早期的雷锋精神主要内涵是指雷锋的种种事迹和言行所表现出来的忠于祖国、忠于党，热爱人民、为人民服务的先进思想及崇高品质[3]。随着时代的发展与变迁，雷锋精神的内涵与价值意蕴得到进一步丰富与发展，许多新的内涵被添加进去。面对时代发展的新形势新要求，我们要深刻理解与认真学习雷锋精神的新时代特征，凝练新时代雷锋精神的内涵及价值意蕴。

如今，雷锋精神已经得到进一步升华，其主要内涵包括爱国主义、集体主义精神，

---

* 作者单位系湖南工业职业技术学院。

无私奉献、爱岗敬业精神，艰苦奋斗、自强不息精神，积极创业、勇于创新精神等新时代精神。雷锋精神融合了多种先进思想，其丰富的精神内涵正是新时代精神的一种集中体现。

二、将雷锋精神融入“党建 + 校企合作”的意义

（一）新形势下传承和弘扬中国精神的需要

中国精神是以爱国主义为核心的民族精神和以改革创新为核心的时代精神，是中华民族在漫长的社会历史发展进程中不断积淀的，是中华文化的集中体现，是民族信仰和价值观念的浓缩[4]。雷锋精神是中国精神的传承和发展，它的产生和传承既融合了中华民族优秀传统文化，又添加了中国革命红色基因文化的因素，聚集了中华民族精神的多种元素。它的产生和发展虽有明确的历史起点，却与我们的党保持着同向同行、与时俱进的步伐，在与社会发展紧密相连的实践中不断被赋予新的时代内涵，具有深厚的民族性和时代的先进性。

校企合作与工学结合的人才培养模式是高职院校的重要特点，校企合作背景下的创新是高职院校党建工作的重点与难点，也是打造高职院校党建工作特色与亮点的重要突破口[5]。雷锋是我们人人皆知的时代楷模，将雷锋精神有机融入“党建 + 校企合作”中，是高职院校党建思政工作创新机制的需求，也是企业进一步强化员工责任意识和奉献意识，弘扬新时代劳模精神的有效途径。

（二）有利于促进校企资源共享

职业教育直接面向社会生产服务一线，高职院校与企业开展党建合作，将助力职业院校和行业企业形成共同体，打通校企合作“双向车道”。“党建 + 校企合作”可以利用学校和企业资源共建共赢、优势互补，让学生将课堂中学到的党建理论知识运用到实际工作中，充分体现他们的创先争优精神。同时，将雷锋精神融入党建工作中可以拓宽学生党员的培养途径，丰富党建工作的形式和成果，从而进一步提升党员的培养质量。此外，还可利用学校的思想政治教育资源，开展对企业的社会责任教育，对员工的思想道德和职业精神教育，实现学校、企业和学生三方共赢。

（三）有利于开拓高校党建德育工作新思路

雷锋精神聚集了中华精神的文明精华，凝聚了优秀道德因子，是社会主义道德的集中体现，是共产主义道德的光辉典范。将雷锋精神融入“党建 + 校企合作”中，有利于引导德育思想，为学校党建德育工作开拓新思路。雷锋是时代楷模，是先进人物

榜样，他的身上传承了中华民族的传统美德，如自强不息、扶危救困、乐于助人、无私奉献等，这些品质也是企业对人才的要求。如何运用好雷锋的榜样人物资源，发挥榜样作用，将教学资源和学生思想认知规律相结合，探索其中的契合点，是目前高职院校党建德育工作正在探索的新课题。

（四）有利于激发企业基层党建活力

十八大以来，新社会组织和新经济组织的党建工作得到了高度重视，校企合作中的企业方大多属于典型的“两新”组织。加强企业自身的党建工作和组织建设是一种政治要求，也是企业应对经济结构转型与提升，做好思想教育工作的重要手段[6]。将雷锋精神融入“党建 + 校企合作”中，通过党建共建的机制建设，可以发挥高校党组织的传统优势，帮助企业完善和规范党组织工作，有利于企业的发展[7]。“党建 + 校企合作”模式，能最大限度发挥双方基层党组织资源共建、共享的优势，企业能充分吸纳借鉴职业院校丰富的党建教育资源。同时，在企业顶岗实习的学生也是企业未来的员工，将他们纳入企业党建范畴，提前接受企业文化，培养职业素养，能更好地发挥其创先争优、建功立业的精神，树立起党员的先进性和典型性形象，有利于推动企业文化和党建工作的良性发展，为企业发展培养更多政治素质过硬、技能精湛的人才，以此提升企业核心竞争力。

三、雷锋精神融入“党建 + 校企合作”模式的优势

（一）基层党支部的阵地和人力优势

高职教育本身具有鲜明的意识形态属性和政治功能，坚持中国共产党的领导，坚持社会主义办学方向，这是培养合格的社会主义建设者和接班人的重要保障。高职院校不仅要培养学生的技术技能和文化知识，还要帮助学生建立健全道德体系和人格，传承和弘扬雷锋精神就是其中重要的一点。高职院校基层党支部的保障优势主要体现在两方面：一方面，高校拥有牢固的阵地优势、得天独厚的教学环境和师资力量，能从根本上保障学习雷锋精神的顺利开展。另一方面，职业院校作为技术技能人才的培育主体，对企业特别是非公有制企业的人力资源供给发挥着不可替代的作用。高职毕业生作为企业未来发展的重要力量，他们具有旺盛的求知欲与好奇心，这为弘扬雷锋精神提供了极有利的环境。此外，他们还具备蓬勃向上的积极性和创造力，能有效开展践行雷锋精神的各项活动。

（二）高职院校基层党组织的制度保证

高职院校的基层党组织除了具有一般的政治功能和服务功能外，还具有符合自身

工作特点的教育功能，肩负着立德树人的职责使命。基层党组织作为和大学生接触最频繁、最密切的组织，时刻关注大学生的思想动态，能发挥其自身的政治优势，及时有效地开展各类活动，为加强学校党建工作保驾护航，为宣传雷锋精神提供可靠的制度保障。如“三会一课”制度——支部党员大会、支部委员会、党小组会和党课，都是严格党员管理、健全党内生活、加强党员教育的重要举措，将雷锋精神的教育引入其中，作为常态化的组织任务，能在一定程度上做到措施到位、组织到位、保障到位，确保学习雷锋精神在党建工作中高效有序地开展。

四、当前雷锋精神有效融入“党建＋校企合作”存在的困境和不足

（一）认识上缺乏深度和广度

党的建设是系统工程，新时代的党建工作要求更高、任务更重，要求我们不仅要部署推进，更要认真落实。一些学校和企业在党建工作思想认识上还存在偏差，认为抓业务就是抓党建。有的企业没有认识到开展党建工作的重要性，经济效益至上思想根深蒂固，他们害怕成为党组织的监督对象，担心开展党建工作会影响企业的正常生产。有的大学生认为雷锋精神是20世纪的产物，对物质生活富裕的年轻人已经没有太多的教育意义，将雷锋精神隔离于身外。有的高校在党建工作中依然按照传统的说教和灌输管理模式，将学习和践行雷锋精神当作一句口号，只在学雷锋纪念日组织开展服务活动，没有真正将雷锋精神融入党建工作中。

（二）人力和技术上缺乏支持

将雷锋精神融入党建工作，需要一定的技术和硬件的支持，同时也需要在技术层面和思想层面都符合新时代党建发展的人才。一些高校将科研和教学放在首要地位，一些企业将经济效益放在首要地位，对于党建工作的经费投入和人才投入都比较少，思想政治和党务干部配备不足。党建工作的软件、硬件基础薄弱，导致基层党员缺乏精神动力、党支部活力不高、主题党日活动缺乏特色，雷锋精神融入党建工作难以推进，较难发挥党建活力。

（三）缺乏创新意识

做好新时代基层党建工作需要具备一定的创新意识，党务工作者要紧跟时代潮流、结合时代主旋律开展好党性教育。一些企业的组织建设规范性明显不足，职工队伍结构呈多样化，员工流动性强，党建工作的软件、硬件基础相对薄弱，“三会一课”制度执行力不强，党员受教育的时间、人数无法保证。个别高校习惯于使用校园传统的党

建工作模式，教育的主题时效性不高，形式单一，内容枯燥，从而难以适应新时代学生党员的发展需要，学生党员受教育的效果不明显，雷锋精神未能有效融入每名党员的党性教育中。

五、雷锋精神融入“党建+校企合作”的实现路径

（一）充分发挥高校党组织的主体作用

习近平总书记多次指出，加强党的领导是做好教育工作的根本保证，要坚持把党的建设放在第一位，把党建工作作为办学治校的根本[8]。雷锋精神代表优秀的社会主义建设者和接班人应具备的价值观，与党建工作的实质高度一致。校党委要整合关于雷锋精神的优质资源，积极营造学习贯彻雷锋精神的校园氛围，在校园掀起学习雷锋精神的热潮，可以通过演讲、校刊校报、专题学习、校园网络媒体等方式宣传雷锋精神。支持和引导广大师生自觉践行和学习雷锋精神，将雷锋精神融入到校园建设和党建工作中。深入挖掘各级党组织的优势，坚持正确的政治方向，坚持取长补短的原则，有效推动雷锋精神融入党建工作质量的提升。

（二）将雷锋精神引入党建工作考评机制

雷锋精神中的乐于奉献、助人为乐、爱岗敬业、勇于承担等精神品质与习近平总书记重要讲话精神以及党章党规内容相契合。雷锋作为优秀党员的典型，让优秀党员形象更加具体。在党员学习活动中融入雷锋精神，校企双方可以通过互相邀请雷锋式的大国工匠、雷锋式的教书育人楷模进校园、进企业，通过身边人身边事激发干事创业的热情，形成人人学雷锋、人人当先进的良好氛围。此外，校企双方党组织可以企业顶岗实习实践过程为载体，将学生或员工在德、勤、能、绩等方面的表现通过具体的实践活动细化，实现对人才培养的显性化。如共同设置具体的激励、考评机制与标准，定期对支部内举行的学习雷锋活动等进行科学合理客观的评价，以此提升学生党员和企业员工的培养质量，完善“党建+校企合作”机制。

（三）在党建工作中发挥企业文化的作用

企业文化是企业的灵魂，渗透于企业的一切经营管理活动之中，是推动企业持续发展的不竭动力。良好的企业文化能够为在职员工提供积极的思想支持，鼓励员工爱岗敬业、勤劳勇敢，这也正是雷锋精神的集中体现。在校企合作模式下，要充分发挥企业文化在党建工作中的作用，企业要积极参与未来员工的党建工作，充分认识党建和企业文化之间的强大联系，锻造出具有企业特色的精神文化内涵。通过校企合作的

方式，将这些积极的思想因素传递给学生和员工，从而丰富思政与党建教育的内容，激发企业参与园区党建和校企合作的热情。

（四）推进校企党建技术协同机制

《中共中央国务院关于进一步加强和改进大学生思想政治教育的意见》中强调指出，牢牢把握网络思想政治教育主动权，主动占领网络思想政治教育新阵地。在“互联网+”时代，校企深度合作，校企党建共建技术的协同也应运而生，这也是推进党建工作信息化的一种体现。校企双方可以综合利用现代信息技术手段，将党建“进企业”与“进网络”相结合，充分发挥校企之间两种资源、两个阵地、两类信息的效用，实现协同发展。一方面，高职院校可以通过网络信息平台加强与企业之间的联系，及时了解学生入党积极分子、预备党员的工作情况和思想动态，实行动态管理。另一方面，借助微视频、微党课以及红星云、学习强国等客户端来实现“智慧党建”，让雷锋精神与“智慧党建”相结合，寓教于乐中达到潜移默化引导高校和企业学生、员工在学习和工作中自觉践行雷锋精神的目的。

六、结语

随着我国产业升级和经济结构调整不断加快，各行各业对技术技能人才的需求越来越紧迫，职业教育的重要地位和作用越来越凸显。在园区大党建与大发展良性互动的引导下，将雷锋精神融入党建工作具有重要意义，既可以将雷锋精神的深刻内涵和永恒价值传承下去，又能为学校和企业党建工作增添时代元素和丰富党建内容，更将有力激发校企双方党建工作的热情与动力，推动职业院校与企业紧密合作，为赋能园区高质量发展，全面落实“三高四新”战略定位和使命任务贡献力量。

参考文献：

[1] 习近平．用新时代中国特色社会主义思想铸魂育人 贯彻党的教育方针 落实立德树人根本任务［N］．人民日报，2019-03-19（1）．

[2] 谷传亮，谢金之．基于协同发展理念的高职院校校企党建共建机制研究［J］．江苏经贸职业技术学院学报，2019（05）：54-56．

[3] 刘春福，关云虎．高校党建推动雷锋精神常态化建设研究述评［J］．理论观察，2014（4）：40-42．

[4] 辉卫．实现中国梦必须弘扬中国精神［EB/OL］．［2019-11-20］．http：//theory.people.com.cn/n1/2017/0825/c40531-29494597.html．

[5] 陈文海．基于协同创新理念的高职院校校企合作党建初探［J］．顺德职业技术学

院学报，2014（02）：57－60.
[6] 顾培中．产学研结合背景下高职生党建评价体系的构建［J］．南通纺织职业技术学院学报，2014（01）：76－79.
[7] 王傅．高职校企协同育人中的党建工作研究［J］．长沙民政职业技术学院学报，2014（03）：38－40.
[8] 习近平．在学校思政课教师座谈会上重要讲话［N］．人民日报，2019－03－22（1）.

雷锋精神汇融企业文化的演进逻辑与实践创新

翟元斌*，史　㻶**，郑献春***

当前，世界正在经历百年未有之大变局，我们的国家正处于实现中华民族伟大复兴的关键时期。与此同时，新冠肺炎疫情给社会生活、经济活动带来许多不确定因素，中国的企业文化建设面临新的挑战和新的历史机遇。世界上一切的资源都可能枯竭，只有一种资源可以生生不息，这种资源就是文化。文化的影响是潜移默化的，它悄无声息地影响着组织中的个人行为，进而影响组织行为；文化的影响又是源远流长的，文化一旦形成，便会在组织内部形成相对稳定的行为模式，对组织产生持续而深远的影响。

立足新时代发展现实，梳理雷锋精神汇融企业文化的历史前鉴，分析雷锋精神汇融企业文化的发展逻辑，研究总结雷锋精神汇融企业文化的创新实践经验，有利于全面系统学习领会党中央关于新时代企业文化建设精神，进一步把新时代企业文化建设推向前进，以更好地构筑彰显中国精神、中国价值、中国力量的企业文化，为实现中华民族伟大复兴的中国梦凝聚起强大的精神力量和有力的文化支撑。

一、雷锋精神汇融企业文化的历史前鉴

雷锋精神与企业文化是两个不同质不同源的文化形态，两者的发展轨迹看似平行，如果把时间拉长观察，无论是从历史深处走来，还是向未来走去，两者的汇融具有历史的必然性。

依据历史唯物主义观点，一个国家和民族的历史传统、文化积淀、基本国情不同，他们的企业文化发展必然会形成相应的气派和风格。

---

* 作者系雷锋杂志社雷锋文化研究院秘书长。

** 作者系国网抚顺供电公司副总政工师。

*** 作者系国网抚顺供电公司党建总主任。

企业文化成为一种理论诞生在20世纪80年代，但是作为一种现象，则是伴随着企业的产生而产生的。国内学界有一种说法，即企业文化产生于日本，形成理论在美国，但根在中国。20世纪80年代初，日本丰田汽车公司的管理人员就曾承认他们的经验来自中国的“鞍钢宪法”。

中国企业文化建设的历史可追溯到中国近代的洋务运动。我国民族资本的企业中，最具样本意义的是民生轮船公司的“民生精神”和天津东亚毛纺织厂的“抵羊精神”。前者主张服务社会，便利人群，开发产业，富强国家。后者倡导精诚团结，无畏努力，共期早日复我中华。这些企业文化诉求具有代表性，表达出在国家处于内忧外患的历史背景下，民族资本家的报国之心和强国之志。

中华人民共和国成立以后，生产资料公有制与按劳分配制度的建立，从根本上激发起人们以国家主人翁姿态投身企业发展。石油战线出现最具代表性的“大庆精神”，钢铁战线上则涌现“孟泰精神”和“鞍钢宪法”。

大庆，是毛泽东树立的一面红旗，它代表了新中国工业建设走出了一条既不同于资本主义也不效仿苏联的适合中国国情的发展道路。工业学大庆历经十八年，从群众运动，到凝练经验，在全国范围内掀起了国民经济全面跃进的新局面。1981年工业学大庆运动结束后，党和国家曾对大庆精神的科学内涵做过两次凝练概括，最终于1990年确定为国争光、为民族争气的爱国主义精神，独立自主、自力更生的艰苦创业精神，讲求科学、“三老四严”的科学求实精神，胸怀全局、为国分忧的奉献精神。这正是对艰苦创业年代中国工人阶级优秀品质的集中表达，概括地说就是“爱国、创业、求实、奉献”。

“鞍钢宪法”是毛泽东命名的。1960年3月11日，鞍山市委提交了《关于工业战线上的技术革新和技术革命运动开展情况的报告》，中共中央于22日批转了这一报告，“鞍钢宪法”的名称便产生于毛泽东所作的批语。毛泽东将这种新型的社会主义企业管理制度赋予鞍钢，认为它“创造了一个鞍钢宪法”。1960年10月4日，中共中央《关于发展“两参一改三结合”制度提高企业管理工作的指示》更为全面地概括了“鞍钢宪法”的实质内容，即在毛泽东思想指导下，批判了一长制，坚持执行党的领导、群众路线和政治挂帅与物质鼓励相结合的原则，并且根据这些原则建立了党委领导下的厂长负责制、职工代表大会制度和“两参一改三结合”等一套新型的社会主义企业的领导制度和管理制度，这也就是民主集中制在工业企业中的具体运用。

“大庆精神”和“鞍钢宪法”堪称新中国企业文化建设的典范。两者具有共同的特征，都是以“全心全意为人民服务”为精髓的中国共产党精神与中华优秀传统文化结合的产物。这种具有典型中国气派，彰显中国精神的企业文化，引领了那个时期的文化风尚，在促进国民经济建设和社会发展中发挥了重要作用。

回望中国企业文化建设先行者的努力，可以清楚地看到中华优秀传统文化对企业文化的影响，特别是“大庆精神”和“鞍钢宪法”企业文化实践给予当下企业文化的深刻启迪。在我国的长期发展过程中，中国共产党以其高度自觉的优秀精神，通过实践探索，形成了中国特色社会主义发展路线，向人们展示了中国特色社会主义道路的优越性。党的价值观念以及精神品质构成企业文化建设的灵魂，在企业文化建设中具有理论支撑与价值导向的作用。党的民主化管理方式为企业的管理模式提供了指导，能够推动企业形成开放、民主、公平的管理模式，促使企业树立良好的形象，帮助企业提升文化高度。这些丰厚而珍贵的企业文化成果积淀，为雷锋精神融入企业文化提供了经验层面的借鉴和理论层面的逻辑与方法论基础，还有历史性的铺垫。雷锋精神融入企业文化是合乎文化演进规律的。

二、雷锋精神汇融企业文化的依据与现实运动

雷锋精神融入企业文化作为现实的文化运动，所具有的历史必然性和现实可能性，是由雷锋精神的历史地位和与企业文化的契合度决定的。

雷锋精神是国家意识形态即国家文化的有机构成，成为企业文化建设的灵魂与血脉。

雷锋精神是中国共产党人精神谱系中的伟大精神，根源于中国共产党建党精神，诞生于党领导中国人民进行社会主义建设的伟大实践，形成于中国共产党履行建国使命并取得重大胜利凝练的精神文化，发展于中国共产党与时俱进地培育和创新。

雷锋精神是中华优秀传统文化和红色革命文化、社会主义先进文化结合的集中体现，已成为全社会的先进标杆、精神标识、文明标记，是国家治理体系和治理能力现代化的深厚文化支撑，是党和人民极为宝贵的精神财富。

雷锋精神是马克思主义中国化、时代化、大众化的重要理论成果，是以饱含时代特征的话语体系将马克思主义、社会主义核心价值观的深邃理论转化为人民大众的普遍认同、理想信念和目标追求，并且不断践行的科学理论。

总括而言，雷锋精神是中国特色社会主义生产关系和经济基础必然要求产生的意识形态，是国家文化的重要构成。

国家文化决定和制约企业文化。任何企业总是与一定的国家文化相联系，被其所限定。企业文化是建立在所属国家的文化生态基础之上的，具体表现在企业参与人的国家文化性、企业对外交往的国家文化性、企业坐落地国家文化的感染和潜移默化性、对内管理的国家文化性等方面。每个企业最终都将形成自己独特的企业文化，不过这只是一种亚文化，必然与国家文化密切相关。就是说，在企业文化发展的图谱上，国家文化起着关键性的作用，国家文化深刻影响着人的思维方式，指导其行为方向，从

而对由持有该种文化的员工所组成的企业产生潜移默化的影响。

我国的国有企业是中国特色社会主义的重要物质基础和政治基础，是我们党执政兴国的重要支柱和依靠力量。雷锋精神作为国家文化有机构成，将其融入企业文化、引领企业文化是建设中国特色社会主义的需要，是巩固国有企业作为中国特色社会主义的重要物质基础和政治基础的必然要求。

从雷锋精神内核与企业文化的关系来看，雷锋精神中的忠诚敬业、团结互助、钻研进取、开拓创新、勤俭节约、艰苦奋斗等精神都与企业文化的诚信意识、和谐意识、争先意识、创新意识、环境意识高度一致。雷锋精神汇融企业文化具有现实的基础和可能。

雷锋精神与企业文化汇融，具有历史必然性和现实可能性，两者的汇融经历了一个发展过程，随着学雷锋实践活动的深入而逐步实现。大体经历了五个发展阶段。

第一个阶段，企业内部自发和有组织的学雷锋活动。

全国学雷锋活动初始，各级组织普遍要求把学雷锋活动与企业生产活动结合起来。1963 年 2 月，共青团中央发出《关于在全国青少年中广泛开展“学习雷锋”的教育活动的通知》，要求“必须把青年在受到教育以后所激发起来的政治热情，引导到搞好工农业生产、钻研业务、刻苦学习中去，努力增产节约，大力争取 1963 年的农业丰收”。人民日报在学雷锋活动开展后的第一篇社论中，指出“为了普遍、深入、持久地开展学习雷锋的活动，必须使这种活动同当前的各项工作密切地结合起来……”社论还引用一段生动的流行语“生活上以雷锋为镜子对照自己，生产上以雷锋为旗帜鞭策自己”。在雷锋精神的感召下，企业职工组建学雷锋小组，出现许多学雷锋标兵，促进了企业的生产活动。这一阶段雷锋精神对企业经济活动的影响以个体的热情来维系，尚不具有稳定性和持久性。

第二个阶段，立足岗位学雷锋。

20 世纪 90 年代初期，福建省创造了立足岗位学雷锋的经验。1991 年 3 月 4 日，中共中央宣传部、国务院办公厅、全国总工会、共青团中央召开座谈会，明确提出“岗位学雷锋，行业树新风”，要求今后一个时期的学雷锋活动，把立足点放在做好本职工作上，并把端正行业作风，促进整个社会风气的好转作为一项重要内容。全国掀起立足岗位学雷锋的热潮。立足岗位学雷锋与企业经济活动联系得更为紧密，不过带有阶段性、局部性、公益性、动员性等特点，尚未融入企业哲学价值观等深层次的层面，形象地说，即与企业经营管理依然是两张皮。

第三个阶段，雷锋精神融入企业文化的探索。

2006 年 9 月，国家电网抚顺供电公司启动雷锋精神融入企业文化的“雷锋工程”。至 2011 年实施四年时，阶段性成果引起国内主流媒体关注。同年 12 月 9 日，《工人日报》发表《抚顺供电公司用雷锋精神做强企业》的报道。时任中央文明办专职副主任王世明阅后批示：这是个大命题，极具意义！请协调组联系辽宁文明办了解情况之后在中国文明网给予报道。文明办主任培训班可选此典型发言。随后，中央文明办于2011年至2012年间，五次安排国家电网抚顺供电公司在全国文明办主任培训班介绍“雷锋工程”经验。

2012年2月24日，在抚顺雷锋精神研究所推介下，新华社辽宁分社到抚顺供电公司调研“雷锋工程”，撰写内参《抚顺供电公司把雷锋精神融入企业文化》。时任中央政治局委员、中宣部部长刘云山在内参上批示：抚顺供电公司把雷锋精神融入企业文化的经验很好，思政会可派人深入调研总结推广他们的做法和经验，中央媒体可公开报道。3月7日至9日，中国政研会、中宣部政研所调研组到国家电网抚顺供电公司调研，完成调研报告《让雷锋精神成为企业文化的灵魂和血脉——辽宁抚顺供电公司把雷锋精神融入企业文化建设的生动实践》，调研报告在《求是》杂志2012年第9期发表。至此，抚顺供电公司将雷锋精神融入企业文化的创新实践获得中央肯定，并向全国推广。

第四个阶段，中央明确要求把雷锋精神转化为企业精神和企业文化。

2012年3月2日，中共中央办公厅印发《关于深入开展学雷锋活动的意见》，提出学雷锋常态化要求，意见规划了9个学雷锋常态化项目，其中第7项提出“企业要结合自身改革发展和生产经营，广泛开展‘岗位学雷锋、争做好员工’活动，把雷锋精神转化为企业精神和企业文化”。这是自学雷锋活动开展以来，首次明确提出把雷锋精神转化为企业精神和企业文化，而且是在中央文献中，其意义是重大的。

任何一项重要决策的形成与提出，都需要成熟的实践积累。2006年国家电网抚顺供电公司开展的“雷锋工程”为全国学雷锋活动实践的深入做了必要准备。

第五个阶段，党建引领企业文化建设。

2016年，全国国有企业党的建设工作会议召开。习近平总书记在会上指出：“坚持党对国有企业的领导是重大政治原则，必须一以贯之；建立现代企业制度是国有企业改革的方向，也必须一以贯之。中国特色现代国有企业制度，‘特’就特在把党的领导融入公司治理各环节，把企业党组织内嵌到公司治理结构之中。”习近平总书记鲜明提出建设“中国特色现代国有企业制度”的课题，对党的领导融入公司治理作出顶层设计，为新时代国有企业企业文化建设提供了根本遵循。

2017年，党的十九大修订的新党章对国有企业党委（党组）的作用做了新的定义：“国有企业党委（党组）发挥领导作用，把方向、管大局、保落实，依照规定讨论和决定企业重大事项。国有企业和集体企业中党的基层组织，围绕企业生产经营开展工作。保证监督党和国家的方针、政策在本企业的贯彻执行；支持股东会、董事会、监事会和经理（厂长）依法行使职权；全心全意依靠职工群众，支持职工代表大会开展工作；参与企业重大问题的决策；加强党组织的自身建设，领导思想政治工作、精神文明建设和工会、共青团等群团组织。”

探讨多年的党建与企业文化建设的关系和党建引领企业文化的问题一锤定音。弘扬雷锋精神是党的建设题中应有之义，雷锋精神融入企业文化建设，由学雷锋常态化的一项顶层设计，上升为国有企业实现党的领导的一项规制。

三、雷锋精神汇融企业文化的实践创新与启示

雷锋精神汇融企业文化是一个历史过程。国家电网抚顺供电公司于2006年较早进行了这一方面的探索，并且获得中央充分肯定。2014年9月19日，中央政治局原委员、书记处书记、中宣部部长刘奇葆到国家电网抚顺供电公司调研。2015年，“雷锋工程”成为全国首批学雷锋示范基地。

雷锋精神汇融企业文化建设实践，国家电网抚顺供电公司“雷锋工程”具有样本意义。

所谓“雷锋工程”，是国家电网抚顺供电公司党委以服务家乡老工业基地振兴为目标，根据新形势下企业自身发展需求，借助驻地雷锋精神发祥地抚顺得天独厚的雷锋文化资源与自身学雷锋历史传统优势，找准雷锋精神与企业文化契合点，打通社会主义核心价值观在企业落地最后一公里，传承红色文化基因，用雷锋精神育人兴企，构建新型企业文化的系统工程。

“雷锋工程”自2006年9月22日启动，至今历时15年，主要做了3件事。

第一，以坚定的文化自信，找准雷锋精神与企业文化的结合点，用雷锋精神将国家电网公司母体文化和抚顺公司子文化无缝连接，构建和完善了以“像雷锋那样做人、像雷锋那样做事、用雷锋精神做强企业”的“三做”理念为核心，以“八个一”主题实践为切入，以制度、组织规制为支撑，赓续红色文化血脉，运用文化软约束实现和强化党对国企的全面领导的完整全面的企业文化体系。

第二，以问题为导向，结合企业发展实际需要，将雷锋精神精髓凝练为“八个一”主题实践，切入企业各项工作，引导和激发企业全员参与企业内部治理。

“八个一”主题实践：

“一片情”的安全生产主题实践。把雷锋关爱他人、关心集体、关注社会的浓厚人文情怀，融入国家电网公司提出的“相互关爱，共保平安”理念，引导员工树立关爱电网、关爱企业、关爱社会、关爱他人、关爱自我的安全责任意识。

“一缕风”的营销服务主题实践。把雷锋对待同志像春天般温暖、对待工作像夏天般火热，全心全意为人民服务的精神，与国家电网公司“服务党和国家工作大局，服

务电力客户，服务发电企业，服务经济社会发展”四个服务宗旨有机结合，在员工中倡导“服务人民、助人为乐”的奉献精神，打造“国家电网雷锋式服务”品牌。

“一把尺”的管理主题实践。把雷锋勤勉敬业、精益求精和艰苦奋斗、勤俭节约的精神，融入国家电网公司“集团化、集约化、精益化、标准化”要求中，引导员工树立严格管理企业、依法经营企业，降本增效、增收节支、勤俭办企业的意识，形成讲效益、讲效率、讲节约的良好风尚。

“一颗钉”的学习主题实践。把雷锋干一行爱一行、专一行精一行的敬业精神和在学习上挤和钻的“钉子精神”与国家电网公司提出的“勤奋学习，开拓创新”和“学习型企业建设”要求结合起来，引导员工树立岗位学习意识和终身学习意识，形成立足本职岗位学业务、比技能、做贡献的风气。

“一滴水”的团队主题实践。把雷锋的“一滴水只有放进大海里才永远不会干涸，一个人只有当他把自己和集体的事业融合在一起的时候才能最有力量”的集体主义精神，融入国家电网公司“团结协作，忠诚企业”的要求中，引导员工树立整体意识、团队意识、协作意识，实现员工间同心同德、部门间密切协作、个人与企业共同发展的目标，创建“雷锋班组”“雷锋号先进单位”，增强了企业的凝聚力和员工的向心力。

“一头牛”的廉洁主题实践活动。把雷锋“只有勤劳、发愤图强，用自己的双手创造财富，为人类的解放事业——共产主义贡献自己的一切，这才是最幸福的”勤奋工作、无私奉献精神，融入国家电网公司“干事、干净，廉洁从业”的廉洁理念和价值观，培养员工廉洁从业的价值观，营造干事、干净的企业环境和廉洁从业的文化氛围，树立诚信守法、廉洁经营的企业社会形象。

“八个一”主题实践随着认识的深入不断升华。党的十九大开启了新时代中国特色社会主义新征程，修改的新党章明确了党在国企中的全面领导地位，国网公司和省公司落实新要求，确立了新的发展战略，抚顺供电公司深化升华原有的“六个一”主题实践，提出“一颗心”“一股劲”两项主题实践。

“一颗心”忠诚幸福主题实践。把雷锋热爱党、热爱国家、热爱集体的优秀品质，融入国家电网公司“旗帜领航”党建工程，推动党的建设提质登高。要求广大党员干部职工坚决捍卫“两个确立”，不忘初心，牢记使命，一心跟党走，努力践行社会主义核心价值观，为建设具有中国特色国际领先的能源互联网企业而奋斗。

“一股劲”奋斗主题实践。把雷锋敢于向困难挑战、积极进取的精神，融入国家电网公司适应能源革命升级和数字革命融合趋势，加快电网全面跨越升级，服务双碳落地战略，引导职工形成干好党的事业的一股劲，下好电网建设的一盘棋。

第三，构建完备的雷锋精神汇融企业文化制度与组织支撑。建立一整套制度规范，实现项目化、机制化、模块化、标杆化、精益化。先后制定《雷锋工程年度实施方案常态长效推进制度》《雷锋工程建设组织实施体系及职责》《雷锋式服务岗位标准（量化手册）》《雷锋号集体，雷锋奖章先进个人评选表彰制度》《雷锋共产党员服务队建设制度》，成立八个主题实践推进小组，组建“国家电网辽宁抚顺雷锋共产党员服务队”，建设“岗位学雷锋展厅”“国家电网辽宁电力岗位学雷锋示范基地”等。

抚顺供电公司实施“雷锋工程”15 年，为企业发展提供了强大精神动力，出色履行了政治、经济、社会三大央企责任，培育了一支优秀干部职工队伍。近年来，有 32 人次干部职工荣获全国五一劳动奖章，地方省市和网省公司系统劳动模范、五一劳动奖章、工匠荣誉。公司荣获全国文明单位、国网公司先进集体、全国第一批企业文化建设示范点等荣誉。“雷锋工程”优秀企业文化案例也先后获全国电力行业文化与企业文化优秀案例一等奖、国家电网公司精神文明建设创新奖一等奖、中国共产党成立 90 周年企业文化建设优秀案例一等奖。

雷锋精神汇融企业文化的启示：

启示一：雷锋精神汇融企业文化实践，创新以赓续红色文化血脉为底色、彰显中国企业精神、育人兴企的企业文化建设，是加强党对国企全面领导的重要举措。

雷锋精神是中国共产党人精神谱系中的光辉篇章，国家文化中的有机构成，国家治理体系与治理能力现代化的文化支撑，将雷锋精神汇融企业文化展现多维度的价值和效应。雷锋精神以社会主义核心价值观人格体现的形式，成功转化为企业文化，加速了人们对社会主义核心价值观与企业价值观的双重认知认同；雷锋精神体现了中国共产党精神的强大感召力，影响引导企业全员的价值取向，建设了一支对党忠诚、勇于创新、治企有方、兴企有为、清正廉洁的干部队伍和爱岗敬业、拼搏奉献的员工队伍，不断增强全员内生动力；雷锋精神作为企业治理的文化支撑，用文化软约束实现党对企业全面领导的硬核作用，提升了企业核心竞争力，巩固加强了我们党执政兴国的重要支柱与依靠力量。

启示二：企业领导人的素质决定了企业文化的特质，企业领导人首先应该是个政治家。

企业领导人是国家宏观调控和企业微观管理的接受者和实践者，是社会主义市场经济运行的中坚力量，是现代企业精神的倡导者和集中体现者。国有企业领导人员肩负着经营管理国有资产、实现保值增值的重要责任，因而必须做到对党忠诚、勇于创新、治企有方、兴企有为、清正廉洁。把爱党、忧党、兴党、护党落实到经营管理各项工作中，开创企业发展新局面。抚顺供电公司党政领导班子，早在 15 年前就以对中国共产党精神的坚定文化自信，前瞻性的文化自觉，开始了雷锋精神融入企业文化的探索，获得人们的尊敬。

启示三：无论是理论工作者还是实际工作者都要肩负使命，以问题为导向，面向实际勇于创新，才能不辜负伟大的新时代。

抚顺市雷锋精神研究所全程支持抚顺供电公司“雷锋工程”创新实践，中宣部的调研报告给予肯定。理论是实践的先导，理论工作者要沉下去，实际工作者要升上来，两者结成联盟，才能推进理论创新与实践创新。

参考文献：

[1] 修订《雷锋志》编撰委员会. 雷锋志 [M]. 沈阳：白山出版社，2013.
[2] 习近平在全国国有企业党的建设工作会议上强调：坚持党对国企的领导不动摇[EB/OL]. [2016-10-11]. http://www.xinhuanet.com//politics/2016-10/11/c_1119697415.htm.

雷锋精神与企业文化建设研究

刘宏伟[*]，谭铁安[**]

文化，是一个区域、一个民族、一个时代在一定的社会关系基础上形成的、在既定范围内所普遍认同的、具有强烈凝聚力、影响力和公信力的一种社会现象。一个单位、一个企业、一个家族乃至一个家庭，都可以形成独具特色的文化。这种文化，在特定的范围内是一种高度认同的理念和追求，是一种希望被强制发扬的价值元素和要求，甚至是特定范围内的人群必须接受的。这种文化还是特定的人群发展的内生动力和精神依存，需要特定的人群共同维护。文化，既具有物质的力量，又具有精神的价值；既影响着物质世界，又影响着人们的精神生活。人们对文化的高度认同，决定了对社会的看法，即文化具有影响人们世界观、人生观、价值观的作用。

一、企业文化建设的价值

企业文化是企业创新发展的源泉。文化之所以成为文化，有着以文化人、化物、化事的功能。这里的“化”，是教化，是推动，是促进。对于企业特别是高新技术企业来说，企业独有的文化，是企业发展与创新的精神支撑和动力源泉。企业文化是企业自强不息的动力。企业的主体是员工，企业兴旺与否的关键是员工，企业文化发展的主体和文化创新的主体及客体都是员工。企业离开了员工不能成为企业，企业离开了文化也难以形成气候，难以走得更高更远。企业文化的形成和发展，离开了员工则是无本之木、无源之水。员工可以创造企业文化，发展企业文化，创新企业文化。企业文化是企业凝心聚力的载体。企业文化还是企业兴旺的外在表现和内涵体现，没有文化的企业是没有灵魂的，文化浅薄的企业同样也是浅薄的。企业通过企业文化的发展

---

* 作者单位系长沙市望城区雷锋精神研究会。
** 作者单位系长沙市望城区雷锋精神研究会。

与创新，凝聚人心，激发热情，催生力量，激励员工以企业为荣、以企业为家、以企业为个人的立身之本。企业兴，我荣；企业衰，我耻。说到底，就是企业文化深深的影响力。企业应该具有自己优秀的企业文化，要深知文化对企业发展的重要价值。只有深刻理解和认真把握了文化对企业发展的重要性与必要性，才会真正将企业文化建设摆上重要的位置，使企业文化成为彰显企业魅力的重要平台。

二、企业文化建设存在的问题

虽然企业文化建设得到了企业的普遍认同，但是企业文化建设依然存在着一些带有普遍性的具体问题。

（一）企业文化建设如何看的问题

站在公共服务层面来看，企业文化建设不是公共服务的主要内容。现阶段，有许许多多的为企业服务的项目都是停留在企业发展环境保护和营商环境建设的层面，如何站在公共服务的角度为企业文化建设提供服务，可以说是一片空白。而造成这种状况的主要原因，就是对企业文化建设认识不足，仅仅停留在一般性的服务上和口号式的指导上。站在企业自身的层面来看，企业文化建设不是企业的重点。普遍认为，企业追求经济效益才是根本，其他的一切都是可有可无的。也有些企业搞一些文化建设，不过只是为了应景或装潢门面而已，并没有实际的东西。而出现这种状况的原因，就是看不到企业文化建设的力量，没有真正理解企业文化对企业发展的能动作用。站在企业员工层面来看，企业文化不是员工的基本追求。特别是在民营经济不断发展的趋势下，员工来到企业的目的就是赚钱，获得劳动报酬，至于企业是不是有文化或者有什么样的文化，与己无关。而形成这种状况的原因，就在于企业的归属感不强，除钱之外，没有真正能够吸引员工的东西。

（二）企业文化建设如何立的问题

毋庸讳言，企业的本质是逐利的。正是基于这样的基本属性，企业的首要目的不是文化建设。企业是不是有文化，企业文化是不是有特色，对于很多企业来说，都是停留在理想化的层面，并没有落实在企业的发展过程中。而且，企业文化建设本身也是随着企业的发展而逐步提到议事日程，对一个连企业本身发展都得不到保障的企业谈企业文化建设是没有意义的。同时，文化具有多元性，不同的企业有着不同的企业文化主题，而这种企业文化主题最重要的就是要符合企业发展的根本要求。如果所建设的企业文化与企业发展方向背道而驰，这种文化不可能具有生命力。现阶段，国有企业和民营企业竞相迸发，高新技术产业和传统产业并驾齐驱，一些高新技术产业在走进产业园区之后，依然以传统产业的经营理念来经营，对自然、对市场、对社会关系的依赖性高，在此情况下，企业文化建设往往停留在跟风和为宣传而宣传的层面，缺乏明确主题和精神的问题尤为突出，根本无法形成独特的企业文化。

（三）企业文化建设如何摆的问题

文化建设绝不是虚的东西，而是实实在在的建设内容，是完完整整的物质含义。企业文化建设也不是虚无缥缈的，而是企业发展、壮大和创新的必由之路。对于一个企业来说，或许对于某一项新技术、某一件新产品的研究与开发，一旦正式确定了目标、确定了团队、提供了研究经费，问题不是很大，通过少数人的努力和攻关，是完全可以实现的；然而，对于企业文化建设，如果没有较长时间的沉淀、没有形成文化氛围的良好环境、没有得到企业员工和社会的高度认同，企业的文化建设是不可能成功的。现阶段，很多企业并没有将企业文化建设摆到应有的位置，企业文化建设达不到应有的高度，企业文化建设还远远没有走进企业主和员工的心中。对于企业文化建设，很多企业都视之为可有可无的东西。有的企业表面上重视企业文化建设，一旦碰到具体问题，就必须让文化建设让路；有的企业将文化建设视为副业，在人才资源配置上以兼职为主；有的企业搞其他建设舍得花钱，搞文化建设就紧巴巴的。企业文化建设缺乏思想保障、人才保障、资金保障的问题是一种普遍现象。

（四）企业文化建设如何引的问题

现阶段，文化的重点貌似不是建设，无论是公共服务还是企业本身，对于企业文化，可以说都是一种“自产自销”的态度。在这种态势之下，企业文化建设依靠的是企业负责人对文化建设的态度和对文化敬畏的心境。企业负责人重视文化建设，企业文化就有一定发展，否则企业文化就是一张白纸。这种状况，对于企业是一种遗憾，对于社会乃至公共服务机构同样是一种遗憾。而出现这种状况的一个重要原因，就是对企业文化建设的指导乏力。一是公共服务部门没有将企业文化建设摆上日程，认为企业文化建设是企业的事情，忽视了企业文化建设是社会文化发展的重要组成部分的基本事实；二是公共服务部门缺乏对企业文化建设指导的人才和能力，企业文化建设毕竟有其特殊性和专业性，公共文化服务层面难以做到有的放矢；三是公共服务部门对企业文化建设需求缺乏基本的了解，不同形式的企业、不同的企业层面、不同的企业组织形式，对文化建设有着不同的需求，而公共文化服务机构如果不能真正沉到企业之中，即使是有心加强指导，也无从下手。

（五）企业文化建设如何破的问题

立足于企业本身的发展需求来建设企业文化是无可厚非的。而基于这种理解，企业文化建设首先满足的是企业本身的需求，而不是社会层面的需求，这样，就导致企业文化的立足点和起点都是企业本身，使得企业文化建设受到了一定的局限。同时，现阶段我们的企业发展很大程度上还处于不断转型的状态，我国是一个以农业为主的国家而非工业国家，现代企业制度还处于一个急需完善的层面，而那些传统工业又被现代企业不断冲击，在这样的企业发展环境中，企业文化的积淀并不厚重，也导致企业文化建设受到严重局限。

（六）企业文化建设如何管的问题

在多元化的企业发展环境中，企业成为文化交流和冲突的新载体，甚至可以说，企业文化的对抗已经成为文化思潮争夺文化领域的新阵地，通过企业而进行文化渗透，完全可以成为文化演变的一个途径。现阶段我们的企业文化中，唯利是图、一切向钱看等问题依然存在。与此同时，无社会责任感、无公德心、无志愿者精神等思潮在企业中依然不是个案。这些问题，虽是文化垃圾，一旦沉渣泛起，必会影响清朗社会。

基于上述原因，用社会主义先进文化占领企业文化建设阵地十分必要。

三、雷锋精神对企业文化建设的意义

要解决企业文化建设过程中的诸多问题，最根本的方法就是将一种与时俱进的先进的文化元素导入到企业文化建设当中，用雷锋精神和雷锋文化引领企业文化建设是最优的方案和选择。

雷锋精神的基本内涵是：热爱党、热爱祖国、热爱社会主义的崇高理想和坚定信念；服务人民、助人为乐的奉献精神；干一行爱一行、专一行精一行的敬业精神；锐意进取、自强不息的创新精神；艰苦奋斗、勤俭节约的创业精神。雷锋精神的时代内涵，是企业发展所必需的精神动力，是推进“三高四新”战略实施的重要动力之源。

（一）雷锋精神是企业自身发展的精神动力

企业发展需要什么？资金、技术、市场，这些肯定是需要的。不过，这些都是外在的，不是企业本身的愿望能够左右的。对于企业来说，具有一种能够激发企业不断发展的精神力量无疑是最重要的。从雷锋精神的时代表现来看，其包含坚定信念、奉献精神、敬业精神、创新精神、创业精神等。可以说，雷锋精神完全能够成为企业发展的内生动力，没有一种其他的精神力量能如此程度地与企业发展相融。雷锋精神就是企业发展的力量源泉，雷锋精神能够让企业永远立于不败之地。

（二）雷锋精神是企业员工素质提升的精神食粮

员工是企业的根本，没有优秀的员工，企业是走不远也走不稳的。有远见的企业，应该将培养优秀的员工放在突出位置，而不是对员工不闻不问。而培养员工，在培养员工的专业能力的同时，决不能忽视对员工思想素质的培养。应该说，员工的世界观、人生观和价值观同样对企业发展有着巨大的能动作用，低俗、消极、颓废的世界观、人生观和价值观不可能让企业发展。雷锋精神，是一种高尚的情操、大爱的情怀和信念的能量，是企业员工奋发向上的精神标杆，是促进企业员工素质提升的最丰富的营养。

（三）雷锋精神是企业文化建设的精神引领

企业文化建设过程中存在的具体问题，说到底，就是先进文化如何在企业发展当中成为文化引领的问题。文化要成为文化引领，除文化本身足够先进之外，就是要能够得到整个社会的普遍认同，得到整个企业的自觉接受。毫无疑问，雷锋精神具有这一特征。雷锋精神，经历了六十年的风雨沧桑和不断淬炼，已经成为一种全社会普遍认同的价值理念。可以说，在中华大地上，雷锋精神已经成为一种文化现象。雷锋精神是企业文化发展所追求的核心内容和基本遵循。

（四）雷锋精神是企业社会影响力提升的精神载体

企业，始终是社会成员单位之一，虽不是以自然人的形态立足于社会，但很大程度上具有自然人的社会功能。企业的形象、企业的荣誉、企业的社会地位和作用、企业在社会生活中的影响力等，无不对企业发展产生强烈的影响。一个发展良好的企业，必定对社会具有正能量，负能量多的企业必将被社会所抛弃。企业社会影响力的提升，不是纸上谈兵而来的，而是要敢于、勇于承担社会责任，要多为社会做贡献。这就是雷锋精神中的奉献精神在社会生活当中的具体体现，企业也应该具有这种精神。

（五）雷锋精神是企业志愿服务精神的标杆

志愿服务精神概括起来是：奉献、友爱、互助、进步。志愿服务精神对于企业来说，同样不可或缺。企业需要奉献精神，企业要承担社会责任，要敢于牺牲自我、牺牲局部、牺牲近期；企业员工要有友爱精神，要主动团结友爱，共渡难关，才能使企业攻坚克难，得到发展；企业要有互助精神，只有互助互信，讲求诚信，才能走得稳，走得远；企业要有进步精神，要不断进取，不断革新，实现自我革命。企业的志愿服务精神，与雷锋精神一脉相承，雷锋精神是志愿服务精神的最高标准和特色体现，具有比志愿服务精神更为深厚的政治基础和时代价值。

四、用雷锋精神引领企业文化建设的可行性

雷锋精神，人人可学；奉献爱心，处处可为。用雷锋精神引领企业文化建设，是

切实可行的。

（一）企业文化的核心作用是引导企业积极向上，与雷锋精神的价值意义是相符的

企业文化建设，不是为了面子工程而搞文化作秀，不是为了形象工程而搞文化造势，也不是为了眼前工程而搞文化跟风。企业文化建设的目的是塑造一种能够引领企业不断奋进向上的企业精神，是为了锻造一种让企业员工高度认同的精神境界，也是为了通过文化建设来激发企业的活力和内生动力，从而使企业在瞬息多变的市场环境中始终充满活力。而与时俱进的雷锋精神，是通过实践证明了的一种积极向上的永恒精神，特别是雷锋精神中的创新精神和创业精神，是企业发展的精神内核。可见，雷锋精神的价值作用与企业文化建设的目的是一致的。

（二）企业文化的基本功能是以文化人，与雷锋精神的文化功能是一致的

优秀的企业文化，引导企业和企业员工积极向上；低俗的企业文化，使企业和企业员工目光短浅、心胸狭窄，毫无社会责任感，必将导致企业被时代所淘汰。雷锋精神是一种永恒的时代精神，如同一面高扬的旗帜，始终走在时代的前列；雷锋精神，是一种突出志愿服务精神、具有社会主义道德魅力、充分融入社会主义核心价值观深刻内涵的精神。雷锋精神已经上升为雷锋文化，成为一种独特的文化现象，在社会主义文化的百花园中独树一帜，分外妖娆。雷锋精神的文化功能强大，在六十年的不断发展过程中，已经充分体现出其以文化人的作用。用雷锋精神引领企业文化建设，是切实可行的。

（三）企业文化建设的重要目的是提升员工对企业的认同感，与雷锋精神的社会特性是统一的

企业文化建设的一个重要目的就是通过营造良好的企业文化氛围，提升企业的凝聚力、向心力和执行力，让企业真正成为员工之家，真正形成一种企荣我荣、企衰我耻的命运共同体，提升员工对企业的认同感、归属感和依赖感。雷锋精神被整个社会所普遍接受，在半个多世纪的发展过程中，雷锋精神不但没有被淘汰，反而随着滚滚的历史车轮不断向前，与时俱进，被赋予了时代的内涵，成为整个社会高度认同的一种价值理念。毫无疑问，雷锋精神也是企业文化建设所追求的目标。

（四）企业文化发展的实施路径需要不断与时俱进，与雷锋精神的发展是相契合的

企业追求发展，企业文化要实现这一目的，也需要不断发展，只有企业文化得到了发展，企业才能永远充满生机和活力，才能具有强劲的精神动力。企业文化建设不

能墨守成规，不能刻舟求剑，不能守株待兔，而应该推陈出新，应该与时俱进，应该勇立潮头。20 世纪 60 年代初期，毛泽东主席发出向雷锋同志学习的号召，周恩来总理将雷锋精神归纳为“憎爱分明的阶级立场，言行一致的革命精神，公而忘私的共产主义风格，奋不顾身的无产阶级斗志”。新的时代，雷锋精神被概括为“一个信念、四种精神”。这就是雷锋精神与时代同步发展的结果。因此，企业文化发展的实施路径与雷锋精神发展的路径是契合的。

以上几点说明，用雷锋精神引领企业文化建设是必要而可行的。

五、雷锋精神融入企业文化建设的实现机制探讨

用雷锋精神引领企业文化建设，需要将雷锋精神融入企业文化。这既是一个理论课题，又是一个实践过程。立足于将雷锋精神融入企业文化建设，助力高新技术产业在“三高四新”战略实施中的企业文化需求，提出以下观点。

（一）建立引导机制，强化雷锋精神融入企业文化建设的宣传推动

关于雷锋精神对企业发展和企业文化建设的价值意义，人们是高度认同的，很多企业都有生动的实践，并取得了良好的效益。但如何让雷锋精神融入企业文化建设成为一种常态，成为一种必然，却依然有着诸多工作要做。这其中，建立雷锋精神融入企业文化建设的引导机制尤为重要。要进一步加强对学雷锋和践行雷锋精神的宣传，加强对雷锋精神时代表现和深刻内涵的宣传，加强雷锋精神对企业文化建设价值的宣传，真正使雷锋精神成为企业文化建设的富矿，让企业文化建设在学雷锋活动和雷锋精神宣传弘扬过程中汲取营养，让企业成为学雷锋和践行雷锋精神的重要阵地。在企业培养、树立和挖掘学雷锋的典型人物和事迹，加以宣传弘扬，让企业员工学在平时，学在身边，学在企业；要将雷锋精神与企业文化建设结合起来，找到其中的融合点，使雷锋精神成为企业精神的文化母本，并以此来推动企业文化建设。

（二）建立指导机制，强化雷锋精神融入企业文化建设的指导协调

应该说，现阶段很多企业对于企业文化建设有着强烈的需求，对将雷锋精神融入企业文化建设有着强烈的愿望，但在具体的实践过程中到底如何做，却是苦无良策。可见，建立雷锋精神融入企业文化建设的指导协调机制不可或缺。要加强对企业文化建设的指导，将指导企业文化建设作为文化帮扶的重要指标，使企业文化与社会文化融合发展；要建立健全学雷锋理论指导体系并切实发挥其作用，加大对雷锋精神融入企业文化建设的协调，通过协调雷锋精神宣讲、道德楷模宣讲、劳模宣讲、学雷锋典型事迹和先进人物宣讲等，浓厚企业雷锋文化氛围；要组织专门团队，深入企业和现

场，立足企业实际，分析企业文化建设和雷锋文化建设的结合点与切入点，指导企业开展文化建设，促进企业健康发展。

（三）建立激励机制，强化雷锋精神融入企业文化建设的示范引领

由于重视程度不同，企业文化建设不平衡的状况客观存在，企业学雷锋理念不强的问题客观存在。要解决这一问题，应该建立雷锋精神融入企业文化建设的激励机制。要将雷锋精神融入企业文化建设作为企业思想政治工作建设的重要指标纳入评价体系，设置雷锋文化元素融入企业文化建设的考查指标，奖优罚劣；要培育和树立将雷锋精神融入企业文化建设的典型，培育和挖掘企业中学习雷锋、弘扬雷锋精神的典型，分析其形成的原因，促使其示范引领作用的发挥，激发出企业文化建设典型的价值力量；要加大对企业学雷锋的宣传力度，通过“雷锋岗”“雷锋团队”“雷锋窗口”等载体建设，使雷锋文化元素逐步成为企业文化之引领。

（四）建立保障机制，强化雷锋精神融入企业文化建设的实现保障

企业文化建设需要制度保障、机制保障和资金保障，离开了保障，企业文化建设不可能上水平；将雷锋精神融入企业文化建设同样需要保障，没有保障，企业文化建设与雷锋精神彰扬就是“两张皮”。要建立企业文化建设的公共财政投入机制，通过“以奖代补”等形式，打造雷锋精神融入企业文化建设的精品力作。通过建设先进的企业文化，激发企业的社会责任感，让企业文化建设成为推进雷锋精神弘扬的重头戏和主阵地；要督促企业加大对文化建设的投入力度，加大对企业文化建设的指导与培训，切实解决将雷锋精神融入企业文化建设过程中存在的人才、资金、信息等问题；要积极搭建雷锋精神融入企业文化建设的实践平台，通过调研、论坛、研讨等形式，解决企业文化建设创新发展的问题。

（五）建立评价机制，强化雷锋精神融入企业文化建设的社会效益

当前，对企业的评价依然是各项经济指标，注重企业的经济效益，企业的社会效益和社会贡献很大程度上被忽视，这对将雷锋精神融入企业文化建设带来了一定的影响。要建立雷锋精神融入企业文化建设的评价机制，对那些积极倡导、践行学习雷锋、弘扬雷锋精神的企业，对那些勇于担当、有社会责任感的良心企业，要大力弘扬，高度评价，激发企业的正能量；要抓住严重自然灾害、疫情防控、扶贫帮困等重要节点，了解掌握企业的社会担当，并建立企业社会贡献台账，实现企业文化建设评价社会化，从而达到宣传企业精神的目的。

（六）建立学研机制，强化雷锋精神融入企业文化建设的理论研究与实践探索

雷锋精神和企业文化，都是与时俱进的，随着社会发展不断发展，在不同的时代发挥出不同的作用，由此可见，雷锋精神与企业文化建设也存在着一定的规律。要建立雷锋精神融入企业文化建设的学研机制。在公共服务层面，建立雷锋精神研究专家库，主动掌握雷锋精神融入企业文化建设的所需所求，及时发布研究课题，让雷锋精神长学常新；在企业层面，积极主动开展雷锋精神融入企业文化建设的学研活动，通过“雷锋岗”“雷锋号”“雷锋班组”等评比，将理论研究成果转化为实践力量，让雷锋精神成为企业发展的不竭动力。

参考文献：

[1] 总政治部．雷锋日记选［M］．北京：解放军文艺出版社，1989.
[2] 中共中央马克思恩格斯列宁斯大林著作编译局．列宁全集（第14册）［M］．北京：人民出版社，2017.
[3] 习近平．用新时代中国特色社会主义思想铸魂育人 贯彻党的教育方针 落实立德树人根本任务［N］．人民日报，2019-03-19（1）.
[4] 习近平．习近平谈治国理政（第二卷）［M］．北京：外文出版社，2017.

雷锋精神全面融入高新技术企业发展的思考

史文军*

雷锋是中华民族英雄谱系中的杰出代表，雷锋精神是中国共产党人精神谱系的重要坐标。习近平总书记多次就弘扬雷锋精神作出重要讲话，在2018年9月考察辽宁抚顺市时曾深刻指出："雷锋是时代的楷模，雷锋精神是永恒的。""我们既要学习雷锋的精神，也要学习雷锋的做法，把崇高理想信念和道德品质追求转化为具体行动，体现在平凡的工作生活中，作出自己应有的贡献，把雷锋精神代代传承下去。"习近平总书记的讲话充分体现了雷锋精神的时代价值，彰显了雷锋精神的现实意义。

当前，在我省全面落实"三高四新"战略定位和使命任务，全面建设富强民主文明和谐美丽的社会主义现代化新湖南新的征程上，作为肩负党和人民重托，肩负国家和民族复兴使命的高新技术企业，更应该紧扣时代主题，引领时代发展，干在实处，走在前列。在这一伟大生动实践中，高新技术企业的发展更需要一种强大的精神动力，需要一股改革创新、敢闯敢干的决心勇气，而雷锋精神就是一面永不褪色、永放光芒的精神旗帜，就是一笔顺应时代、凝聚力量、开拓奋进的宝贵精神财富。如何将崇高的精神品质融入高新技术企业，推动高新技术企业高质量发展？如何让高新技术企业在发展中承担更大的社会责任，彰显社会主义核心价值观的先进性和优越性？这是时代赋予我们的重大课题。

一、雷锋精神全面融入高新技术企业意义重大

成功的企业离不开先进的企业文化，先进的企业文化是一个企业走向成熟强大的重要标志。新时代是一个追求品质至上的时代，作为高新技术企业，要实现高质量发展，不仅仅要追求速度与效率，更加需要先进精神文化的指引和融入。雷锋精神是优

* 作者单位系中共桂阳县委党校。

秀传统文化，是红色文化，也是英雄文化，是中华民族的重要精神力量，也是社会发展进程中的宝贵精神财富。雷锋精神中体现的崇高理想、坚定信念、奉献精神、敬业精神、创业精神、创新精神与高新技术企业创新创业的精神一脉相承。将雷锋精神融入高新技术企业意义重大，笔者认为至少体现在以下三个方面。

（一）校准航向，铸牢根基

企业的发展方向比企业的发展速度更加影响其成功的可能性，企业只有在明确了发展方向之后，才能在以后的工作中保持稳定性和持久性，也能避免较大损失的出现。高新技术企业是推动经济社会高质量发展的核心和中坚力量，肩负着党和国家重大决策部署顺利实施的重大使命，事关国家发展、民族振兴、人民幸福。雷锋精神蕴含着热爱党、热爱人民、热爱社会主义的崇高理想和坚定信念，蕴含着服务人民、助人为乐的奉献精神，其本质就是全心全意为人民服务。在高新技术企业中将崇高雷锋精神融入企业发展，有利于企业始终坚持正确的价值导向，始终牢记党和国家发展的使命任务，始终坚持以人民为中心的发展理念，确保企业始终沿着党指引的正确的航向前进。

（二）凝心聚力，激发动能

精神文化是企业文化中最为核心的部分，它能在企业中起到非常重要的精神引导作用，从而快速有效地去影响并促进企业的迅速发展。新时代，高新技术企业发展面临激烈的市场竞争，能否在国内大循环的环境中站稳脚跟，能否在国内国际双循环相互促进的背景下生存发展，需要核心科技，需要企业创新，需要人才引进，需要体制机制保障，这些从根本上来讲都需要强大的精神动力和韧劲去推动。雷锋精神充分体现着干一行爱一行、专一行精一行的敬业精神，锐意进取、自强不息的创新精神，艰苦奋斗、勤俭节约的创业精神。这种精神是高新技术企业攻坚克难、开拓创新、抢抓机遇的制胜秘诀，是在激烈的竞争环境中立于不败之地的关键所在，也是企业凝聚合力，激发奋进之力的动力之源。

（三）打造品牌，树立形象

企业品牌是企业思想文化的外在表现，是消费者进行消费时主要的参考之一。这就要求企业必须注重本公司品牌的发展与塑造，优秀的企业品牌能够有效地促进企业的进一步发展，通过获得市场认可来实现经济效益的进一步提高。实践证明，优秀的企业文化能促进优良企业品牌的产生，并且赋予企业品牌良好的社会知名度和美誉度。高新技术企业在追求品质的过程中，更应注重将优秀先进文化融入企业品牌。雷锋精神不是商品，不能用利润来衡量，但是将雷锋精神融入企业发展，融入企业品牌，对于提升企业的经济效益，提升企业文化魅力，打造先进优质品牌具有十分重要的意义，需要做好二者融合这篇文章。

二、雷锋精神为高新技术企业发展提供丰厚滋养

一个企业只有拥有强大的核心竞争力才能够在激烈的市场竞争中成功制胜、行稳致远，而先进的思想文化和崇高的精神品质是提升企业核心竞争力的重要核心内容。雷锋精神中蕴含的宝贵的精神财富，为高新技术企业提升核心竞争力、推动高质量发展提供了丰厚滋养。

（一）雷锋精神能铸牢企业家的大爱与责任

新时代的企业家既要始终把提升企业经济效益作为第一要务，更需要把对党对国家对人民的社会责任时刻记在心中，扛在肩上。习近平总书记在2020年7月组织召开的企业家座谈会上特别强调要弘扬企业家精神，他强调："企业营销无国界，企业家有祖国。优秀企业家必须对国家、对民族怀有崇高使命感和强烈责任感，把企业发展同国家繁荣、民族兴盛、人民幸福紧密结合在一起，主动为国担当、为国分忧，正所谓'利于国者爱之，害于国者恶之'。"习近平总书记的讲话深刻指出了新时代优秀企业家应该具备的大爱与责任，而雷锋精神恰恰就是这份大爱与责任的砥砺石和营养剂。雷锋精神一个最本质的内涵就是热爱党、热爱祖国、热爱社会主义的崇高理想和坚定信念。雷锋虽然只是普通一兵，但他始终坚持我们党全心全意为人民服务的根本宗旨，始终坚持共产党人的价值追求，时时处处发挥模范带头作用。他以自己的实际行动把有限的生命投入到无限的为人民服务之中去，把生命的每一分光和热都奉献给了崇高的理想和神圣的使命。他甘当革命的螺丝钉，把个人的前途完全融入党和人民的事业。雷锋以对党的无上忠诚、对祖国的无比热爱、对人民的无限深情，谱写了光彩夺目的人生诗篇，树立了历久弥新的思想道德标杆。这就是企业家尤其是高新技术企业家应该学习和践行的大爱与责任，应该始终坚守的核心与灵魂。高新技术企业引领着时代发展的潮流，担负着民族复兴的重大使命，在爱党爱国、诚信守法、自信自强、改革创新中，更应该展现更大的社会责任和社会担当，彰显新时代企业家高度的眼界和境界。中国特色社会主义企业家与资本主义企业家的本质区别就在于我们的企业家更应该把对党、对祖国、对人民的忠诚摆在首位，把社会发展的责任时刻扛在肩上，雷锋精神的崇高品质就是企业家铸牢大爱与责任的精神标杆。新时代，我们的企业家在我们党和国家面对各种风险挑战的时候，始终能够站在党和人民的立场，为党分忧，为国解难。尤其是面对新冠肺炎疫情，无论是国企、民企，还是个体工商户，广大企业

家挺身而出、回报社会，以家国情怀凝聚起汩汩暖流，撑起中国经济的一片天，这就是企业家的大爱与责任的生动诠释。

（二）雷锋精神能强化企业内部的团结与协作

企业的发展离不开企业内部的团结协作，高新技术企业更是如此。由于外部环境的多变性和内部信息的高度集成性，需要公司各个部门横向、纵向、无缝隙地对接，这必然要求员工具有团结协作、相互支持的团队合作精神。同时，这种团结协作必须是建立在大局意识前提下的团结协作，个人利益必须服从大局利益，部门利益必须服从整体利益，没有大局意识的协作必然是没有目标、没有效率的“空转”。而雷锋精神中服务他人、助人为乐的奉献精神和个人利益永远服从整体利益的集体主义精神恰恰就是高新技术企业最应该吸收的精神营养。雷锋精神的本质是全心全意为人民服务，雷锋热爱集体，关心战友，关心群众，把“毫不利己、专门利人”看成是人生最大的幸福和快乐，并身体力行，认真实践，雷锋用实际行动诠释了集体主义的深刻内涵。把雷锋精神的奉献精神和集体主义精神融入高新技术企业文化，更有利于营造一种团结友善的和谐氛围，消除市场经济大潮中一些利己主义、自由主义、个人主义等不良思想的影响，增强企业部门之间、员工之间的团结与友爱，使企业内部能够更好地和谐相处、团结合作，这是企业对抗市场压力、凝聚力量的必需条件，也是高新技术企业能够在激烈的市场竞争中占得一席之地重要法宝。

（三）雷锋精神能激发企业上下的斗志与信心

与传统企业相比，高新技术企业具有经济效益高、技术层次高、市场竞争性强、不确定因素多的特点。因此，高新技术企业在面临诸多发展机遇的同时，更面临许多可以预见和难以预见的风险和挑战，比如决策风险、技术风险、资金风险、市场环境风险、信息管理风险等，每一方面的风险都可能决定企业的生死存亡。雷锋精神体现着锐意进取、自强不息的创新精神和艰苦奋斗、勤俭节约的创业精神，这是高新技术企业应对风险和挑战、不断发展壮大的精神之“钙”。改革创新是时代精神的核心，表现为突破陈规、大胆探索、勇于创造。艰苦奋斗、勤俭节约是中华民族的优良传统，也是我们党的优良传统，雷锋精神蕴含着这些崇高的品质和传统美德。在激烈的市场经济环境中，这些崇高的精神是高新技术企业发展弥足珍贵的精神动力，是激发企业上下的强大斗志和必胜信心的精神之源。

（四）雷锋精神能增强企业员工的专心与恒心

高新技术企业身处高科技发展的前沿，多是技术和知识高度融合的企业。这种深度融合最需要的就是高技术人才始终如一的专心与恒心，需要的是精益求精、持之以恒的工匠精神和敬业精神。高新技术人才代表着企业在市场上的竞争力，企业想要提高自身的竞争力，就要吸引更高层次的人才过来，并促使人才始终如一地奋斗和钻研，这是高新技术企业发展的必要条件。然而，在现实发展中，企业人才队伍的不稳定性是一个比较突出的现象。根据北京市某地区在 2017 年所进行的《企业人才流失调查问卷》相关数据，在国企和集体企业中，单个企业中人才流失率最高达到了 11%，员工辞职率 10%。在股份制的企业中，人才流失率达到了 16%，员工辞职率 15%。在国有股份制企业中，人才流失率更大，达到了 24%，员工辞职率 8%。在民营企业中，人才流失率达到了 30%，员工辞职率 19%。在市场经济环境中，人才自由流动是一个非常正常的现象，但作为企业来讲，如何吸引和稳定一批高素质的人才队伍却是企业生存和发展的一个关键问题。雷锋精神中的干一行爱一行、专一行精一行的敬业精神就是企业文化中最应该坚守的崇高品质，也是高新技术企业激发员工忘我投入、坚持不懈的精神之源。雷锋以满腔的热情投入到每一项工作中去，以高度的敬业精神和责任意识，出色完成各项任务，真正做到了像一颗螺丝钉，拧在哪里，就在哪里闪闪发光。这是一个企业需要始终推崇的精神价值和精神标杆，是强化企业员工的专心与恒心的重要精神内核。

（五）雷锋精神能提升企业改革创新的干劲与闯劲

在市场经济大潮中，面对严峻复杂的形势，高新技术企业要赢得优势、赢得主动、赢得未来，就必须准确识变、科学应变、主动求变，永远保持一种改革创新的干劲和闯劲。雷锋精神体现着锐意进取、自强不息的创新精神和脚踏实地的奋斗精神。雷锋在日记中写道，真正的青春，只属于这些永远力争上游的人，永远忘我劳动的人，永远谦虚的人。他在辽阳市弓长岭焦化厂工作了 142 天，在弓长岭雷锋纪念馆还能看到雷锋当时作报告时介绍的 3 项技术革新成果。雷锋在工业战线共荣获 18 次标兵、5 次红旗手、3 次先进工作者。在部队两年八个月，他荣立二等功 12 次、三等功 2 次，先后被评为“模范共青团员”“学习毛主席著作积极分子”，被提升为班长，被选为抚顺市人大代表……高新技术企业在发展中，需要发扬雷锋精神中的创新精神和奋斗精神，主动投身市场，积极应对挑战，主动适应时代，永远保持改革创新的干劲和闯劲，只有这样才能赢得市场、赢得主动、赢得机遇、赢得未来。

三、雷锋精神全面融入高新技术企业的对策建议

如何将雷锋精神全面融入高新技术企业，笔者认为，需要从三个方面发力。

（一）在价值追求上筑牢雷锋精神丰碑

1. 融入发展理念。通过实施“雷锋工程”，把雷锋精神转化为企业的核心价值理念和企业文化的灵魂与血脉。把雷锋精神所提倡的全心全意为人民服务和无私奉献，与当前市场经济条件下讲求利益最大化的企业经营文化融合起来。如把雷锋精神的“忠诚”融入企业诚信的价值理念，对客户忠诚、信守承诺；把雷锋精神的“友爱”“利他”融入企业客户至上的经营理念，凸显处处为客户考虑，提供优质服务；把雷锋精神的集体主义精神融入企业和谐共生及团队精神，激发企业的团结协作精神；把雷锋精神的奋发进取精神融入企业的追求卓越、精益求精的发展理念，激励员工奋发有为。

2. 融入考核考评。雷锋具有强烈的自我激励争先意识，正是这种进取意识推动雷锋完成了由一个普通士兵到一个伟大平凡战士的转变。而企业成效激励原则要求管理者使用各有效方法，激励员工在实现企业目标的同时满足个人成长需要。高新技术企业可以把雷锋精神的服务他人、团结协作、爱岗敬业、改革创新等内容融入企业考核考评中，采取定性评价和定量评价相结合，自评与互评相结合，月评、季度评与年终评相结合，把雷锋精神的优良品质作为考核考评的鲜明导向和核心内容。

3. 融入日常管理。高新技术企业的管理更突出精细化、规范化和制度化。把雷锋勤勉敬业、精益求精和艰苦奋斗、勤俭节约的精神，融入高新技术企业“集团化、集约化、精益化、标准化”要求中，引导员工树立严格管理企业、依法经营企业、降本增效、增收节支、勤俭办企业的意识。在员工中倡导“服务人民、助人为乐”的奉献精神，引导员工在服务理念上追求真诚、服务内容上追求规范、服务形象上追求品牌、服务品质上追求一流，提升企业优质高效经营管理水平。

（二）在宣传教育上弘扬雷锋精神魅力

1. 营造宣教氛围。综合运用企业户外 LED 屏、楼宇电视、展板、宣传栏、建筑围挡、护栏、微信群、广告牌等多种形式，实现雷锋精神宣传标语广泛覆盖。同时，以“学雷锋纪念日”“学雷锋志愿活动”等为契机，开展学雷锋系列活动，弘扬“学习雷锋、奉献他人、提升自己”的志愿服务理念，展现高新技术企业新时代的社会责任与社会担当，弘扬宣传社会正能量。

2. 开展讨论交流。通过开展雷锋精神系列主题交流活动推进雷锋精神深入人心。开展“员工道德建设”“企业道德讲堂”等形式的大讨论活动，在企业上下大力弘扬雷锋精神。大力提倡艰苦奋斗、自强不息的精神，大力提倡勤奋好学、刻苦钻研的精神，大力提倡扶危济困、助人为乐和无私奉献、顾全大局的精神，进而凝聚企业员工的智慧和力量，为高新技术企业实现科学跨越、高质量发展提供强大的精神支撑和思想保证。

3. 现场观摩学习。有计划地组织企业员工到雷锋纪念地开展现场观摩学习，将学习雷锋精神由室内转向室外，开展形式多样、富有意义的团建活动，丰富员工业余生活，激发员工干事创业的精神力量，提升学习的针对性和实效性。通过参观学习，使员工做到知行合一，让理论和实际有效衔接，不断提升员工的团结友爱精神和艰苦奋斗精神，进一步增强企业的创造力、向心力和战斗力。

（三）在干事创业上践行雷锋精神精髓

1. 践行苦干实干的优良作风。践行雷锋“我要积极肯干，做到说干就干，干就干好，脚踏实地，实事求是地干，千方百计地干，事事拣重担子挑”的优良作风，激励引导员工发扬“三牛”精神，积极担当作为，营造高新技术企业苦干实干的浓厚氛围，以雷锋精神的苦干实干的优良作风促使企业始终保持居安思危、不忘初心、不断前进、永不懈怠的精神状态。

2. 践行精益求精的工匠精神。雷锋精神体现着工匠精神的本质内涵，雷锋甘于奉献的“一团火”精神是工匠精神的灵魂，雷锋爱岗敬业的“一颗钉”精神是工匠精神的基础，雷锋自强不息的“一棵草”精神是工匠精神的动力，这种精神是高新技术企业发展的动力之源和成功之基。据统计，全球寿命超过200年的企业，日本有3146家，德国有837家，荷兰有222家，法国有196家。这些长寿企业的出现绝非偶然，工匠精神在其中有着不可替代的作用。因此，高新技术企业发展要朝着百年品牌的目标迈进，必须积极践行雷锋精神中蕴含的精益求精、追求卓越的工匠精神，不畏艰险，持之以恒，一心一意，追求完美。

3. 践行创新钻研的进取精神。把雷锋干一行爱一行、专一行精一行的敬业精神和在学习上挤和钻的“钉子精神”与新时代高新技术企业提出的改革创新、敬业奉献、积极应变等要求结合起来，引导员工树立岗位学习意识和终身学习意识，建设结构合理、素质优良的经营人才、管理人才、技术人才和技能人才队伍，努力提高员工队伍素质，促使员工创新钻研，积极进取。

4. 践行团结互助的人文情怀。把雷锋的“一滴水只有放进大海里才永远不会干涸，一个人只有当他把自己和集体事业融合在一起的时候才能最有力量”的集体主义精神和“对待同志要像春天般温暖”“把有限的生命投入到无限的为人民服务之中去”的人文情怀，融入高新技术企业“团结协作，忠诚企业”的要求之中，引导员工树立整体意识、团队意识和协作意识，实现员工之间同心同德、部门之间密切协作、个人与企业共同发展的目标。

参考文献：

[1] 李佑新，高文学. 雷锋精神 [M]. 北京：中共党史出版社，2019.

[2] 刘忠和. 新形势下雷锋精神 100 问 [M]. 北京：人民日报出版社，2012.

[3] 刘光明，高静. 企业文化研究的新发展 [M]. 北京：经济管理出版社，2020.

雷锋精神助力文明实践篇

雷锋精神：当代人的生活伦理

郭玲玲[*]，张人天[**]

3月5日是“学习雷锋日”。雷锋的一生虽然短暂，但却散发出巨大的精神价值。五十多年过去了，雷锋精神始终作为社会道德的标尺，陪伴着中国人民不断前行。理论界对于雷锋精神的研究主要集中在以下四个方面：第一，对雷锋生平、雷锋故事和雷锋日记的研究，讲述雷锋全心全意为人民服务的事迹，展现雷锋崇高的人生理想和高尚的道德情怀；第二，分析雷锋的奉献精神、敬业精神、创新精神和创业精神，记述雷锋精神的形成和对后来人的影响；第三，提出用雷锋精神推进社会主义核心价值体系建设，体现社会主义思想道德的本质要求，展现中国共产党人的光辉品格，彰显社会主义核心价值体系的精髓要义；第四，指出雷锋精神同中华民族伟大复兴的中国梦的关系。雷锋精神是中华民族的共有精神家园，能为实现中华民族伟大复兴的中国梦注入强大正能量。

本文是在理论层面对雷锋精神进行哲学伦理学基础理论分析和研究。雷锋精神在传承了五十多年后，需要被时代化（当代的）、人格化（人）和常态化（生活伦理）。

一、生活伦理的内涵和特征

生活伦理是指从人们的日常生活中产生，并用以指导和影响人的实际生活的伦理原则和伦理规范。这一解释性概念最初是由日本思想史家沟口熊三提出来的，他把广义的中国儒教按照不同的层次、对象、范畴划分为十个方面，“民间伦理”即渗透于民间生活中的文化观念，群体意识是其中的一个重要方面，并进一步将其分解为三个层

---

* 作者系哲学博士，辽宁大学哲学院副院长，副教授，硕士研究生导师。

** 作者系厦门大学法学院研究生。

面：一是由为政阶层注入的、来自上层的“教化伦理”；二是从平民自身生活需要中产生的，来自下层的“生活伦理”；三是表现在社会职业观念中的“职业伦理”。后有学者把中国传统社会伦理分为教化伦理和民间生活伦理，其中民间生活伦理是指来自民众的实践和经验、在民众的实际生活中存在的、能满足民众心理需求的、不同于教化伦理的一种全新的道德类型和道德结构理论。

作为特殊的伦理形态，生活伦理具有如下特征：

第一，生活伦理的主体是人民群众。人民群众是历史唯物主义的一个重要范畴，是指一切对社会历史起着推动作用的人们。人民群众是社会物质财富的创造者，是人类社会赖以生存和发展的物质生活资料的创造者，是推动社会发展的生产力的决定力量。人民群众是精神财富的创造者，不但为思想家、科学家和艺术家的精神生产创造了物质前提，而且直接参与到精神文化财富的创造活动中，是一切精神财富的源泉。人民群众是变革社会制度、推动历史前进的决定力量。社会基本矛盾的根本解决必须依靠人民群众的社会革命，推动社会形态由低级向高级发展。不仅如此，人民群众还会在实践中自觉创造出生活伦理，作为社会的制约性机制。在生活伦理的产生和实践中，人民群众的主体性得到高扬和尊重，人民群众的权利和价值也得到进一步的关注和提升。

第二，生活伦理的目的是幸福生活。“人的生活是一切社会的原始性根基，社会只是生活的必要手段，生活本身的质量才是生活的目的。”人的生活及其幸福的目的性是一切人类活动所追求的最终目标，是最大的善。而在其中体现出来的，诸如生产力的提高、技术的进步等，都是为实现最终目标的手段而已，并不具备终极性。生活伦理的目的追求正是来自广大人民群众对于幸福的日常生活的需要。它一旦形成，又会反过来为这种合理需要和追求提供道义上的支持和指导。

第三，生活伦理的表现形式是主体间的交互性。主体间的交互性是人所特有的现实存在方式，是不同主体在交往过程中所形成的内在关系。它是在对近代以来形成的主体性扬弃的过程中，凸显出来的一种全新的、成熟的主体性。交往的双方或多方都是平等的主体，相互作用、相互影响，人类就是以这种方式处理着日常生活中的各种复杂关系，发展着自身的能力，实现着自己的类本质。生活伦理从人民群众的生活中直接产生，是其生活方式的直接体现。它通常以非系统的、常识的形式予以表达，主体的交互性是其表现形式。

二、当代人需要生活伦理的原因

当代人对生活伦理的需求应从当代人的生活状态和伦理学自身发展的要求两个方面来进行诠释。

（一）道德忧虑的困扰与价值判断的缺失

改革开放四十多年，中国社会经历着翻天覆地的变化。市场经济的运行和全球化的推动带来了新的社会格局和利益格局，也使原有的伦理关系发生了转变。在计划经济时代，人与人之间的关系主要依靠道德来进行调节，个人的自身修养和内在德性成为其中的决定性因素。在市场经济时代，人与人之间的关系则主要依靠法律和契约来进行维护，加之人们对个人权力和利益的日益关注，也会使人们经常迷茫于个人利益与社会利益、个人权利与集体权利的困扰当中。

当代的中国社会是一个主体性彰显的社会。主体性的张扬，一方面确立起人在这个世界中的能力和地位，另一方面也容易造成只要是有利于主体性实现的行为就是正确的行为，只要是为了主体性实现的发展就是合理的发展，只要是人类“能够做”的就是可以做的，只要是人类可以做的就是“应当做”的思想和行为。霍尔姆斯·罗尔斯顿曾说：“未来的史学家会发现，20世纪的一个奇特之处是人类知识广博而价值判断却很狭隘。人类对于世界从来没有能像我们现在这样，知道得这么多而又评价得这么少。”威利斯·哈曼也说：“我们对‘为什么’这种具有价值含义的问题，越来越变得糊涂起来。越来越多的人意识到谁也不明白什么是值得做的。我们的发展速度越来越快，但我们却迷失了方向。”生活伦理以研究人们在日常生活中遇到的实际问题为内容，分析和解决这些问题，指导和规范人类的社会生活，启迪人们树立科学的人生观、价值观，塑造积极健康的心理，做一个有益于社会、有益于人民的人。生活伦理的主体是人民群众，它承认人们利益诉求的合理性，但它告诫人们仍然需要有更高的精神追求来支撑社会的进步和发展；它支持个人的成功和价值，但也要求人们要用奉献、善意和良知去承载。生活伦理秉承着主体性的原则，在人的独立性、选择性、多变性、差异性明显增强的今天，启迪人们公平竞争、利人利己、善待他人，从而促进和谐关系、和谐社会的形成。

（二）伦理学自身发展的要求

对伦理学的研究一直以来都是理论界的热点问题。尤其是近些年，当人类社会生活中出现道德沦丧、伦理失范的现象之后，伦理学更加成为一门显学，活跃在人的思想意识领域中。但当人们试图拿起伦理的武器来规范和约束这个社会时，却又发现其理论的抽象性和与现实的脱离性。在以往的伦理学研究中，人们着力阐述的主要是元伦理学、规范伦理学和应用伦理学。元伦理学是以逻辑和语言学的方法来分析道德概念，判断的性质和意义，研究伦理词、句子的功能和用法的理论。规范伦理学的任务则在于研究人类行为的合理性原则，主要是对诸如何种性质为善、何种选择为正确、何种行为是应受谴责的等最一般的问题进行批判性研究，并试图用关于道德的一般原则来解释和说明我们面对具体道德问题时所应采取的正确立场。应用伦理学是将伦理学的基本原则应用于社会生活的学问，是对社会生活各领域进行道德审视的科学。这三种伦理学研究都具有抽象性、普遍性、理想性和非实用性的特征，容易和人的实际生活相分离。

伦理学的本质应是源于生活、面向生活和指导生活的。马克思说：“人们为了能够‘创造历史’，必须能够生活。但是为了生活，首先就需要吃喝住穿以及其他一些东西。因此第一个历史活动就是生产满足这些需要的资料，即生产物质生活本身。”可见，社会存在决定社会意识，伦理学属于社会意识当中的一部分，它存在的合理性和正当性都要在社会存在中进行寻找。离开社会、离开现实、离开生活，伦理学就好似无源之水和无本之木。“现代历史著述方面的一切真正进步，都是当历史学家从政治形式的外表深入到社会生活的深处时才取得的。”因此，对于伦理学的研究一定要转换其研究范式，使其回归人的生活世界。

由此，生活伦理凭借着其对生活本身的关注、对生活状态的了解和对人应当为何的追寻进入伦理学家的研究视域中。生活伦理从日常生活而不是从思想理论出发来研究伦理学，它广泛存在于人民群众当中而非少数的伦理学家中，它以经验的形式在主体间进行传播而非系统的理论表达，这不但拓宽了伦理学研究的疆域，也使伦理学变得具体、现实和实用。生活伦理是人类思想意识当中的一部分，属于人之为人的特殊的生活方式，包含着是非善恶判断和主体价值取向等问题。生活伦理以人类生活的日常伦理现象为研究对象，并从经济结构、政治结构、文化背景甚至地理环境等方面来探索伦理生活客观之后的原因，并从更深的层次上理解这种生活的存在。生活伦理还要总结伦理生活产生发展的规律性，寻找人类生活应当如何的法则，以有助于准确地理解现代人的实际的伦理生活，推动现代人的伦理生活走向当然之路。

三、雷锋精神何以成为当代人的生活伦理

要把一个社会现象、一种社会精神同基础理论联系在一起并不是一件容易的事情，必须找到它们的共性，而且这个共性要被人们所认可。雷锋精神和生活伦理有两个共性可以被发掘，一个是形式方面的，一个是内容方面的。在形式方面，雷锋精神的产生和发展符合生活伦理的形成规律和基本特征。在内容方面，雷锋精神和生活伦理在当代的表现形式与社会主义核心价值观高度契合。

（一）雷锋精神的产生和发展符合生活伦理的形成规律和基本特征

生活伦理的形成是以人的日常生活中的具体事例为始的，通过对诸多具体事例的

分析和解读，形成一种人所共识的伦理精神。随着时间的推移，这种伦理精神逐渐被大多数人所接受，成为普适性的判断标准。当这种伦理精神同时蕴含实践性和价值性时，它就会超越时空的界限，成为跨时代的精神坐标和道德尺度。而雷锋精神的发展史正是按照这样的脉络产生和形成的。

在中华人民共和国成立初期，雷锋以一个充满善意、乐于助人、勇于担当的好人形象，为整个社会树立了活生生的榜样。雷锋是人民群众的一员，雷锋精神的主体和生活伦理的主体是相同的。雷锋既是平凡的，又是伟大的，平凡与伟大，在他身上得到了完美的结合统一。人们从他的凡人小事中看到了不寻常的社会价值：

为人民服务的精神——人的生命是有限的，可是，为人民服务是无限的，我要把有限的生命，投入到无限的为人民服务之中去。

共产主义精神——有人说：人生在世，吃好、穿好、玩好是最幸福的。我觉得人生在世，只有勤劳，发奋图强，用自己的双手创造财富，为人类的解放事业——共产主义贡献自己的一切，这才是最幸福的。

集体主义精神——一滴水只有放进大海里才永远不会干涸，一个人只有当他把自己和集体事业融合在一起的时候才最有力量。力量从团结来，智慧从劳动来，行动从思想来，荣誉从集体来。

个体主义精神——我们是国家的主人，应该处处为国家着想。一个人的作用，对于革命事业来说，就如一架机器上的一颗螺丝钉。机器由于许许多多的螺丝钉的连接和固定，才成了一个坚实的整体，才能够运转自如，发挥它巨大的工作能力。螺丝钉虽小，其作用是不可估计的。我愿永远做一颗螺丝钉。

合理的生活精神——在工作上，要向积极性最高的同志看齐；在生活上，要向水平最低的同志看齐。

在社会主义建设如火如荼的年代，雷锋精神激励着人们自力更生、艰苦奋斗、忘我工作、无私奉献，这和生活伦理的根本目的是相同的。

1962年8月，雷锋因公殉职。1963年3月5日，毛泽东亲笔题词："向雷锋同志学习。"1963年3月6日，《解放军报》独家发表了国家领导人刘少奇、周恩来、朱德和邓小平的题词手迹。刘少奇的题词是："学习雷锋同志平凡而伟大的共产主义精神。"周恩来的题词是："向雷锋同志学习憎爱分明的阶级立场，言行一致的革命精神，公而忘私的共产主义风格，奋不顾身的无产阶级斗志。"朱德的题词是："学习雷锋，做毛主席的好战士。"邓小平的题词是："谁愿当一个真正的共产主义者，就应该向雷锋同志的品德和风格学习。"随后创作了歌曲《学习雷锋好榜样》、贺敬之的长诗《雷锋之歌》，整个社会形成了一种气势如虹的雷锋文化。一个优秀的普通战士——雷锋，成为整个社会道德风尚的楷模。

在改革开放的历史新时期，各个不同的社会主体之间需要交互的、平等的、全新的交往模式和生存方式，雷锋精神鼓舞人们与时俱进、开拓创新、奋力拼搏、勇往直前，这和生活伦理的表现形式是相同的。1990 年 10 月 29 日，江泽民同志在接见“雷锋团”干部战士时发表重要讲话，对雷锋精神的内涵做了精辟概括，指出：“雷锋精神的实质，是全心全意为人民服务，为了人民的事业无私奉献。”1993 年，在纪念老一辈革命家向雷锋同志学习题词大会上，胡锦涛同志指出：“一个群众性的活动，能够在几十年历史进程中延续不断，影响一个时代的社会风尚，这表明雷锋精神对于我们这个民族和社会过去具有、现在仍然具有重大价值的时代意义。”2011 年 10 月 18 日，党的十七届六中全会号召“深入开展学雷锋活动，采取措施推动学习活动常态化。”2014 年 3 月 11 日，习近平总书记出席十二届全国人大二次会议解放军代表团全体会议，他对某工兵团“雷锋连”指导员谢正谊说：“雷锋精神是永恒的，是社会主义核心价值观的生动体现。你们要做雷锋精神的种子，把雷锋精神广播在祖国大地上。”

可以说，雷锋精神的产生和发展同生活伦理的形成过程是高度统一的，和生活伦理的基本特征是相互吻合的。雷锋精神就是一种生活伦理，就是当代人的生活精神。雷锋精神是善良和美好的象征，是人类共同的美好情感的象征。几十年过去了，雷锋的形象仍然鲜活地存在于人们的心中。这不仅是历史积淀的结果，也是今天中国社会发展的内在需要。我们要建构的是一个充满人性光辉的市场经济社会，一个把善意和美好作为基础的社会，一个把对美德和精神境界的追求结合起来的社会。雷锋精神所体现的真、善、美，正是今天的社会所迫切需要的。

（二）雷锋精神的内在旨趣和当代的主流价值，即社会主义核心价值观高度契合

雷锋精神的内在旨趣是一种艰苦奋斗、积极向上的进取精神；是一种坚定意志和昂扬斗志的精神；是一种忠于人民忠于党的精神；是一种对人民充满友爱、互相帮助的精神；是一种公而忘私、全心全意为人民服务的精神。这种精神表现在社会主义核心价值观的国家层面是爱国、爱党、爱人民的民族精神；表现在社会主义核心价值观的社会层面是勇于担当、奉献社会、助人为乐的友爱精神；表现在社会主义核心价值观的个人层面是爱岗敬业、积极进取、勤俭节约的生活精神。

第一，作为民族精神的表现。雷锋长期学习马克思主义理论和毛泽东思想，把马列主义、毛泽东思想比作“粮食”“武器”和“方向盘”，自觉地加以学习和运用。雷锋是一名坚定的共产主义者，他认为“一个革命者就应该把革命利益放在第一位，为党的事业贡献出自己的一切，这才是最幸福的。”雷锋坚持把个人理想融入社会共同理想当中，他说：“人的生命是有限的，可是，为人民服务是无限的，我要把有限的生命，投入到无限的为人民服务之中去。”“一滴水只有放进大海里才永远不会干涸，一

个人只有当他把自己和集体事业融合在一起的时候才能最有力量。”所以，弘扬雷锋精神，有助于培养自觉的、高尚的、深厚的爱国主义情怀；有助于形成热爱党、热爱祖国、热爱社会主义的崇高理想和坚定信念；有助于把爱国精神化作建设祖国、推动发展的满腔热情和实际行动。

第二，作为友爱精神的表现。雷锋说：“自己活着，就是为了使别人过得更美好。”“把别人的困难当成自己的困难，把同志的愉快看成自己的幸福。”雷锋精神的伟大之处，不仅在于其是中华民族的精神财富和价值尺度，更在于他将崇高理想与平凡生活相结合，通过最大限度发挥榜样的力量来帮助他人、服务于人民。所以，弘扬雷锋精神，有助于培养服务人民、助人为乐的奉献精神，有助于培育包容的胸怀和厚德的品格，有助于形成我为人人、人人为我的良好社会风气。

第三，作为生活精神的表现。雷锋说：“如果你是一滴水，你是否滋润了一寸土地？如果你是一线阳光，你是否照亮了一分黑暗？如果你是一颗粮食，你是否哺育了有用的生命？如果你是一颗最小的螺丝钉，你是否永远坚守在你生活的岗位上？如果你要告诉我们什么思想，你是否在日夜宣扬那最美丽的理想？你既然活着，你又是否为了未来的人类生活付出你的劳动，使世界一天天变得更美丽？我想问你，为未来带来了什么？在生活的仓库里，我们不应该只是个无穷尽的支付者。”所以，弘扬雷锋精神，有助于培养干一行爱一行、专一行精一行的敬业精神；有助于培育锐意进取、自强不息的创新精神；有助于培养开拓创新、勇于担当的超越精神；有助于形成艰苦奋斗、勤俭节约的创业精神。

通过把雷锋精神看作当代人的生活伦理，将雷锋精神时代化——拓展雷锋精神的内涵与外延，使之适应时代的理论需要和现实要求；将雷锋精神人格化——自觉做雷锋精神的传承者、社会主义道德的实践者、新型人际关系的倡导者；将雷锋精神常态化——让雷锋精神成为人人遵守的道德标尺，促进公民道德素质和社会文明程度全面提高。

综上所述，生活伦理来自民众，存在于人的日常生活中，受到人们的普遍认可，对人的思想和行为起到规范和指导作用。雷锋精神以其坚定的理想信念、高尚的道德情操、鲜明的价值取向，体现了中华民族的传统美德，反映了社会主义道德的本质要求，彰显了共产党人的先进本色，具有穿越时空的恒久生命力和感动社会的永恒魅力，是名副其实的当代人的生活伦理。

参考文献：

[1] 总政治部. 雷锋日记选 [M]. 北京：解放军文艺出版社，1989.
[2] 习近平. 习近平谈治国理政（第二卷）[M]. 北京：外文出版社，2017.

[3] 习近平. 用新时代中国特色社会主义思想铸魂育人 贯彻党的教育方针 落实立德树人根本任务 [N]. 人民日报, 2019-03-19 (1).
[4] 杨晓慧. 人民日报新知新觉: 大力加强劳动教育 [N]. 人民日报, 2021-02-03 (9).
[5] 邓建伟. 思政课教学要重视雷锋精神的宣传教育 [J]. 中国高等教育, 2021 (08): 41-43.

雷锋精神与高校思想政治教育融合路径的探究

曹淑兰*

雷锋精神具有丰富的内涵与鲜活的时代价值。最初，雷锋精神是指通过雷锋个人事迹所表现出的先进品质，但这一精神在实践中得到不断的丰富和发展。周恩来总理把雷锋精神全面而精辟地概括为“憎爱分明的阶级立场，言行一致的革命精神，公而忘私的共产主义风格，奋不顾身的无产阶级斗志”。在新时代中国特色社会主义背景之下，雷锋精神又被赋予了新的时代内容，其对高校学生的教育意义深远而重大。

一、雷锋精神与高校思想政治教育融合的重要性

（一）高校思想政治教育和弘扬雷锋精神过程中面临的问题

当前，我国高校思想政治教育中存在一些问题、面临一些困境。从学生维度来看，主要表现为：学生的课堂参与度不高，对思想政治课程表现出不关心的态度。从教材维度来看，主要表现为：相应的思想政治教育教材缺少，不利于对相关理论的深入学习。普通高校现有的思想政治教育的教材只有《马克思主义基本原理》《毛泽东思想和中国特色社会主义理论体系概论》《思想道德修养与法律基础》和《中国近现代史纲要》。从教师维度来看，主要表现为：教师的教学方法单一，大多数思想政治教育教师采用讲授法进行授课，久而久之，老师成为“自言自语”的人。这种单一的教学方法难以适应时代的变迁，也无法引起学生的兴趣、刺激学生的多感官融入。为了改善这一困境、解决这一问题，我们应当积极改革，探索思想政治教育的新模式。

近年来，历史虚无主义越来越成为一种不可忽视的社会思潮，调查研究发现，历

* 作者单位系湖南科技大学马克思主义学院。

史虚无主义多次位居十大社会思潮行列。这种思潮在实践上体现为对中国革命历史的歪曲和诋毁，抹黑中国近现代历史上的英模人物，借助对历史人物和历史事件的歪曲评价和刻意曲解，宣传错误的历史观。对雷锋精神的抹黑具体表现为：通过所谓的“还原历史”的方式歪曲雷锋事迹，通过管中窥豹、以偏概全的方式抹黑雷锋形象，通过三人成虎的方式编造谣言颠覆雷锋形象。因此，对雷锋精神进行系统全面的学习非常必要。应当积极开展学雷锋活动，让学雷锋成为全民化的行动。

（二）雷锋精神与高校思想政治教育融合的重要性

高校思想政治教育对大学生意识形态具有最直接、最深刻的影响。因此，将雷锋精神与思想政治教育相融合，上好每堂思想政治课，有助于大学生形成正确的人生观、价值观与世界观，树立远大的理想与奋斗目标，成为有担当的时代新人。

雷锋精神是全民族、全党优秀思想之一，正确理解和把握雷锋精神的内涵对当代青年学子是至关重要的。因此，要积极将雷锋精神融入高校的思想政治教育中，加强对大学生人生发展的引领，这不仅是当代高校教育的责任，也是我们每个人应当积极主动参与配合的，要将雷锋精神教育常态化，沁润在社会的方方面面。

二、雷锋精神与高校思想政治教育融合路径的探究

（一）以爱国主义为承载把雷锋精神贯穿于思想政治教育中

雷锋精神与思想政治教育更好地融合，需要四史教育的奠基。党的十九届五中全会提出，要“推动理想信念教育常态化制度化，加强党史、新中国史、改革开放史、社会主义发展史教育”。习近平总书记提出，要推动党史学习教育深入群众、深入基层、深入人心。2020 年 4 月 22 日，《教育部等八部门关于加快构建高校思想政治工作体系的意见》将“加强党史、新中国史、改革开放史、社会主义发展史教育”融入高校思想政治理论课。《老子》一书中有云：“合抱之木，生于毫末；九层之台，起于累土”。历史便是这毫末、这累土。学校开展的党史、新中国史、改革开放史和社会主义发展史教育既非常重要，又非常迫切。在中国特色社会主义进入新时代的历史方位下，加强高校四史教育，必须以党的教育方针为基础，以立德树人为中心任务，帮助学生树立崇高理想，培养更多德智体美劳全面发展的社会主义建设者和接班人。

雷锋精神与思想政治教育更好地融合，离不开红色文化资源的支持。习近平总书记指出，要充分发挥好红色资源作用，经常到这些地方拜谒、瞻仰、学习，可以使我们的心灵得以滋养、灵魂得以净化、境界得以提升，从红色基因中汲取前进的力量。因此，要大力发展雷锋故乡长沙望城及雷锋第二故乡旅顺的红色旅游，建成、打造成

国家级红色旅游重点目的地，让红色旅游成为人民群众了解雷锋故事、学习雷锋精神的重要渠道，成为加强人民爱国主义、革命传统和社会主义核心价值观教育的重要载体，成为促进经济社会发展的重要途径。要围绕雷锋诞辰等重要时间节点开展主题宣传教育活动，推动雷锋精神走进群众、深入人心。同时，还可以创作与雷锋精神相关的红色作品。红色文艺作品中人物形象塑造真实，情节紧凑，扣人心弦，主题积极向上，正义感十足；红色经典影视剧可以最大可能还原历史，身临其境，感同身受，激发爱国热情。这些红色文化艺术能以喜闻乐见的形式吸引和感染青年学子，增强青年学子心理认同，引发青年学子情感共鸣，使青年学子在潜移默化中受到熏陶，成为青年学子接受思想政治教育的重要途径。

（二）以“互联网+”为手段把雷锋精神贯穿于思想政治教育中

要让雷锋精神融入教学实践特别是思想政治教育课的教学，就应当利用好互联网新媒体，大力宣扬雷锋精神。教育部在2020年印发了《大中小学劳动教育指导纲要（试行）》，其中就强调要将雷锋精神与劳动相结合，举办各类学习活动，组织开展“全国大学生网络文化节”和“全国高校网络教育优秀作品推选展示活动”等活动来鼓励和引导广大师生参与到学习雷锋精神的创作活动中，通过网络将雷锋精神以新形式进行传播和弘扬，营造浓郁的学雷锋氛围，不断地创新学雷锋活动的形式、方式和手段。学生在创作雷锋精神相关作品中，通过收集资料、分析资料等，可以对雷锋有更深层次的全面了解，了解雷锋的成长、生平事迹，体会雷锋的所思所想，从而更加领悟雷锋的无私和雷锋精神的伟大。

随着现代科技的迅猛发展，VR虚拟技术的成熟，还可以将雷锋精神教育与虚拟数字技术结合起来对学生进行思想政治教育。这种虚拟的方式，具有强烈的沉浸感、真实性和互动性。它可以让青年学子们对雷锋的印象不再只是停留在书本和影视剧中，而是能够见证和参与雷锋的生活，亲身感受雷锋的无私与奉献；能够在体验的过程中完全地投入和沉浸其中，并且感受与理解各种事件的原委。既提高了学生学习的效率和兴趣，又克服了书本知识枯燥乏味的缺点，是值得在全国广泛推广的学习方法。

（三）以生活实践为落脚点把雷锋精神贯穿于思想政治教育中

“纸上得来终觉浅，绝知此事要躬行。”学习雷锋精神、对学生进行思想政治教育不能只是停留在书本知识上。各个高校应当积极组织学生参与各类社会实践和志愿服务活动，将对学生的思想政治教育融入社会实践中去，并以此检验教学成果。学校可以成立学雷锋志愿服务队，坚持发扬“奉献、友爱、互助、进步”的志愿者精神，同时不断完善志愿服务机制，不断满足经常性志愿服务、重大活动志愿服务和应急性志愿服务的需求；鼓励学生参与各类文明志愿者活动，如交通秩序监督劝导活动、还我一片净土——清理街道垃圾活动；开展关爱他人的活动，以关爱农村孤残儿童、孤寡空巢老人、残疾人为重点，组织学生志愿者到附近社区开展奉献爱心、扶弱助残、心理抚慰志愿服务；开展“创新·协调·绿色·开放·共享”发展理论传播活动，提高大众的生态环保意识和资源节约意识，积极响应“碳中和”目标；开展“好人好事”评选活动，充分发动每位学子，在熟悉的人群中推荐好人好事，通过推荐日常生活中发生的具有代表性、说服力的优秀事迹和先进人物，树立可亲可敬可学的道德模范，加强对道德模范的宣传报道，营造“学雷锋做先锋”的良好氛围，将雷锋精神渗入生活实践中，达到对学生进行思想政治教育的目的。

三、雷锋精神与高校思想政治教育融合的当代价值

（一）有利于培养高质量人才，深入实施新时代人才强国战略

随着现代社会日新月异的发展，优秀人才逐渐成为衡量各国综合国力的指标。把雷锋精神与高校思想政治教育相融合，有利于培养一批思想意志坚定、意识形态正确、紧跟党走、无私奉献的优秀人才。习近平总书记指出：“理想信念动摇是最危险的动摇，理想信念滑坡是最危险的滑坡。一个政党的衰落，往往从理想信念的丧失或缺失开始。”雷锋精神滋养着当代青年的思想，引领当代青年树立坚定的理想信念，为建设社会主义、实现共产主义奋斗，为民族复兴和人民幸福奋斗，立志成为共产主义接班人。习近平总书记指出，青年价值观的养成就像穿衣服扣扣子一样，如果第一粒扣子扣错了，剩余的扣子都会扣错，人生的扣子从一开始就要扣好。因此，对青年进行思想政治教育，就像是在他们的人生航线上立起了一盏明灯，无论之后遇到多大的暴雨风浪，青年们也能以坚忍的意志、坚定的信念披荆斩棘、所向披靡。学校的教育不仅是科学、系统的，而且是在潜移默化、耳濡目染中对青年学子们产生影响。这种影响虽是细微的，但也是长久深远的。“凿井者，起于三寸之坎，以就万仞之深。”青年要从现在做起，从自己做起，使社会主义核心价值观成为自己的基本遵循，并身体力行将其推广到全社会中去。

（二）有利于推动社会各个行业积极学习与践行雷锋精神

实现共同富裕，离不开千千万万从业者的艰苦奋斗，而雷锋精神能够对实现这一目标起到激励支持作用。弘扬雷锋精神，有利于人们抵制浮躁和功利主义，在浮华中坚守信念与理想，沉下心来钻研难题、打破困境，在追求自身进步的同时，为社会主义建设事业贡献出自己的能量。2020 年初，新冠肺炎疫情铺天盖地地袭来，一时间

打得人们措手不及，但是仅仅几个月，我国就成功控制住了新冠肺炎的大规模暴发。这其中离不开成千上万的医护工作者前赴后继朝着危险前进，离不开数以万计的科研工作者披星戴月进行疫苗研发，离不开各行各业的平凡人在这场灾难中贡献自己的力量。

四、结语

五十多年来，雷锋精神为何毫不褪色？因为它代表了我们良好的社会面貌，承载了我们对时代的美好期望，彰显了中华文明激昂向上的精神。雷锋精神本质上是共产党人的一种道德精神，反映了共产党人全心全意为人民服务、为人民无私奉献的宗旨。正如雷锋同志所说："我活着就是为了全心全意为人民服务。""人的生命是有限的，可是为人民服务是无限的，我要把有限的生命投入到无限的为人民服务之中去。"我们应当把雷锋精神融入思想政治教育中，对学生进行全方位的思想政治教育。只有对青年学子进行包含雷锋精神的思想政治教育，才能培养担当民族复兴大任的时代新人，培养德智体美劳全面发展的社会主义建设者和接班人。

参考文献：

[1] 雷锋．雷锋全集［M］．北京：华文出版社，2012.

[2] 覃正爱．雷锋精神的伦理价值探析［J］．马克思主义研究，2013（09）：112－120，158.

[3] 路芳．融合视角的雷锋精神与思想政治教育［J］．中学政治教学参考，2021（39）：78－79.

[4] 朱恒秀．思政课大学生雷锋精神教育研究［J］．辽宁警察学院学报，2020（02）：109－112.

[5] 解雅梦．高职思政课培养雷锋式职业人的实践探索［J］．辽宁高职学报，2021（09）：104－108.

[6] 曲洪波，高秀宁．历史虚无主义诋毁英模人物现象分析——以对雷锋及雷锋精神抹黑为例［J］．湖南行政学院学报，2018（04）：41－45.

传承雷锋精神 推进“五型”税务机关建设

——关于雷锋精神与税务机关建设深度融合的实践与思考

樊　敏*

雷锋精神是中国共产党人精神谱系的一个重要坐标，是党史学习的重要内容。习近平总书记指出：“雷锋是时代的楷模，雷锋精神是永恒的。”半个多世纪以来，雷锋已远远超出个人称谓，也远远超出他所生活的时代，已成为一面永放光芒的精神旗帜。作为雷锋故乡税务人，更要坚定初心使命，自觉传承雷锋精神，建设“五型”税务机关，推进税务高质量发展。

一、基于税务建设视角的雷锋精神解读

雷锋精神高度凝练了中华传统美德、顺应了社会发展潮流、彰显了先进文化本色。“忠诚担当、崇法守纪、兴税强国”的中国税务精神，是国家税务总局贯彻落实社会主义核心价值观作出的税务响应。二者之间具有高度关联性。

（一）雷锋爱党爱国的坚定信念与忠诚担当的税务精神是高度关联的

“忠诚担当”从个体层面明确了每个税务人的角色定位、肩负的神圣使命，解决了“我是谁”“为了谁”“干什么”的问题。“忠诚担当”正是对“培育什么样的干部”这一命题作出了回答。税务人是国家公职人员，须忠于党、忠于国家、忠于人民，对税收事业赤诚无私，担当尽责，无怨无悔。雷锋说，我就是长着一个心眼，我一心向着党，向着社会主义，向着共产主义。这种热爱党、热爱祖国、热爱社会主义的坚定信念，自觉地把个人的追求和奋斗同党的事业、国家的命运、民族的前途联系起来，为国家的繁荣发展贡献自己的力量，体现的就是一种忠诚担当的信念和品格。

---

* 作者单位系国家税务总局长沙市望城区税务局。

（二）雷锋忠于职守的敬业精神与崇法守纪的税务精神是高度关联的

“崇法守纪”从行业层面，提出了税务部门“为国聚财、为民收税”的价值取向、行为准则，解决税务部门“怎么干”的问题。“崇法守纪”正是对“建设什么样的组织”这一命题作出了回答。税务部门应坚持法治理念，弘扬法治精神，将依法治税作为依法治国在税收领域的具体体现和税收工作的灵魂贯穿始终。雷锋说，我一定要听从党的教导，党叫我干什么，我就干什么，决不讲价钱。这是雷锋敬业精神最形象的表达。新时代税务行业学雷锋，就是要学习这种“螺丝钉”精神，把它转化为爱岗敬业的动力，忠于职守，崇法守纪，遵循工匠精神和职业品德，干一行热爱一行、干一行精通一行。

（三）雷锋服务人民的奉献精神与兴税强国的税务精神是高度关联的

“兴税强国”从国家层面，确立了税收现代化的价值目标，将税收置于国家发展大局中来谋划，解决“要到哪里去”的问题。“兴税强国”正是对“实现什么样的发展”这一命题作出了回答。兴税强国是税收事业发展的目标，也是税务工作者孜孜以求的愿景。雷锋说，人的生命是有限的，可是为人民服务是无限的，我要把有限的生命，投入到无限的为人民服务之中去。他一生始终坚持人民利益至上，以服务奉献人民为最大幸福。具体到税务部门，就是要以纳税人缴费人为中心，就是要看服务效率有没有提高、社会满意度有没有改进、经济税收有没有发展，最终实现兴税强国的目标。

二、雷锋故乡税务人传承雷锋精神的基层实践

作为雷锋故乡税务人，多年来，长沙望城雷锋税务分局坚持传承红色基因，弘扬雷锋精神，致力于用雷锋精神育人兴税惠民，打造一个思想有高度、管理有力度、服务有温度的税务分局。

（一）用雷锋精神育人，打造思想有高度的税务分局

充分发挥地域优势，坚持用雷锋精神铸魂。自觉提升站位，挖掘学党史、学雷锋与税务精神的契合点。在党建室、办公室、办税厅、走廊等处张贴雷锋图像和日记，抬头可见，驻足可观，营造学雷锋氛围，筑牢“我是雷锋故乡税务人”意识。雷锋分局机构改革以来集中开展“四合”“守初心担使命”“感悟雷锋精神心得”等讨论 10 多次，开展谈心谈话、座谈会等 60 多人次，整改问题 20 多条。持续开展“税务 + 企业 + 社区”三方共建，叫响“党员就是旗帜”的口号，提出“学雷锋精神，走发展之路”共建主题，联合开展税企走访换位体验、义务劳动、慰问等 10 多期，收集解决问

题20多条。作为省局学党史税收科研基地，建立总局以下“学党史强科研办实事”五级联建机制，获总局领导表扬。

（二）用雷锋精神兴税，打造管理有力度的税务分局

突出用雷锋精神抓党建，突出党建引领促业务。2016年4月，推动国地税合署办公，实现党务政务业务“八统一”，成为全省表率，获评“合作示范单位”荣誉。与辖区企业共守“同向而行，共防风险”理念，以风险为导向，实施税源分级分类管理服务，对重点税源实施个性化服务，对中小税源实施行业化监控，对零散税源实施社会化管理，支部党员建立重点税源监控辅导机制，及时准确掌握税源动态，重点辅导建筑业、餐饮业、农产品、小型商贸等行业评估，有效防范涉税风险，辖区税收保持持续健康增长。分局制定了一套覆盖全岗位全环节的个人绩效管理考核制度，以实绩拉开考核差距促管理促提升，分局连续10年蝉联望城局组织绩效第一名。

（三）用雷锋精神惠民，打造服务有温度的税务分局

支部成立党员先锋队，协调解决政策资金、信息渠道、属地迁移等问题，参与重大项目的税收论证。非接触自助办税率达到98%以上，顺利推进金三并库、社保划转、个税改革、减税降费、疫情优惠等重点工作，持续开展“减税降费党旗红，精准落实当先锋”实践活动，成立“小微加油站”“疫情减免税直通车”“退税方便门”等党员服务队，开设绿色通道、办税专区、业务专岗，将普训宣传与精准辅导有机结合起来，采取多形式辅导宣传，确保纳税人懂政策、会操作、全享受，跟踪问效分析，辅导企业用足用活政策，应享尽享面100%，无一例执法错误，赢得纳税人缴费人的点赞，满意度持续升温。

三、传承雷锋精神，推进“五型”税务机关建设的几点思考

如何将学党史与雷锋精神、中国税务精神有机结合起来，传承红色基因，围绕打造“五型”税务机关的目标，推进税收事业高质量发展？笔者在深入解读和实践的基础上，谈几点思考。

（一）传承雷锋“一滴水”精神，推进政治型税务机关建设

雷锋说过，一滴水只有放进大海里才永远不会干涸，一个人只有当他把自己和集体事业融合在一起的时候才能最有力量。税务系统开展党史学习教育，就是要引导和激励党员干部牢记初心使命、坚定理想信念、永葆政治底色，将个人命运与党和国家紧密联系起来。税务机关首先是政治机关，要把讲政治摆在第一位，精准把握“江山

就是人民，人民就是江山"的深刻内涵。新发展阶段，新发展理念，对税收工作提出了新要求，基层税务机关担负着聚财执法、管理服务的职能，要全面加强党对税收工作的领导，以落实"纵合横通强党建"机制体系为抓手，自觉提升站位，构建以纳税人缴费人为中心的服务格局，推进精确执法、精细服务、精准监管、精诚共治，始终坚持"一切行动听指挥，一切工作到支部"的原则方法，将"两个维护"融入税收治理体系和治理能力现代化建设的各个环节，让"马上就办""抢抓落实"成为工作常态，将每一个党支部打造成坚强有力的战斗堡垒，使每一名党员干部成为攻坚克难的先锋模范，高质量推进以"六大体系""六大能力"为主要内容的新时代税收现代化建设，充分发挥税收在国家治理中的基础性、支柱性、保障性作用，服务于国家治理现代化。

（二）传承雷锋"一缕光"精神，推进服务型税务机关建设

雷锋说过，如果你是一滴水，你是否滋润了一寸土地？如果你是一线阳光，你是否照亮了一分黑暗？历史反复证明，良好的税费环境是市场主体发展的前提，是国家经济发展的基础。是一缕光就要发一分热。税务机关要围绕"提速度、更便捷、不打扰"的思路，以实际行动服务纳税人缴费人。创新执法方式，运用说服教育、约谈警示、首违免罚等柔性执法，让执法既有力度又有温度。持续压减办税时间，简并申报，简并征期，提升电子税务局功能，拓展"非接触""不见面""24 小时不打烊"等服务。坚持"随喊随到，无事不扰"的原则，减少对纳税人的打扰。对因政策滞后等原因造成的误收退税，简化退税流程，避免纳税人来回跑。便民办税春风行动要关注纳税人缴费人的需求，有针对性实打实解决难点堵点。借助专业中介机构开展代理服务，化解税务部门大包大揽，以专业人做专业事来破解服务难题，提质增效。持续深化"放管服"改革。进一步取消行政审批事项和税务证明事项，实行纳税人缴费人信息一次采集、按户存储、共享共用。进一步统筹税务系统内部服务资源，搭建集"电子税务局纳税人端"与"远程响应中心"为一体的税企互动平台，构建网上纳税服务大格局。

（三）传承雷锋"一颗钉"精神，推进法治型税务机关建设

雷锋说过，钉子有两个长处：一个是挤劲，一个是钻劲。我们在学习上也要提倡这种钉子精神，善于挤和善于钻。历史表明，经济决定税收，税收反作用于经济。基层税务部门是税收政策的执行部门，务必发扬挤劲和钻劲，把立法精神领会透，把法治落到实处。深入推进税务行政执法"三项制度"，进一步夯实"三项制度"平台建设，严把法制审核关，确保规范文明公正执法。减税降费是当前新发展阶段实施的一

项重大政策，在这个大背景下，国家推出一系列优惠政策，包括“六税两费”减半征收、加计抵减、小微扩围、留抵退税、起征点提高等，其目的在于减轻各类市场主体的负担，轻装上阵。作为基层税务部门，在执行中务必吃透立法精神，从国家宏观经济发展层面，理解政策意图，确保优惠政策不折不扣落实到位。要注意优化政策升级方式，减少随意性，降低操作难度，克服升级滞后的弊端，畅通基层和纳税人向上反馈的渠道，减少征纳双方的重复劳动，降低焦虑感，以减税降费赢得国家经济的持续健康发展。深入推进征管方式改革，优化征管资源配置，逐步建成“优化、高效、统一”的法治征管体制，让纳税人缴费人享受法治红利。

（四）传承雷锋“一块砖”精神，推进智慧型税务机关建设

雷锋说过，高楼大厦都是一砖一石砌起来的，我们何不做这一砖一石呢！智慧税务的建设，需要的也是这种一步一个脚印的态度和进度。税务发展到今天，已经彻底告别传统保姆式管理，逐步实现从经验管理向科学管理转变，从无差别管理向精细化、智能化、个性化管理转变，从“以票管税”向“以数治税”转变，建立了“信用＋风险”为基础的新型监管机制。要坚持问题导向，解决还权责于纳税人的问题，持续扩大“自行判别、自行申报、事后监管”范围，确保便利操作、有效监管。充分运用5G、云计算、人工智能等新技术，建设内外衔接的新一代电子税务局。把“以数治税”理念贯穿税收征管改革全过程，营造用数据管理、数据决策、数据服务的税收现代化管理氛围。扎实推进大数据库建设，进一步提高税收大数据采集能力，加强对涉税大数据的交换共享、智能比对和逻辑相关分析，运用可视化分析工具实现海量涉税数据图形化、图象化、表格化，实现税源管理事项自动评估及税收风险管理自动预警，及时预测、识别和防范风险。建设“数字税务”，拓展应用税收数据对经济社会发展的分析维度，为政府决策、促进地方经济发展提供有力参考。

（五）传承雷锋“一颗松”精神，推进效能型税务机关建设

雷锋说过，我愿做高山岩石之松，不做湖岸河旁之柳。我愿在暴风雨中——艰苦的斗争中锻炼自己，不愿在平平静静的日子里度过自己的一生。万事人为本，一支思想纯、素质高、作风好的队伍，是干好税务的前提和基础。要用好绩效管理，以绩效指挥棒管班子、管队伍。尤其是要抓好税管员能力建设，税管员直接负责政策解答、疑难辅导、风险防控，直接影响政策落实、营商环境和满意度，要优化税管员结构，强化业务培训，推进岗位跨分局、跨部门、跨业务性质的流动，解决多年岗位易产生惰性和廉政风险的问题。通过党史学习教育，营造强思想、强素质、强作风的氛围，将学习成果转化为干事创业、高质量推进税收发展的动力。要注重到基层锻炼、在基

层成长、从基层选拔干部，有计划选派干部特别是年轻干部到基层一线和艰苦地方磨炼。用精准化管理防控廉政风险，聚焦税收执法风险易发高发领域，瞄准行政管理重点部位环节，运用“大数据+监督”模式，加强税收业务系统和行政决策系统的数据分析，将税收信息化优势转化为监督治理优势，变粗放监督为精准监督。完善个人廉政档案，实现工作圈与生活圈、八小时之内与八小时之外全覆盖的廉政风险防控。

参考文献：

[1] 解放思想锐意进取 深化改革破解矛盾 以新气象新担当新作为推进东北振兴［N］. 人民日报，2018-09-29（01）.

[2] 周敏. 浅析“中国税务精神”的文化内核［N］. 中国税务报，2019-01-09.

[3] 总政治部. 雷锋日记［M］. 北京：解放军文艺出版社，2003.

用行动弘扬新时代雷锋精神

吴孟军*

"雷锋""雷锋精神""学雷锋"，这是所有中国人乃至许多外国人耳熟能详的三个词，作为一个名字、一种精神、一种行为，它们在这个伟大民族的文化中茁壮成长了半个多世纪，而且可以预见，将永恒地在人类历史长河里熠熠生辉。

一、回溯历史，读懂雷锋

马克思说："人的本质不是单个人所固有的抽象物，在其现实性上，它是一切社会关系的总和。"所以，几十年后我们重读雷锋，必定要以他所生活的历史时代为镜。

雷锋是一个特别的人。

特别的身世决定了他鲜明的立场。雷锋出生在一个贫苦农民家庭，旧社会害死他所有的亲人，使他在7岁的时候成为孤儿，新社会救了他并把他养育成人。他在日记里说："伟大的党啊，英明的毛主席！有了您，才有了我的新生命。我在九死一生的火坑中挣扎盼望光明的时刻，您把我拯救出来，给我吃的、穿的，还送我上学念书。"基于这样一种清醒的认识，他明确了一种鲜明的态度："对待同志要像春天般温暖，对待敌人要像严冬一样残酷无情。"

特别的时代培养了他典型的性格。那是一个风云激荡的时代，新中国从宣告成立的第一天起就备受世界关注，"国外敌对势力亡我之心不死，国内反动残余总想死灰复燃"；那是一段激情燃烧的岁月，年轻的共和国白手起家热火朝天地建设崭新的社会主义。在那个特殊的年代，中国人民拥党爱国，万众一心，安内御外，迎难而上，奋勇拼搏，洋溢着豪迈的革命乐观主义精神。时代培养了雷锋"憎爱分明的阶级立场，言行一致的革命精神，公而忘私的共产主义风格，奋不顾身的无产阶级斗志。"

---

* 作者单位系长沙高新区教育局。

特别的个性练就了他闪亮的人生。雷锋是一个内心十分纯净的人，他当过农民，当过工人，还是一名解放军战士。从本质上讲，他是亿万中国人民的优秀代表，也是千万共产党员的优秀代表。即使在今天，读他的日记，虽然不是所有的人都能理解那带着明显时代特征的语言，但仍然都要被他那种质朴、那种真实、那种忠诚所感动。正是这种忠诚，使他的爱憎成熟为坚定的立场，使他的感恩升华为无私的奉献，使他的勤奋成就工作中钉子般的执着，使他的好学成就业务上金子般的闪亮，正是这种忠诚，使他的精神化为永恒。

雷锋更是一个普通的人，普通的形象，普通的身份，普通的经历，不论横贯空间还是纵跨时间，我们都无法将轰轰烈烈、惊天动地之类的词跟他联系起来。然而，这种普通中又蕴含了不凡，蕴含了不朽，而且正是这种普通使他成为楷模更具意义。

二、跨越时空，守住精神

一个人从生下来就面临三重关系：与社会的关系、与自然的关系、与自己的关系。人的精神就在处理这三重关系中孕育、形成、完善，其内涵也相应体现在为融入社会而处世生活的态度、为求得生存而工作生产的态度、为完善自我而学习修养的态度。其价值在于是否顺应社会发展规律并对推进历史进步有积极作用，其高度在于相对时代共同理念的高度。

雷锋精神首先是雷锋的精神，是在他所处的历史环境下，在特别而又富于代表性的经历中形成的内涵丰富、极具价值的高尚精神，是赤胆忠诚的爱国主义精神，是乐于助人的奉献精神，是忠于职守的螺丝钉精神，是勤俭节约、艰苦奋斗的创业精神，是刻苦钻研的钉子精神。

雷锋精神是独特的，更是典型的。雷锋是一名战士，是一名党员，他的时代，他的苦难，他的经历，我们不可能复制，也无法学习，当然，也无须复制和学习。我们需要承继和弘扬的是以他名字命名的精神。雷锋是一个典范，他的精神本质上代表的是一个伟大民族和伟大政党的追求，代表融入国家、集体，推进社会历史进步的归属意识，代表努力改造自然和社会的作为态度，代表追求自由、完善自我的积极风貌，他的精神已经深入国人心中，成了雷锋精神。

雷锋精神是民族的，更是世界的。生命的个体总是独一无二，唯有精神无界传播。从根本上讲，雷锋精神的形成源于厚重而伟大的民族文化，是社会主义精神文明建设绽放的奇葩。事实证明，雷锋精神由于集中体现了人类追求真、善、美的天性，得到了全世界认可，贴着鲜明的民族标志闪亮于世界文化之林。

雷锋精神是历史的，更是发展的。雷锋精神是有生命力的，它形成于特定的历史环境，但它先进的思想内涵决定了其会随着时代的变迁不断彰显积极价值。新时代雷锋精神的价值，集中体现为服务人民、助人为乐的奉献精神，干一行爱一行、专一行精一行的敬业精神，锐意进取、自强不息的创新精神，艰苦奋斗、勤俭节约的创业精神。

雷锋精神是平凡的，更是高尚的。雷锋精神是平民的精神，是任何人都应该学习、都可能做到的。同时，雷锋精神不是道德的底线，而是道德的高峰，是高于社会法律道德基本要求的，其领航时代潮流，体现社会新风尚。

三、立足实际，付诸行动

学习雷锋精神是社会主义思想道德建设的重要内容，是践行社会主义核心价值观的生动体现，应该作为长效的系统工程予以实施。

全社会都来倡导。倡导雷锋精神是一个大合唱，爱国、奉献是永恒的旋律，勤俭、敬业是优美的音符，创新、创业是坚定的节拍，雷锋用他年轻的生命完成了震撼人心的领唱，我们要做的是让千万个声音汇聚，奏响绝美的和声。全社会倡导雷锋精神，是明确思想方向、树立精神标杆、坚定道路自信的要求，各级公共机构、每个社会组织和公众媒介、每个人都应当理直气壮、持之以恒地学习雷锋精神。

全社会都来践行。学雷锋不能停留在“吹喇叭”的层面，必须落实行动；落实行动不能停留在“贴标签”的层面，必须反对作秀。首先，内容要“踩得实”。雷锋精神是有高度的，但学雷锋不是空中楼阁，必须脚踏实地，必须立足岗位和自身角色，在日常工作、生活、学习及待人接物中，自我加压，提高标准。学雷锋本身不应只是一个活动，不应是“一阵风”，而应是一种高尚的处世态度和恒定的生活方式，应立足生活与平时，结合经济社会实际，根据群众的现实需求，开展有益的活动。其次，形式要“掐得准”。学雷锋要体现精神的高度，要符合法律道德和其他社会规则的要求，又不能满足于各类社会规范的基本要求。党政机关、社会组织、公民群众基本的履职行为不应该贴上“学雷锋”的标签。学雷锋要符合主体的实际，应当倡导社会各行各业、各个群体、各类人员结合自身实际学习雷锋，不能追求形式上的整齐划一。学雷锋要跟上时代的变化，人民群众的需求是日益增长，不断变化的，学雷锋应当密切关注时代的变化，在形式上做到不断创新，与时俱进。最后，效果要“看得到”。学雷锋要有积极的效果，切实防止“帮民变成扰民”“好事办成坏事”，切实防止流于形式，止于作秀。

全社会都来推动。首先要完善平台。政府机关、企业和社会组织应当加强内部管理，完善干部职工竞争、成长机制，激励干部员工爱国奉献、敬业创新、艰苦奋斗，让各个组织、各个岗位成为学习雷锋最重要的平台。政府应当完善相关政策，鼓励、引导、扶持建立、志愿者协会、福利院、义工组织等公益机构，丰富社会成员学习雷锋的平台、载体和途径。其次要健全机制。一方面是保护、保障机制。国家、政府及有关部门应当完善相关法律法规和制度，依法扶持各类公益事业发展，激励公益、利他行为的实施，维护社会新风尚。另一方面是引导、激励机制。探索建立、不断完善公民道德信用评价机制和档案，道德模范评选、推介、奖励机制，献血、捐赠、慈善、义工等公益行为监管、激励机制，引导、推动全社会积极学习雷锋，维护、践行社会新风尚。

一个没有信仰、没有追求、没有精神的社会是可悲的，所以我们需要雷锋精神。一种精神，只有成了全体社会成员的自觉行为，才可能焕发它的生命活力，所以我们必须行动。雷锋离开我们半个多世纪了，有人说，雷锋“三月回，四月走”，只要我们每个人都担当起守护雷锋精神的责任，积极行动，相信雷锋永远在我们身边。

参考文献：

[1] 习近平. 习近平谈治国理政（第二卷）[M]. 北京：外文出版社，2017.
[2] 习近平. 用新时代中国特色社会主义思想铸魂育人 贯彻党的教育方针 落实立德树人根本任务 [N]. 人民日报，2019-03-19（1）.
[3] 谭献民，肖建平. 雷锋精神研究述评 [J]. 湖南师范大学社会科学学报，2013（5）：35-42.

试论新时代弘扬雷锋精神

姜　露[*]，刘謦瑜[**]

一、雷锋精神的新时代内涵

新时代雷锋精神既能立德，也能树人，具有立德树人的双重属性。雷锋精神是中国共产党人革命精神谱系的重要组成部分，是社会主义新中国人民精神风貌的重要体现，是我们党永不褪色、永放光芒的鲜明旗帜，它是中国革命红色基因的传承，是中国社会主义建设的产物，又为中国特色社会主义精神文明奠定了基础，更是新时代中国特色社会主义核心价值观的生动体现，在历经时代的发展之后，仍然绽放着耀眼夺目的光芒。

（一）以习近平总书记重要论述为引领，深刻理解新时代雷锋精神的基本内涵

雷锋精神的内涵是随着社会的进步而不断变化发展的，是与时俱进的。2013 年 3 月 6 日，习近平总书记在参加十二届全国人大一次会议辽宁代表团审议时指出："雷锋、郭明义、罗阳身上所具有的信念的能量、大爱的胸怀、忘我的精神、进取的锐气，正是我们民族精神的最好写照，他们都是我们'民族的脊梁'。"习近平总书记的此次讲话，丰富和发展了雷锋精神的基本内涵。信念的能量是指信念能够振奋人心，明确方向，是人们追求远大理想的强大精神动力；大爱是指宽广博大的爱，大爱的胸怀是指施与众人爱的胸襟和气度；忘我的精神是指由于工作认真，忘了自我的状态，形容一种忘我的工作热忱和态度；进取的锐气是一种具有鼓舞性和感染力的精神风貌，是一股向上生长、充满力量的精气神。

---

* 作者系湖南农业大学硕士研究生。
** 作者系湖南省社会科学院当代中国马克思主义研究所博士。

中国特色社会主义新时代，对雷锋精神的理解需要与时俱进。新时代雷锋精神的内涵，从精神层面进行挖掘和提炼，可概括为：热爱党、热爱祖国、热爱社会主义的崇高理想和坚定信念；服务人民、助人为乐的奉献精神；干一行爱一行、专一行精一行的敬业精神；锐意进取、自强不息的创新精神；艰苦奋斗、勤俭节约的创业精神。新时代雷锋精神是中华优秀传统文化的继承发展，是民族精神的集中体现，是新时代中国精神的核心内容。新时代传承和弘扬雷锋精神，有利于继承和发扬中华民族优秀传统文化，弘扬中华民族传统美德，从而深入推进社会主义核心价值体系建设，提升社会良好风气和公民思想道德素质，为实现中华民族伟大复兴的中国梦奠定丰厚的思想道德基础。由此可见，新时代弘扬雷锋精神对国家、社会乃至个人的发展都具有非常深远的意义。

（二）以现代科技为依托，不断加强新时代弘扬雷锋精神的宣传教育

新科技为雷锋精神的宣传教育提供了更多可能，提升了宣传效果。在宣传教育中采用新技术，不仅能唤醒人们“主动学”的意识，还会出现事半功倍的良好效果。可以采用VR、全息投影等技术，让人们身临其境地感受雷锋精神的高尚；可以采用交互技术，通过人与机器互动的方式，加深学生的体验感；也可以采用人工智能技术，通过人工智能机器人宣传雷锋精神，既新颖又有效。随着社会的发展，新技术的种类越来越多，宣传和弘扬雷锋神，要结合时代特点，采用先进科学技术，提高宣传和弘扬雷锋精神的有效性和时代性。

采用多种形式，拓宽新时代雷锋精神的践行空间。可以采用多种多样的新闻宣传媒体媒介，增加弘扬雷锋精神的方式方法，拓宽人们践行雷锋精神的活动空间。当前，“三微一端”（微信、微博、微视频和客户端）的新闻新媒体，已经成为人们获取知识的新途径，网络生活已经成为人们生活中不可缺少的部分。因此，采用“三微一端”的新媒体形式弘扬新时代雷锋精神，是当前可采取的最有效的宣传教育方法之一。同时，搜集资料、组织开展活动、编辑新闻动态等一系列媒体活动，不仅可以坚实理论基础，也为践行雷锋精神提供了宽阔的活动空间。

二、新时代弘扬雷锋精神的重要价值

（一）弘扬雷锋精神有助于建设社会主义和谐社会

进入新时代，我国走上改革开放之路，经济获得了巨大发展，人民生活水平得到很大提高，社会面貌焕然一新。但是，在物质生活日益改善的同时，也有一部分个体出现了社会道德滑坡、理想信念缺失等现象。究其原因，是精神文明和物质文明没有

得到同步发展。一些人在个人利益与集体利益、人民利益甚至国家利益发生冲突时，不是像雷锋那样为了国家和集体牺牲小我，而是选择因私废公。弘扬雷锋精神有助于正确处理个人和集体、自己和他人、纪律法律和利益的关系，有助于建立社会主义和谐社会。

胡锦涛同志曾经讲过："根据马克思主义基本原理和我国社会主义建设的实践经验，根据新世纪新阶段我国经济社会发展的新要求和我国社会出现的新趋势新特点，我们所要建设的社会主义和谐社会，应该是民主法治、公平正义、诚信友爱、充满活力、安定有序、人与自然和谐相处的社会。"也就是说，社会主义和谐社会不仅是经济建设、政治建设、文化建设和社会建设的协调发展的社会，还应是人与人之间、人与社会之间、人与自然之间和谐发展的社会。大力弘扬雷锋精神，有助于人与人之间、人与社会之间、人与自然之间更加和谐。弘扬雷锋精神，让更多的社会个体以雷锋为榜样，会带动社会形成助人为乐、先公后己、爱护环境的风气，使社会更加和谐。

（二）弘扬雷锋精神有助于践行个人层面的社会主义核心价值观

社会主义核心价值观的基本内容是富强、民主、文明、和谐、自由、平等、公正、法治、爱国、敬业、诚信、友善。其中"爱国、敬业、诚信、友善"，是公民基本道德规范，是从个人行为层面对社会主义核心价值观基本理念的凝练。弘扬雷锋精神和积极践行个人行为层面的社会主义核心价值观是相辅相成的。大力弘扬雷锋热爱党、热爱祖国、热爱社会主义的崇高理想和坚定信念，干一行爱一行、专一行精一行的敬业精神，服务人民、助人为乐的奉献精神，即雷锋的这种爱国、敬业、诚信、友善的精神，就是宣传个人行为层面的社会主义核心价值观，有助于践行个人行为层面社会主义核心价值观。

个人行为层面的社会主义核心价值观中有爱国，而雷锋正是爱国的典范。新时代弘扬雷锋精神，就是要像雷锋那样"当祖国和人民处在最危急的关头，我就挺身而出，不怕牺牲，生为人民生，死为人民死。""我们是国家的主人，应该处处为国家着想。"雷锋从始至终都在践行着自己的诺言，永远把国家和人民的利益放在最前面，从不考虑个人的得失。雷锋高尚的爱国主义精神和个人行为层面的社会主义核心价值观中的爱国是一致的，这种爱国如家的精神激励着人们心系祖国，响应祖国的召唤。

个人行为层面的社会主义核心价值观中有敬业，而雷锋正是敬业的楷模。新时代弘扬雷锋精神，就是要像雷锋那样无论何时何地都将自己作为人民的勤务员，尽心尽力做好自己的本职工作。如果人人都在自己的岗位上兢兢业业、无私奉献，踏踏实实地去实现自己的人生价值，中国特色社会主义建设事业必定能稳步前进，中华民族伟大复兴的中国梦必定能早日实现。

个人行为层面的社会主义核心价值观中有诚信和友爱，而雷锋正是坚守承诺、一心为他人着想的榜样。弘扬雷锋精神，就应像雷锋那样，对待同志像春天般温暖。如果每个公民都能把服务人民作为最大的幸福，把友善助人当作最大的快乐，就会使公民之间互帮互助互敬蔚然成风，相互关心、友好相待成为新风尚，这对构建社会主义新型人际关系具有很大的帮助。

三、新时代弘扬雷锋精神的途径

新时代弘扬雷锋精神有重大的积极作用，但是要有效发挥积极作用，还必须有正确的方法和途径。

（一）新时代弘扬雷锋精神必须注重内化于心

弘扬雷锋精神要进行多措并举的宣传，要进行和风细雨般地教育滋润。通过广泛宣传和深刻细致地解读，使人们更好把握雷锋精神的内容和实质，提升广大人民群众的认知感和认同感。

要强化各类学校的雷锋精神教育，在学生心中种下向上向善的种子，为弘扬雷锋精神提供广阔的沃土。学校要完成立德树人这一教育根本任务，就必须与社会、家庭一道承担起铸魂育人的责任。针对不同年龄段学生的身心特点，弘扬雷锋精神也要各有侧重点；要不断丰富课程体系，打造精品课程，做到全面覆盖，将雷锋精神的教育融入“三全育人”的全过程；要建好用好实践育人基地，精心打造实践育人新品牌，通过让青年学生到雷锋纪念馆、雷锋学院体验学习，感知雷锋精神的丰富内涵和时代意义；要积极打造校园学雷锋阵地，使得雷锋的先进事迹得到广泛的宣传，因地制宜地设计青年学生雷锋岗，让学生在实际生活中更好地去帮助别人。通过一系列潜移默化的浸润式的教育，学生必然会以雷锋为榜样，自觉树立正确的世界观、人生观和价值观，逐步培养起爱国、担当、奉献、敬业、诚信、友善等优秀品质，争做雷锋的传人。

要加强对雷锋精神的理论研究和建设。联系时代的要求和大众的需求，开展对雷锋精神的当代社会意义和影响的研究，加强新时代弘扬雷锋精神的体制机制的研究。各级党校、行政学院和各类院校都要把雷锋精神作为学生培训和学习的重点课程，各级党组织应该把学习雷锋精神作为组织生活的重要组成部分，使每名党员和职工通过学习，切实领会雷锋精神实质，争做弘扬雷锋精神的表率。理论的力量是巨大的，雷锋精神的理论一旦走入群众的心里，被群众理解接受，将迸发出巨大的活力。要强化新闻媒体和文艺作品宣传，通过期刊报纸书籍和影像资料、网络等媒体对雷锋相关事迹进行宣传，鼓励文化单位和各类创作主体大胆尝试雷锋类文艺作品的创新制作，用好作品引导公民的思想认知和价值取向，让人们在鉴赏文艺作品的同时，对雷锋同志崇高的理想、坚定的共产主义信念和高尚的人生追求加深认识和理解，激励人们自觉向雷锋看齐，使真善美固化于心，假恶丑摒弃于心外。

（二）新时代弘扬雷锋精神要结合中华民族精神

江泽民同志在十六大报告中指出："在五千多年的发展中，中华民族形成了以爱国主义为核心的团结统一、爱好和平、勤劳勇敢、自强不息的伟大民族精神。"中华民族精神是有丰富内涵和深刻本质的思想体系，它基本的内核是以爱国主义为核心的伟大创造精神、伟大奋斗精神、伟大团结精神、伟大梦想精神。当然，在科学精神方面的实事求是、在创新创业精神方面的与时俱进和艰苦奋斗、在伦理精神方面的敬老爱幼和崇尚贤德、在牺牲精神方面的舍生忘死和义无反顾等，这些都属于中华民族伟大精神的范畴，而雷锋精神是中华民族伟大精神在特定历史时期的具体产物和体现。

"就狭义而言，雷锋精神是对雷锋的言行事迹所表现出来的先进思想、道德观念和崇高品质的理论概括和总结；就广义而言，雷锋精神就是以雷锋的名字命名的、以雷锋的崇高品质为基本内涵的、在实践中不断丰富和发展着的、为雷锋传人所敬仰和追求的文化精神。"雷锋精神在特定历史背景下产生，在改革开放逐步深入推进、市场已然在经济中起到决定性作用、人们的物质生活水平得到很大的提高、思想理论和价值取向日趋多元的今天，雷锋精神仍然具有强大的生命力。习近平总书记指出："雷锋精神是永恒的，是社会主义核心价值观的生动体现。"雷锋精神没有过时，也永远不会过时，因为雷锋精神已深深融化在整个中华民族精神之中。因此，新时代弘扬雷锋精神，要把雷锋精神和中华民族精神的关联内涵挖掘出来，把它们相通的精神实质提炼出来，弄清楚它们在个人成长和实现中华民族伟大复兴中所发挥作用的交集点。同时，新时代弘扬雷锋精神，要与时俱进，注重积极推进雷锋精神的时代创新性，不断丰富和升华雷锋精神的内涵体系，使雷锋精神的生命力经久不息。在雷锋精神和中华民族精神竞相传承、竞相作用、竞相成长中弘扬雷锋精神，一定会使伟大的中华民族的精神面貌焕然一新，进而为人类命运共同体建设作出自己更大的贡献。

（三）新时代弘扬雷锋精神重在实践

雷锋精神难能可贵之处是它为我们呈现了向上的人生态度和向善的价值追求。新时代弘扬雷锋精神要把脚踏实地、身体力行作为根本，积极开展学雷锋活动，把传扬雷锋精神，践行社会主义核心价值观落实到具体行动之中，真正做到外现于行。行动永远要比口号来得响亮，更具实效性。开展学雷锋活动，要坚持面向群众、面向社会，有机地把政府行为、社会行为和个人行为结合于一体，密切联系实际工作开展丰富多彩的活动，使这些形式多样的活动更加立体化、亲民化和实效化，形成全民参与、人人践行的生动活泼的良好局面。

要将学雷锋的实践具体到校园、企业和志愿服务。在校园文化和企业文化中融入雷锋精神，在校园和企业中积极开展学雷锋活动，使雷锋精神成为凝聚民心、提升大众品德操守的磅礴之力。政府要科学合理地整合学雷锋活动的各种社会力量，尤其要注重志愿服务的特殊作用，为志愿服务建章立制，逐步建立完善志愿服务的体制机制。在引导和支持学雷锋志愿者组织建立的同时，主动为志愿服务活动提供载体和搭建平台。另外，政府部门还要注意志愿者服务队伍建设，特别要抓好党员干部、学校、工厂企业和社区的志愿者服务队伍建设，形成志愿者服务队伍的雁阵模式，为学雷锋志愿者服务树立典范，营造良好的为人民服务的社会环境。

积极开展学雷锋活动，要从细微处着手，勿以善小而不为；要从身边人、身边事扎实做起，有一分热发一分光，不沽名钓誉，不搞形式主义；要积极倡导学雷锋活动的全民性，坚持领导干部和党团员带头，注重从家庭做起、从娃娃抓起。唯有如此，我们弘扬雷锋精神的基础才能筑牢。

参考文献：

[1] 新华社. 习近平李克强俞正声分别参加全国两会一些团组审议讨论［N］. 人民日报，2013-03-07（01）.

[2] 黄中平. 雷锋精神时代化与学雷锋活动常态化：2012年“雷锋精神论坛”综述［J］. 求是，2012（11）：28-30.

[3] 胡锦涛. 在省部级主要领导干部提高构建社会主义和谐社会能力专题研讨班上的讲话［N］. 人民日报，2005-02-20（01）.

[4] 雷锋. 雷锋日记［M］. 北京：解放军文艺出版社，1963.

[5] 江泽民. 全面建设小康社会，开创中国特色社会主义事业新局面——在中国共产党第十六次全国代表大会上的报告［J］. 前进，2012（12）：4-24.

[6] 王士彬，尹航，宋歆. 习近平主席接见部分军队基层人大代表侧记［N］. 解放军报，2014-03-13（01）.

[7] 姚茜，常雪梅. 听听习近平总书记的10句嘱托［EB/OL］.［2019-03-05］. http：//cpc. people. com. cn/xuexi/n1/2019/0305/c385474-30957918. html.

弘扬雷锋精神的路径研究

王　欢*

雷锋精神不仅是中华民族的宝贵财富，更是衡量人的内在品质的标杆，对于新时代培育“四有”青年，弘扬民族精神，传承红色文化，建设社会主义和谐社会具有十分重要的意义。自雷锋精神诞生之日起，一代又一代的党和国家领导人就积极推进学雷锋活动。党的十八大以前，我国弘扬雷锋精神主要是通过各级党委精心组织，党员干部发挥表率作用；各行各业人民群众立足本职岗位，践行雷锋精神；借助各种媒介，宣传雷锋精神；等等。这些路径在实施过程中既有合理性也有局限性。要深刻理解新时代雷锋精神的具体内涵，在总结历史经验的基础上，根据新时代的特点，探寻新时代弘扬雷锋精神的基本路径。

一、新时代雷锋精神的具体内涵及弘扬雷锋精神的意义

（一）新时代雷锋精神的具体内涵

雷锋精神诞生于20世纪60年代，是用雷锋名字命名的、以雷锋先进事迹所体现的精神力量为主要内容、随着实践不断丰富和发展着的革命精神，是对雷锋先进事迹所表现出来的高尚思想和崇高品质的高度凝练与总结[1]。历史的车轮滚滚而来，雷锋精神在新时代的背景下其内涵不断得到丰富与升华。进入新时代，雷锋精神的内涵主要包括热爱祖国、忠于人民的忠诚精神，爱岗敬业、“甘做老黄牛”的奉献精神，刻苦钻研、“争做拓荒牛”的创新精神，不畏困难、奋勇向前的奋斗精神。

（二）新时代弘扬雷锋精神的意义

雷锋精神体现着中华民族的传统美德，浓缩着人们积极进取、互帮互助的精神追

* 作者单位系湖南科技大学马克思主义学院。

求，彰显着忠于党与人民的精神境界，是中华民族精神重要的符号。在新时代背景下，弘扬雷锋精神对于培育“四有青年”，坚定红色文化自信，推进社会主义经济文化建设具有重大的意义和价值。

雷锋精神是培育“四有青年”的方向标。雷锋是共产党员中的优秀代表之一，共产党员应有的优秀品质在他身上得到了淋漓尽致的体现，是当之无愧的好榜样。青年是整个社会中最具有活力、富有创造力的主体，是国家重要的人才资源，提高青年的质量水平，事关弘扬中华民族传统美德问题，事关整个民族的进步与发展，事关党和国家后继发展中的人才问题。新时代大力开展学雷锋活动，不仅对于激发青年的思想道德热情、提高青年道德素质具有重要影响，而且还有助于传承中华传统美德，传递社会正能量，在全社会形成一种积极向上的精神风尚。

雷锋精神是红色文化自信的载体。红色文化自信归根到底是对于红色精神的自信。习近平总书记在参加辽宁代表团审议时说道：“雷锋、郭明义、罗阳身上所具有的信念的能量、大爱的胸怀、忘我的精神、进取的锐气，正是我们民族精神的最好写照，他们都是我们‘民族的脊梁’。”[2]这些红色精神都在雷锋身上得到了充分体现。当今处于世界文化交流交锋中，弘扬雷锋精神是避免历史虚无主义，坚定红色文化自信的主要途径，也是推进社会主义精神文明建设的需要。

雷锋精神是市场经济发展的需要。社会主义市场经济的运作需要的动力就是参与市场的各方对于自身利益的追求。人民群众要生存，要发展，要繁荣，都是出于这种追求自利的需求[3]。出于各自对于利益的追求，社会上出现了个人主义、拜金主义甚至恶意竞争等不良思想与行为。雷锋精神中的为民服务、诚实守信等思想既可以改良市场上的不良风气，维护市场秩序，也可以促进社会主义市场经济的发展。

二、党的十八大前我国弘扬雷锋精神的基本路径

1963 年，中共中央将每年的 3 月 5 日定为雷锋纪念日。从那时起到党的十八大以前，践行雷锋精神的活动已开展了将近 50 年。

（一）各级党委精心组织，党员干部发挥表率作用

中国共产党是最高政治领导力量，是我国的执政党，中国共产党的领导是弘扬雷锋精神并取得显著效果的最根本的保障。自雷锋的先进事迹被发现之后，历代党和国家领导人都在不同时期就学习与宣传雷锋精神发表过重要讲话、重要指示或重要题词。例如，毛泽东于 1963 年在《中国青年》报刊上发表“向雷锋同志学习”的题词，尔后，周恩来、朱德、刘少奇、邓小平等也纷纷题词。中共中央将每年的 3 月定为雷锋纪念月，也会在每年的 3 月召开学雷锋的研讨会，举行弘扬雷锋精神的活动。在党的

十一届三中全会召开之后，共青团十届一中全会提出要开展“学雷锋、树新风”的活动，这项活动在广大党员干部的带领下，在全社会掀起了一股讲文明、勤劳动、爱助人的新风尚。随着学雷锋活动的开展，特别是在2012年中共中央办公厅下发《关于深入开展学雷锋活动的意见》后，各级领导干部、各宣传工作者针对雷锋精神积极写作，响应弘扬雷锋精神的号召，各类形式的文学作品蜂拥而至。与此同时，广大党员同志以雷锋为榜样，以为民服务为自己的职责与使命，社会上不断涌现了雷锋式的英模人物，如焦裕禄、王进喜、黄继光等。由于党和国家领导人的直接推动和号召、各级党政机关的协调配合以及党员干部的带头示范，学习雷锋精神的活动渐渐从中央走向地方，从区域走向全国。

（二）各行各业群众立足本职岗位，践行雷锋精神

社会与各行业之间是整体与部分的关系，部分的积极推动可以加快社会的进步。雷锋精神的传递与弘扬离不开青少年的主动学习，离不开各行各业群众的积极践行。1990年2月12日，在共青团的要求下，全国掀起了“学习雷锋精神，做四有青年”的活动热潮，此后，各地青年秉持着自己的职责与使命，全国青年义工队伍、青年公益志愿者、青年义务家教者如雨后春笋。在部队中，主要通过广播、报刊、墙报等途径，针对雷锋精神中的坚定信念和勇敢无畏的精神态度进行广泛宣传。据了解，仅在当时的沈阳某部队中就派出了三四十名干部，向官兵作了60多次的报告。在工厂中，工人自发学习。据了解，位于抚顺市的某个工厂中有520多名工人自发地组成了十几个青年学习小组，每天自觉学习雷锋精神，工人们的爱岗敬业、勤俭节约等意识得到了显著增强。位于中山市的某糖厂中，职工有组织、有纪律地开展学雷锋活动，出现了职工自发帮民清新锅具、维修自行车的感人情景。在各学校中，广泛地组织了各种学习和宣传活动，其中包括纪念会、动员会、广播大会等交流大会，还定期举办了以雷锋同志为主题的党团日活动，甚至在机关、在田间还响起了“学雷锋，看行动”这一响亮的口号[4]。同时，在学术界也掀起一股巨浪，界内针对雷锋精神的具体内涵进行了辨析，成立了全国首个研究雷锋精神的学术机构，还对将雷锋精神推向国外的实际活动进行了深度思考。不同主体、不同行业的积极学习与宣传，使得雷锋精神得到了“加速度”的传递，使得雷锋精神完成了从革命性到道德性的转变，使得雷锋精神真正内化于人们的内心。

（三）利用各种媒介，宣传雷锋精神

媒介是传播者和受众者之间的中介，是传递信息的工具，具有传承文化、引导大众的作用。在社会经济不发达的20世纪60年代，人们宣传雷锋精神主要借助于广播、

报刊、墙报或口头介绍等，针对雷锋精神进行多方面、持续性的宣传，使得雷锋精神更加具体，雷锋形象更加立体，雷锋式的人物接连涌现。随着时代的日益更替，弘扬雷锋精神的媒介也在日益创新。到了20世纪90年代，随着互联网的出现，人们纷纷建立各种网站，将各类文学作品通过网络的方式进行呈现，切实形成“从网络到现实再到网络”的场域互换，增强了雷锋精神的可感知性。

三、党的十八大前我国弘扬雷锋精神的路径评析

经验是思想之子，善于总结历史经验才能使雷锋精神在新时代继续发展与传承。

党的十八大以前弘扬雷锋精神的路径，既充分彰显了党的先进性与强大的领导力量，又广泛调动了人民群众的积极性与主动性，在全社会营造了一种积极向上的良好氛围。中国共产党是最高政治领导力量，以为人民服务为宗旨。党的十八大前，党和国家领导人组织领导，党员干部模范带头，各级党政机关积极行动，群团组织紧密配合，掀起了一场全国性、群众性的学雷锋活动。这一过程充分彰显了党的先进性和强大的领导力量，体现了党的制度理论的正确性，这对于坚持党的全面领导、时刻紧跟党走、坚持党的基本路线、发挥党的战斗堡垒作用具有重大的促进作用，同时也使人民群众的积极性与主动性得到了充分的调动，青年志愿的奉献意识得到明显增强，在全社会营造了一种互帮互助、见义勇为的良好风尚。报刊、广播由于版式灵活、传递速度快、说明性强等特点，更易于被人民群众所吸纳与接受，充分利用广播、报刊、墙报等媒介，彰显了人民群众的智慧性与创造性。

四、新时代我国弘扬雷锋精神的路径拓展

几十年来，学雷锋活动在全国各地有序展开，对社会产生了深远的影响。实践证明，雷锋精神是一面充满正能量的旗帜，是永远值得我们学习的强大精神力量。习近平总书记强调：“我们既要学习雷锋的精神，也要学习雷锋的做法，把崇高理想信念和道德品质追求转化为具体行动，体现在平凡的工作生活中，作出自己应有的贡献，把雷锋精神代代传承下去。”[5]当前，我国进入了新时代，弘扬雷锋精神既要继承以往优秀的路径又要结合新时代的特点，才能让雷锋精神继续发扬光大。

（一）提升各级党委的组织领导力，为新时代雷锋精神提供组织引领

中国之所以迎来从站起来、富起来到强起来的伟大飞跃，关键就在于坚持中国共产党的领导。雷锋一生都在接受马克思主义理论的熏陶，在认识和改造主观世界的同时，始终坚持党的领导，坚守对党的忠诚，无论什么时期，对党的忠诚都是矢志不渝的。站在新的历史方位上，要始终对党忠诚，深化科学理论学习，从整体上提升各级

党委班子的向心力与凝聚力，将雷锋精神与习近平新时代中国特色社会主义思想相结合，以更加坚定的信念抵御多元化的思潮与落后腐朽的思想；要抓住党员干部这个“关键少数”，引导党员干部不断加强党性修养与自我修养的锻炼，不断用“四个自信”“四个意识”“两个维护”作为精神追求，同时，要树立正确的权力观、利益观、使命观，一心为民，廉洁从政，真正践行“孺子牛”精神，成为广大人民群众学雷锋的“动力头”；要加强责任意识，强调责任担当，坚决避免做“花架子”，做表面功夫，坚决避免图省事、怕麻烦、随意决策的行为，做到人人有担当，事事有人管，事事有落实。

（二）坚持大众参与，推进志愿者服务制度化、常态化

雷锋精神的弘扬与践行是一个长期而广泛的活动，不仅仅是依靠党政机关的宣传与推行，更需要每一个社会成员发挥主动性，积极践行雷锋精神，使雷锋精神常态化发展。抓好各行各业普通大众这一主体，充分利用共青团、工会等组织的作用，把弘扬雷锋精神与本职工作相结合，全方位、多层次开展各式各样的学习活动，将爱岗敬业、“甘做老黄牛”的奉献精神，不畏困难、奋勇向前的奋斗精神融入平时生产生活当中，让每一个普通大众都能讲好雷锋精神，传递好雷锋精神，让雷锋精神成为刻在人民群众骨子里的中国魂。要将雷锋精神的学习与宣传融入各级政府的日常工作当中，融入学校的课程建设当中，且与当前推进“四史”教育相结合，做到统筹引领、协调推进。同时，雷锋精神的弘扬还需要完善的制度体系作为保障，要完善激励褒奖制度，把爱岗敬业、团结友善、诚实守信、服务大众等纳入职业道德准则，切实推进志愿者服务制度化、常态化，形成人人学雷锋、人人做新时代“雷锋”的生动局面。

（三）充分发挥各种媒介的正能量，推动学习雷锋活动的深入持久开展

宣传思想必须借助媒介的作用，在新时代亦是如此。在新的时代境遇下，弘扬雷锋精神不能仅局限于传统媒介，要抓好新时代的特点，进行媒介的创新，以丰富多样，利民便民的平台拓宽传播的渠道，让雷锋精神既内化于人们的内心，也外化为人们的自觉行动。要充分发挥各类媒体的舆论导向作用，把宣传、践行雷锋精神与贯彻党的十九届六中全会精神、社会主义核心价值观紧密结合，重点宣传雷锋精神中热爱祖国、忠于人民的忠诚精神，爱岗敬业、“甘做老黄牛”的奉献精神，刻苦钻研、“争做拓荒牛”的创新精神，不畏困难、奋勇向前的奋斗精神，推动学习雷锋活动深入持久进行，推进社会主义精神文明建设。要大力宣传道德模范人物，加强网络文明建设，扩大雷锋精神的公信力与影响力。要持之以恒地组织青年义务教育、

主题教育等各种活动，用好每年的学雷锋纪念日等重要节日，不断增强雷锋精神的持久性和感染力。

参考文献：

[1] 刘忠和，杨丽坤. 新形势下雷锋精神学习读本 [M]. 北京：人民日报出版社，2012.

[2] 习近平李克强俞正声分别参加全国两会一些团组审议讨论 [N]. 人民日报，2013 - 03 - 07 (1).

[3] 袁航. 雷锋精神及其当代价值 [J]. 希望月报，2007 (6)：31.

[4] 曾永强，贺华. 践行雷锋精神路径的历史回顾 [J]. 教育教学论坛，2016 (28)：100 - 101.

[5] 解放思想锐意进取 深化改革破解矛盾 以新气象新担当新作为推进东北振兴 [N]. 人民日报，2018 - 09 - 29 (01).

雷锋精神基础理论研究篇

习近平总书记论雷锋精神五个定位

华东方[*]

2021年7月1日是中国共产党建党一百周年纪念日。人民日报等中央媒体纷纷发表文章，定位雷锋精神是中国共产党人的精神谱系中一棵闪亮的坐标，是人类历史长河中一颗永不坠落的星斗。站在中国共产党人精神谱系的高度，怀着对雷锋的一往情深，展望新的一年和未来，在我们的面前，展现出具有重大历史意义的雷锋三个甲子年：2022年8月15日是雷锋以身殉职60周年；2023年1月7日是“雷锋班”命名60周年；2023年3月5日是毛泽东等老一辈无产阶级革命家为雷锋题词60周年。雷锋三个甲子年的来临具有划时代的意义和里程碑的价值。2021年12月，上海大世界基尼斯总部公布了“领导人赞扬次数最多的士兵——雷锋”。习近平总书记25次讲话赞扬雷锋，标志着学雷锋走向新时代，从运动式学雷锋过渡到常态化学雷锋，从号召式学雷锋转化为引导式学雷锋，从领导人题词式学雷锋转变为领导人讲解式学雷锋。学雷锋与时俱进，常学常新，为实现中华民族伟大复兴，为实现两个一百年的宏伟目标提供了巨大的精神力量。习近平总书记利用开会、接见、参观、访问、调研、座谈会等多种形式和方法，在不同地点、不同时间、不同场合，共25次讲话赞誉雷锋，弘扬雷锋精神。他是历届党和国家领导人中讲雷锋赞美雷锋精神次数最多的。习近平总书记关于雷锋的讲话是系统的、透彻的、精辟的、深刻的、权威的。

毛泽东于1963年2月26日给雷锋题词“向雷锋同志学习”，于3月5日发表。毛泽东、周恩来、刘少奇、朱德、邓小平、陈云、董必武、华国锋、叶剑英、李先念、江泽民、李鹏、杨尚昆、乔石、宋平、姚依林、李瑞环等都为雷锋题词。在这些题词中，题词字数越多的越容易理解，题词字数越少的越难以理解。其中，毛主席题词的字数是最少的，只有简单的七个字“向雷锋同志学习”。至于雷锋精神是什么？学雷锋

* 作者系国家一级作家、中华雷锋文化促进会副会长。

学什么？怎么学？学到什么年代？只字未提。这也许是毛主席的智慧。因此，不少人感到不解，认为毛主席的题词过于简单、单调，用语太白话了。毛主席还是大诗人啊，那么有文采，他的作品是何等的有风韵有气派。他发表的那些诗篇是多么的震撼、磅礴，“莫道昆明池水浅，观鱼胜过富春江”“北国风光，千里冰封，万里雪飘”等，怎么就不用上一点点呢？其实，毛主席给雷锋的题词，不是文人墨客的吟诗作赋，在这里，他是伟大的领袖，是在发出“向雷锋同志学习”的伟大号召，让全国人民，包括老人和孩子们，人人都能够听得懂、记得住、学得来、做得到。另外，“向雷锋同志学习”七个字看似简单，其实很深奥。毛主席是深谋远虑的，是用心良苦的，他留下了一个伟大的伏笔，让更多的人特别是后来人，不断地思考，不断地与时俱进，学雷锋到底学什么？其他领导人跟随和围绕毛主席的题词而题词。他们是理解、解读毛主席题词的。当年普遍认为周总理给雷锋的题词是比较精练的，具有指导意义和引领价值，即“向雷锋同志学习憎爱分明的阶级立场，言行一致的革命精神，公而忘私的共产主义风格，奋不顾身的无产阶级斗志”。今天看，周总理给雷锋的题词，依然是非常经典的，是宝贵的精神财富。习近平总书记关于学习雷锋精神的讲话已经达到 25 次。这是党和国家领导人中讲雷锋次数最多的，讲得最深的、最透的，定位最准确的，是对雷锋精神的系统论述，是纲领性的、指导性的，是必须遵循和不可替代的，把雷锋精神是什么，为什么学雷锋，怎样学雷锋，学到什么年代，讲得清清楚楚明明白白。习近平总书记给雷锋精神五个精准的定位。

一、定位雷锋精神文化内涵

习近平总书记说：“雷锋精神是中华民族五千年优秀传统文化和红色革命文化、社会主义文化的结合。”明确指出，雷锋精神是优秀传统文化、红色革命文化和社会主义先进文化的三结合。这是雷锋精神的文化内涵，也是雷锋精神的精髓，是新时代学雷锋的引领和指南。

雷锋精神是优秀传统文化的继承。习近平总书记参观雷锋纪念馆谈到“大道至简”时指出：“中国有很多的古典名著，包括孔孟之道。但是终归一句话就是要贴近人民群众，雷锋精神为什么宝贵，是因为雷锋讲过的许多名言，是经过学习和实践总结出来的，是能够激励群众，能够找到真实感的。”雷锋精神与中华民族五千多年优秀传统文化是一脉相承的。雷锋的神韵与古代圣贤的风骨是血肉相连的，许多名言警句的语言风格是相似的，思想内容是一致的。孟子说：“天将降大任于斯人也，必先苦其心志，劳其筋骨，饿其体肤，空乏其身，行拂乱其所为，所以动心忍性，增益其所不能。”雷锋说：“不经风雨，长不成大树；不受百炼，难以成钢。迎着困难前进，这也是我们革命青年成长的必经之路。有理想有出息的青年人必定是乐于吃苦的人。”孔子说：“吾十有五而志于学，三十而立……”雷锋16岁高小毕业的时候，就毅然决然地表达了回乡当一个新式农民的决心和将来要做个好工人、当一名好战士的愿望。司马迁说：“人固有一死，或重于泰山，或轻于鸿毛。”雷锋说：“人总有一死，有的轻于鸿毛，有的却重于泰山。我觉得一个革命者活着就应该把毕生的精力和整个生命为人类解放事业——共产主义全部献出。”雷锋还有与顾炎武、诸葛亮、李白、杜甫、陆游、李清照等古代名人相对应的名言警句。美国人罗杰斯翻译了雷锋日记，深有感触地说：“雷锋许多精辟的语言，只有林肯、甘地、马丁·路德·金等国际大师才能说出来。”

雷锋精神是红色革命文化的发扬。中华民族是一个崇尚英雄的民族。在革命战争、抗日战争、解放战争中，涌现了许多抛头颅洒热血的英雄志士。雷锋就是学习这些英雄，继承革命先烈遗志的后来人，雷锋就是通过学习这些英雄的感人事迹成长起来的。雷锋入伍第一天，看的电影就是《董存瑞》，并在自己的日记本里写下了学习董存瑞英勇献身精神的感想。他的日记本里，有3处是学习黄继光的感受和体会的。他的一生曾经学习了董存瑞、黄继光、王若飞、方志敏、向秀丽等二十几位英雄模范。他说：“在最困难、最艰苦的工作中，我想起了黄继光，浑身就有了力量，信心百倍，意志更坚强……我每次外出执行任务或在最复杂的环境中，想起了邱少云，就能严格地要求自己，很好地遵守纪律。每当我得到福利和享受的时候，想起了白求恩，就先人后己，把享受让给别人。”雷锋的奉献精神就是战争年代流血牺牲精神在新的历史条件下的继续和发扬。

雷锋精神是社会主义先进文化的标志。雷锋参加了社会主义革命和社会主义建设。雷锋精神经过了计划经济时代和市场经济时代的检验。他用自己的行动践行社会主义核心价值观。他在家乡当农民时是优秀的拖拉机手；他在鞍钢当工人时3次被评为先进生产者，5次被评为红旗手，18次被评为标兵；他在部队当战士时，荣立二等功1次、三等功2次、营团嘉奖多次。他走到哪里就把好事做到哪里，全心全意为人民，把有限的生命投入到无限的为人民服务之中。

二、定位雷锋精神社会价值

习近平总书记从建设中国特色社会主义强国伟大意义和作用的角度，从实现中华民族伟大复兴的高度，对雷锋精神的社会价值和时代价值进行了评估和认定。他说：“大力加强思想道德建设，雷锋、郭明义、罗阳身上所具有的信念的能量、大爱的胸怀、忘我的精神、进取的锐气，正是我们民族精神的最好写照，他们都是我们‘民族的脊梁’。要充分发挥各方面英模人物的榜样作用，大力激发社会正能量，为实现中国梦提供强大精神动力。”“雷锋精神是永恒的，是社会主义核心价值观的生动体现。”习近平总书记提出了雷锋精神的生动体现，非常重要，非常有实际价值，非常具有指导意义。社会主义核心价值观的定义是 24 个字：富强、民主、文明、和谐、自由、平等、公正、法治、爱国、敬业、诚信、友善。雷锋的名言“人的生命是有限的，可是，为人民服务是无限的。我要把有限的生命投入到无限的为人民服务之中去。”雷锋把社会主义核心价值观 24 个字组成的定义变成了实际行动，变成实现中华民族伟大复兴的社会实践，变成促进社会发展的强大动力，真正地实现了社会价值。我们一定要深刻理解，牢牢把握。学雷锋重在生动体现，重在具体实践，重在实际行动。要体现在自己的行动中，体现在老工业基地振兴中，体现在实现两个一百年的宏伟目标中，体现在中华民族伟大复兴中。

三、定位雷锋精神存在时间

习近平总书记明确了学雷锋的可持续性和永久性。他说：“永恒体现的不是物理时间存在的长短，雷锋去世时 22 岁，把有限的人生变成了永恒。”习近平总书记还说：“雷锋精神是永恒的，是社会主义核心价值观的生动体现，你们要做雷锋精神的种子，把雷锋精神广播在祖国大地上。”习近平总书记告诉我们，学雷锋不是一个人两个人的事，而是全中国人民的大事。也不是一代人两代人的事，是世世代代要传承下去的中华民族的大事。因此，我们说雷锋精神永远不会过时，雷锋精神是永恒的。雷锋精神的实质，就是中国共产党的宗旨——全心全意为人民服务，就是为全国人民谋幸福，就是为中华民族谋复兴。只要中国共产党执政，只要社会主义存在，雷锋精神就会生生不息，兴旺发达。雷锋精神是中华民族传统美德的继续和发展，是中华民族的基因，是对中华民族优秀传统文化的发扬光大。雷锋助人为乐的优秀品质是人类精神财富的精华和真谛。

四、定位雷锋时代英模类型

《论中国共产党历史》记载了习近平总书记于 2019 年 9 月视察东北时在老工业基地振兴座谈会的讲话，他指出：“雷锋是时代的楷模，雷锋精神是永恒的。实现中华民族伟大复兴，需要更多时代楷模。”明确了雷锋的英模种类，雷锋不是战斗英雄，是时代楷模。雷锋说：“自己活着，就是为了使别人活得更美好。”雷锋不是战争年代流血牺牲的英雄，他是在新中国成长起来的，是在社会主义建设时期涌现出来的楷模。雷锋参加了祖国的社会主义建设，参加了鞍钢、抚钢等老工业基地的基础建设，在中国人民解放军的队伍里，成为伟大的共产主义战士。雷锋和雷锋精神的出现，具有划时代的意义。据记载，当年是《中国青年》杂志社发出邀请函请求毛主席给雷锋同志题词的。他们认为，雷锋不同于面对敌人铡刀无所畏惧、从容就义的刘胡兰，也不同于抱着炸药包冲向敌人堡垒、英勇献身的董存瑞，雷锋是社会主义和平建设时期的英雄模范，具有鲜明的时代特点和普遍的教育意义，应该下大力气弘扬和宣传，树立一个划时代的榜样。雷锋精神不仅培育出王杰、刘英俊等英雄，也培养出郭明义、庄仕华、孙茂芳等时代楷模和“当代雷锋”，使我国的英模人物走上了良性循环的轨道。雷锋是时代楷模，他是我们做人做事的楷模，是我们学习、工作、生活的楷模。

五、定位学习雷锋精神做法

学习雷锋既要肯于学习又要善于学习，既要有良好的学习态度，又要有科学的学习方法，这样才能够做到真学真懂真信真用。习近平总书记说：“我们既要学习雷锋的精神，也要学习雷锋的做法，把崇高的理想信念和道德品质追求转化为具体行动，体现在平凡的工作生活中，作出自己应有的贡献，把雷锋精神代代传承下去。”

雷锋是有崇高理想的，是有初心和使命的，当然也是有担当的。他早期表达的初心是在1956年小学毕业典礼上。他说：“亲爱的老师、同学们：我们小学毕业了。毕业以后，很多同学准备升入中学学习。我呢，我决定留在农村广阔的天地里，当一个新式农民。我决心做个好农民，争取驾起拖拉机，耕耘祖国大地，建设社会主义新农村。将来，如果祖国需要，我就去做个好工人，为祖国的社会主义工业化出把力。将来，如果祖国需要，我就参军做个好战士，用自己的鲜血和生命去保卫我们伟大的祖国。同学们，让我们在不同的工作岗位上竞赛吧！老师们，请你们看我的实际行动吧！”雷锋在22岁的青春年华里，他当农民、工人、战士的三个愿望都实现了，可谓雷锋人生三部曲。雷锋的初心和使命是阶段性和连续性的，是不断升高的。20世纪50年代中期，国家发出“大办农业”的号召，雷锋立刻回乡参加农业生产；50年代后期，国家号召“大办钢铁”，雷锋立马奔赴东北的鞍钢，参加工业生产；60年代初期，国民党反动派叫嚣反攻大陆，东南沿海形势紧张，雷锋参军入伍，一心保卫祖国。当农民时，他驾驶着拖拉机；当工人时，他驾驶着推土机；当战士时，他驾驶着汽车。他一路前行，一往无前，完美地完成了自己的初心和使命，把崇高的理想变成了现实，成就了一个伟大而美好的人生。学习雷锋就要像雷锋那样“不忘初心、牢记使命”。在日常生活中，踏踏实实地工作，一点一滴地做贡献，一件事一件事地去做好，一个目标一个目标地去完成。爱岗敬业，做好自己的本职工作，干一行、爱一行、钻一行，做一颗永不生锈的螺丝钉。学习雷锋重在实践，空喊口号是没有实际意义的，必须把理想信念落实在实际行动中。

习近平总书记关于雷锋精神的五个定位，具有生动体现、平凡体现、永恒体现的价值，具有普遍的长久的超越时空的指导意义。习近平总书记关于雷锋精神的五个定位，也是对国内外的那些别有用心、不怀好意的人所捏造的雷锋“过时论”“工具论”“低能论”的有力批驳和否定。

参考文献：

[1] 习近平. 习近平谈治国理政（第一卷）[M]. 北京：外文出版社，2018.
[2] 毛泽东. 毛泽东选集（第3卷）[M]. 北京：人民出版社，1991.
[3] 总政治部. 雷锋日记选 [M]. 北京：解放军文艺出版社，1989.
[4] 习近平. 用新时代中国特色社会主义思想铸魂育人 贯彻党的教育方针 落实立德树人根本任务 [N]. 人民日报，2019-03-19 (1).

习近平总书记关于雷锋精神重要论述的三重逻辑

韩　杰*

党的十八大以来，习近平总书记曾多次在不同场合对雷锋精神作出重要论述，强调“学习雷锋精神，就要把崇高的理想信念和道德品质追求融入日常的工作生活，在自己岗位上做一颗永不生锈的螺丝钉”[1]。习近平总书记关于雷锋精神的重要论述是立足于马克思主义基本立场和中国特色社会主义新时代的历史方位，着眼于“两个一百年”奋斗目标和实现中华民族伟大复兴中国梦的战略全局提出的具有深刻意义的重大理论成果，对在全面建设社会主义现代化国家的新征程上指引全体社会公民保持优良传统、坚定理想信念、克服艰难险阻、实现伟大梦想具有举足轻重的时代价值。

一、习近平总书记关于雷锋精神重要论述的生成逻辑

习近平总书记指出：“雷锋是一个时代的楷模，雷锋精神是永恒的，它是五千年优秀中华文化和红色革命文化的结合。”[1]毋庸置疑，雷锋精神是中华民族精神和党的伟大精神中不可或缺的重要组成部分，拥有深厚的文化底蕴、理论根基和革命印记，历经岁月洗礼而始终勇立潮头并愈发彰显出生生不息、催人奋进的旺盛生命力。

（一）植根于中华民族优秀传统文化的沃土

习近平总书记强调，“博大精深的中华优秀传统文化是我们在世界文化激荡中站稳脚跟的根基”[2]。在数千年来波澜壮阔的历史长河和奋斗历程中，中华民族形成了与中华优秀传统文化一脉相承的“家国同构、克己奉公、助人为乐、艰苦奋斗、自强不息、锐意进取”的理想信念和价值追求，凝聚着一代又一代中华儿女为实现伟大梦想而前赴后继、矢志不渝的精神力量，是涵养社会主义文化自信的深厚基础，是建设社会主

---

* 作者系吉林大学马克思主义学院硕士研究生。

义现代化强国的重要支撑，是实现中华民族伟大复兴的强大动力。

雷锋精神是中华优秀传统文化和传统美德精髓的淬炼和彰显，其中所蕴含的奉献精神、敬业精神、创新精神、创业精神以及爱党、爱国、爱社会主义的理想信念，与中华民族所推崇的“己欲立而立人，己欲达而达人”的仁爱理念相一致，与中华民族所倡导的“专心致志，以事其业也”的匠人品质相契合，与中华民族所坚持的“苟日新，日日新，又日新”的革新思想相协调，与中华民族所奉行的“发愤忘食，乐以忘忧”的进取追求相匹配，与中华民族所弘扬的“常思奋不顾身，以殉国家之急”的家国情怀相呼应。

正是在中华优秀传统文化的熏陶与浸润下，雷锋同志才得以从逆境中顺利成长为具备优良素质和崇高品质的无产阶级战士，才能够在为人民服务的实践中找到属于自己的人生价值；正是在根植和发扬中华优秀传统文化的基础上，雷锋精神才得以在中国特色社会主义新时代焕发出旺盛的生命活力，才能够在波诡云谲、变幻莫测的现代化浪潮中彰显出独特的育人价值。

（二）承继于马克思主义中国化的理论成果

习近平总书记强调：“一个民族要走在时代前列，就一刻不能没有理论思维，一刻不能没有正确思想指引。”[3]马克思主义是中国共产党自成立以来就用以加强理论武装、教育干部群众、指导革命实践的强大思想武器。在马克思主义的正确指引下，党领导人民不断推动科学社会主义理论在中国大地生根开花并走向深入，由此也形成了适应中国当下与未来发展实际的宝贵精神财富。

雷锋同志是在马克思主义光辉的强烈照耀与深刻洗礼下成长起来的具有崇高革命理想的时代青年，在其短暂但却炙热的生命历程中，毛泽东的系列著作是建构起雷锋同志“辩证与历史唯物主义”世界观、“全心全意为人民无私奉献”人生观以及“为伟大共产主义事业而奋斗”价值观的重要启蒙读本，赋予雷锋同志理性思考与勇于探索的磅礴精神力量。在潜心钻研毛泽东经典著作的过程中，雷锋同志概括出“问题－学习－实践－总结”的求知方法，主张“以实际问题为中心，到毛主席著作中找答案，按主席指示办事”[4]的实践路径，进而得以促使他实现从“好学生”到“好农民”“好工人”，再到“好战士”的人生转变。

雷锋精神是在马克思主义及其中国化理论成果的指导下形成的党的伟大精神，是对马克思所坚持的“为人类利益造福”的具体化阐释以及对雷锋同志个人英雄事迹和光辉形象的生动化表达，具有鲜明且深厚的中国化马克思主义的特色与底蕴，成为鼓舞与激励一代又一代中国青年切实把自己极为有限且珍贵的生命毫无保留地奉献给为党和人民服务的伟大事业中去的强大精神动力。

（三）发展于社会主义持续推进的伟大征程

习近平总书记强调："我们党之所以历经百年而风华正茂、饱经磨难而生生不息，就是凭着那么一股革命加拼命的强大精神。"[3]雷锋同志是伴随着党领导的革命和建设事业逐步成长起来的具有坚定共产主义理想信念的英雄模范和杰出榜样，对于雷锋同志个人形象的塑造以及个人事迹的传播也是与党领导人民推进社会主义持续向纵深发展的步调同频共振的。在雷锋同志逝世周年之际，毛泽东等老一辈革命家曾先后为纪念雷锋同志题词，由此迅速在全国范围内掀起了"向雷锋同志学习"的高潮，各地形式多样的学雷锋活动也如雨后春笋般竞相开展。

随着我国改革开放事业和社会主义现代化进程的不断发展，学习与弘扬雷锋精神渐趋同社会主义精神文明建设深度融合。在凝练雷锋精神丰富内涵与挖掘雷锋精神时代价值的过程中，党对雷锋精神的认知更加全面、对雷锋精神的理解更加透彻、对雷锋精神的阐释也更加完善，极大地鼓舞了广大人民群众积极投身社会主义建设时代洪流的信心和勇气。

1990 年，江泽民同志在接见"雷锋团"时对雷锋精神的实质予以概括，即"全心全意为人民服务，为了人民的事业无私奉献"[5]。1993 年，胡锦涛同志指出："发扬光大雷锋精神，仍然为我们这个时代进步所必需，仍然为我们改革开放和现代化建设事业发展所必需。"[6]党的十八大以来，习近平总书记曾多次对学习和传承雷锋精神作出重要指示和批示，并就新形势下学雷锋活动的组织实施提出明确要求，为在新时代语境下丰富社会主义核心价值体系的内容以及提高国民思想道德素质指明了正确方向。

二、习近平总书记关于雷锋精神重要论述的价值逻辑

习近平总书记指出，雷锋精神"过去是、现在是、将来仍然是我们党的宝贵精神财富"[1]。在推动全社会学习和弘扬雷锋精神的过程中，党领导人民不断挖掘雷锋精神的深刻内涵并赋予其新的历史使命，促进社会进步，引领时代发展，成为激励中华儿女不懈奋进的精神追求。

（一）引导广大时代青年坚定理想信念的重要指引

习近平总书记强调，"坚定理想信念，坚守共产党人精神追求，始终是共产党人安身立命的根本"[7]，雷锋同志"一辈子为党和人民奋斗，没有崇高信仰、坚定信念是做不到的"[1]。雷锋同志将自己与集体、社会和国家的命运紧密结合，将党和人民的点滴需要视作实现人生价值的凭借，始终坚持把拥党爱国、服务人民、奉献社会作为自己矢志不渝的信念与追求，把崇高的共产主义理想作为激励自己扎实做好本职工作的不

竭精神动力，用实际行动在平凡的岗位上践行着共产党员的铮铮誓言。

雷锋同志饱含深情地写道："我觉得一个革命者就应该把革命利益放在第一位，为党的事业贡献出自己的一切，这才是最幸福的。"[4] "崇高的行为就是献身于为人民服务，为自己的祖国效忠，为崇高的共产主义理想立功。"[4]……雷锋同志的言辞朴实但却恳切、话语简短但却赤诚，无一不是其爱党、爱国、爱社会主义、爱人民的崇高理想和坚定信念的确证。也正是因为如此，雷锋同志才为后继者树立起跨越时空而依然屹立的不朽丰碑。

党的十八大以来，习近平总书记始终高度重视对于青年群体理想信念的培育工作，勉励大家要"在学思践悟中坚定理想信念，在奋发有为中践行初心使命"[8]。对于置身新时代的广大青年而言，虽然雷锋同志已经离我们远去，但彰显其理想信念的雷锋精神却永远不会过时，其中所蕴含的理想信念元素对于引导青年群体树立正确的世界观、人生观和价值观，以及做好新形势下的思想政治教育工作而言具有弥足珍贵的现实意义。

（二）培育和践行社会主义核心价值观的重要依托

习近平总书记强调："核心价值观，承载着一个民族、一个国家的精神追求，体现着一个社会评判是非曲直的价值标准。"[7] "雷锋精神是永恒的，是社会主义核心价值观的生动体现。"[1]党的十八大在继承和发展中华民族传统美德和社会主义核心价值体系的基础上，着眼于社会主义精神文明建设和发展中国特色社会主义的现实需要，高屋建瓴地从意识形态和价值观念层面对全体公民提出"爱国、敬业、诚信、友善"的现实要求，成为社会主义核心价值观理论化、系统化、规范化表达的重要组成部分，是新时代社会主义精神文明和道德规范的价值旨归。

雷锋精神的核心要义与社会主义核心价值观的本质要求是一致的，不仅在一定程度上支撑和发展了社会主义核心价值观的深刻内涵，而且也为在新时代语境下培育和践行社会主义核心价值观提供了现实依托，为建设具有中国特色的社会主义和谐社会提供了鲜活且生动的素材，引领和把握着未来社会主义发展的价值取向和主体文明。

雷锋同志是从人民群众中成长起来的典型代表，拥有扎实且广泛的群众基础和深厚且浓烈的阶级情感，在过往数十年的峥嵘岁月中一直为人们所敬仰与称赞。以宣传雷锋事迹和弘扬雷锋精神为切入点来培育和践行社会主义核心价值观，不仅能够唤起社会公民在情感和道德上对于雷锋精神的强烈认同与深刻共鸣，而且能够增加大家对于社会主义核心价值观的接纳与认可程度，进而有助于更好地将"热爱祖国、勤恳敬业、诚实守信、友善待人"的价值观念内化于心、外化于行。

（三）进行伟大斗争继而夺取伟大胜利的重要武器

习近平总书记强调："以史为鉴、开创未来，必须进行具有许多新的历史特点的伟大斗争。""敢于斗争、敢于胜利，是中国共产党不可战胜的强大精神力量。"[9]回顾中国共产党百年来辉煌灿烂的历史，从推翻"三座大山"建立新中国"站起来"，到确立社会主义制度并实行改革开放"富起来"，再到带领人民进入中国特色社会主义新时代"强起来"，每一次历史飞跃的实现和瞩目成就的取得都是党领导人民进行不懈斗争的结果，都饱含着中国人民直面挑战、无惧困难的坚强勇气，都锤炼出共产党人敢于斗争、善于斗争，并在斗争中前进的政治品格。

在国际社会环境风起云涌、世界发展大势变幻莫测的现实状况下，资本主义社会意识形态中的消费主义、拜金主义、享乐主义和历史虚无主义等价值观念正通过多种渠道渗入中国，给社会主义精神文明建设带来强烈冲击。加之，市场经济的快速发展也在一定程度上催生了社会公民追求现实功利的极端个人主义倾向，人情淡漠、罔顾集体、贪图安逸、攀比浪费的事件偶有发生，迫切需要以伟大精神与之进行坚决斗争。

雷锋同志是在革命斗争中诞生并成长起来的，雷锋精神也是在革命斗争中形成并发展起来的。当前，虽然我国的社会主要矛盾已然发生变化，但雷锋精神中所蕴含的团结友爱、吃苦耐劳、勤俭节约、踏实朴素的精神实质没有变，雷锋精神中所具有的启迪智慧、发人深省、鼓舞斗志、振奋人心的强大力量没有变，必将激励全体中华儿女在重大历史机遇期的伟大斗争中夺取属于中华民族的新的更伟大的胜利。

三、习近平总书记关于雷锋精神重要论述的实践逻辑

习近平总书记指出："雷锋精神，人人可学；奉献爱心，处处可为。"[1]在全面建设社会主义现代化国家的新征程上，全体社会公民都应秉承担当作为和开拓创新的坚定态度与顽强意志，努力做雷锋精神的信仰者、传播者和践行者，让雷锋精神的种子播撒在中华民族广袤的土地之上，进而为实现强国梦想贡献出应有的青春力量。

（一）必要前提：培育先进典型，强化思想引领

伟大事业的成就需要伟大精神的指引，伟大精神的展现需要时代楷模的垂范。在学习和践行雷锋精神的征途上，先进人物的榜样示范作用、红色文化的陶冶渗透作用以及学校教育的塑造教化作用，对于指导社会公民将雷锋精神的深刻内涵融入日常生活至关重要。

第一，发挥榜样示范作用。在雷锋精神的强烈感召与社会主义核心价值观的正确引领下，涌现出点亮山区女孩人生梦想的张桂梅、为捍卫祖国领土主权英勇牺牲的陈

红军、将生命奉献给脱贫攻坚事业的黄文秀等一大批新时代“雷锋式”模范人物。要加强对于这些时代楷模先进事迹和崇高精神的宣传与推广，充分发挥他们在弘扬社会正能量与引导新时代公民道德建设方面的榜样示范作用，为雷锋精神赋予新时代的积极能量。

第二，用好红色文化资源。雷锋纪念馆以及雷锋同志曾经生活和战斗过的处所是展示其生平经历和英雄事迹的重要窗口，同时也是开展雷锋精神教育活动的战略阵地，为社会公民实地学习与感悟雷锋精神搭建起直接平台。要充分发挥上述红色遗迹在教化群众、引领思想方面的独特作用，广泛组织现场体验式教学活动，强化参观群众的感性认识，以红色文化资源涵养雷锋精神，进而促进红色基因的传承和红色血脉的赓续。

第三，融入学校教育体系。各类各级学校在培养学生高尚品德和健全人格的过程中发挥着不可替代的重要作用，肩负着培养社会主义事业可靠接班人的重要任务，同时也是雷锋精神立德树人价值彰显的重要阵地。要将雷锋精神融入大中小学思政课一体化建设进程，推动雷锋事迹与雷锋精神入教材、入课堂、入头脑，进而形成全过程纵向衔接的教育合力，让雷锋精神的种子扎根并萌发于每一名青年学子的心中。

（二）中心环节：突出实践导向，完善整体规划

全体社会成员能否自觉践行雷锋精神是检验学习雷锋成效的最佳评判标准。在推进社会主义精神文明建设过程中，要建构起符合社会发展实际和运行状况的体制机制，充分发挥志愿服务在社会治理中的重要作用，持续推动学习雷锋实践活动向纵深发展。

第一，建立常态运行机制。重形式、走过场、“三月来四月走”是在学思践悟雷锋精神过程中存在的十分严峻的现实窘境，不仅与雷锋精神的深刻内涵相违背，而且也不利于社会主义核心价值观的弘扬。要从宏观层面准确把握雷锋精神在提升社会治理效能方面的重要作用，不断完善与之相适应的政策措施、保障机制和服务体系，推动学习和践行雷锋精神的制度化、规模化和长效化进程，切实提升全体公民的社会责任感。

第二，着力开展志愿服务。志愿服务活动是践行雷锋精神的重要抓手和有益延展，升华出“无私奉献、团结友爱、互帮互助、共同进步”的志愿精神，是利他主义和慈善主义的现代化表达，具有鲜明的时代特征和伦理价值。要坚持将传承雷锋精神融入志愿服务活动之中，组建专门化的志愿服务团队，整合社会各方面的优势资源，定期开展扶危济困、奉献爱心的特色活动，切实将雷锋精神和志愿精神发扬光大。

第三，持续推进学习实践。雷锋精神是一个内涵广阔、渐趋发展、常学常新的精神体系，而学习和践行雷锋精神的过程并没有统一和固定的模式，只要能在做细、做

小、做实上下功夫，普通人也可以创造出属于自己的伟大荣光。要积极引导社会公民将学习和传承雷锋精神的活动与本职工作和日常生活密切结合，切实激发以实际行动书写新时代雷锋故事的自觉性和主动性，进而于细微之处增进大家的获得感、满足感和成就感。

（三）重要保证：拓宽宣传渠道，形成良好氛围

良好社会氛围与清正社会风气的形成离不开全体社会成员的共同努力。在开展雷锋事迹和雷锋精神的宣传与弘扬时，要充分发挥新媒体传播平台的重要作用，推出不负时代和人民的优秀文艺作品，同时要加大对外传播力度，着力推动雷锋形象和雷锋精神深入人心。

第一，立足新兴传播媒介。新闻媒体肩负着传播主流价值观和社会正能量的重要使命，而现代化传播媒介的广泛应用则为雷锋精神在新形势下的传播开辟出崭新路径，具有传统媒体不可比拟的强大优势。要将雷锋事迹、雷锋精神与新时代“雷锋式”英雄模范的宣传有机结合，以社会主流媒体为传播的首要渠道，同时充分发挥微博、微信等自媒体平台的独特效能，进而在全社会形成积极温暖、向上向善的浓郁氛围。

第二，推出优秀文艺作品。文学艺术是把握时代脉搏、展现社会风貌、传播价值观念、鼓舞精神动力的重要形式，能够在潜移默化中给予人们触动心灵的强大力量，是在新形势下传播和弘扬雷锋精神的重要载体和现实依托。要以雷锋和“雷锋式”英雄模范的先进事迹为原型，以音乐、舞蹈、文学和影视等人民群众喜闻乐见的艺术表现形式讲述雷锋故事，创作出一系列符合新时代审美旨趣与价值取向的精品佳作。

第三，加大对外传播力度。雷锋精神不仅是中华民族的，更是全人类的宝贵精神财富，彰显出超越国界、跨越时空的显著优势和独特魅力，对于世界上所有爱好和平、勤劳勇敢的人们而言都具有强大的亲和力与感召力。要以雷锋同志个人形象为创作蓝本，推出一系列具有雷锋印记的文化创意产品，打造具有国际吸引力和知名度的雷锋品牌，推动雷锋精神和雷锋文化走出国门、走向世界，进而助力中华文化国际影响力的提升。

参考文献：

[1] 习近平. 习近平谈雷锋精神 [J]. 共产党员，2019 (08)：7-8.
[2] 习近平. 习近平谈治国理政（第一卷）[M]. 北京：外文出版社，2014.
[3] 习近平. 在党史学习教育动员大会上的讲话 [M]. 北京：人民出版社，2021.
[4] 雷锋. 雷锋全集 [M]. 北京：华文出版社，2012.
[5] 中共中央文献研究室. 江泽民思想年编（1989—2008）[M]. 北京：中央文献出

版社，2010.
[6] 胡锦涛. 胡锦涛文选（第一卷）[M]. 北京：人民出版社，2016.
[7] 中共中央宣传部. 习近平总书记系列重要讲话读本 [M]. 北京：人民出版社，学习出版社，2014.
[8] 新华社. 习近平给复旦大学青年师生党员回信勉励广大党员在学思践悟中坚定理想信念在奋发有为中践行初心使命 [J]. 思想政治工作研究，2020（07）：8.
[9] 习近平. 在庆祝中国共产党成立100周年大会上的讲话 [M]. 北京：人民出版社，2021.

习近平总书记关于雷锋精神的重要论述研究

王晓翔*，赵天罡**

雷锋精神是中国共产党人精神谱系的重要元素，数十年来以其特有的红色基因与精神血脉始终为我们兴党强党提供着丰厚滋养。党的十八大以来，习近平总书记多次论及雷锋精神，其逻辑脉络主要围绕“雷锋精神是否过时”“雷锋精神是什么”和“怎样践行雷锋精神”三个问题维度展开，这应成为学界时下对雷锋精神及其相关问题进行学理探究的逻辑起点和总体思路，也应作为弘扬共产党人精神谱系的理论指南。

一、“雷锋精神是否过时”：正确把握“雷锋精神是永恒的”

习近平总书记关于雷锋精神的重要论述首先正面回应了“雷锋精神是否过时”这一时代问题，在多个场合明确指出“雷锋精神是永恒的”。从中可以读出两层内涵：其一，雷锋精神不是阶段的精神而是永恒的精神，其所蕴含的对信仰信念的坚定持守、对服务奉献的始终如一等价值内核是跨越时间长河历久弥新的不变指向；其二，雷锋精神不是固化的精神而是流变的精神，其外显的道德要求与具体的话语表达随时代发展与历史变迁不断被赋予新的时代元素，具有鲜明的时代特征。

（一）雷锋精神不是阶段的精神而是永恒的精神

雷锋，一位被历史所铭记的平凡而伟大的战士，是社会主义建设时期涌现出的先进楷模和时代英雄，他在短暂而光辉的人生中，以实际行动书写出壮丽的岁月华章。然而，随着时代发展与社会变迁，一些诸如“过时论”“超前论”等不和谐的声音时

---

* 作者系辽宁师范大学讲师。

** 作者系辽宁师范大学马克思主义学院硕士研究生。

有显现，认为雷锋精神是特定历史时期的阶段产物，与改革开放特别是社会主义市场经济的内在要求互有冲突。为此，习近平总书记反复强调：“雷锋是时代的楷模，雷锋精神是永恒的。”[1]

首先，雷锋精神所蕴含的对理想信念的坚定持守等价值内核充分彰显了共产党人的世界观、人生观和价值观，是中国共产党执政兴国的精神支柱和重要保障，是社会主义精神文明建设的指向引领和执着追求。作为共产党人的杰出代表，雷锋是一位当之无愧的共产主义者，他用短暂壮阔的人生践行了他日记中的所思所想：“为了人类的解放事业——共产主义，我要献出自己的毕生精力和整个生命。”[2]雷锋同志倒下了，但他那对共产主义、集体主义理想信念的坚定持守激励着千千万万共产党人继续前行。邓小平同志曾明确指出：“为什么我们过去能在非常困难的情况下奋斗出来，战胜千难万险使革命胜利呢？就是因为我们有理想，有马克思主义信念，有共产主义信念。”[3]习近平总书记也多次强调：“对马克思主义的信仰，对社会主义和共产主义的信念，是共产党人的政治灵魂，是共产党人经受住任何考验的精神支柱。”[4]理想信念古老而常青，是任何时代任何人都无法回避的永恒话题，中国特色社会主义进入新时代，国际国内多元思潮碰撞融合，市场经济的逐利取向也在不断冲击着共产主义、集体主义理想信念，始终以雷锋精神价值内核所彰显的美好图景引领社会主义精神文明建设，构塑新时代共产党人源于实践又超越实践的精神大厦，是新时代中国共产党执政兴国的重要保障。

其次，雷锋精神所蕴含的对服务奉献的始终如一等价值内核科学揭示了人作为“对象性的存在物”自身发展的必然趋势和永恒诉求，探明了“现实的人”实现自由全面发展的价值导向和实践路径。市场经济的利己本质与现代社会的主体复归是无可避免的时代必然，但这并不意味着雷锋精神所蕴含的服务奉献等利他取向应归入历史的尘埃。马克思在批判古典哲学对人进行抽象理解的基础上展开对人的本质与“现实的人”的思考，人的“对象性的存在物”类特性是人“有意识的生命活动”类特性的生成基础，而后者是人区别于物和动物的直接标志，也是人实现自由的基本前提[5]。在论及“对象性的存在物”与“人之外存在物”和人与“第三存在物”的两层对象性关系时，马克思进一步指出：“社会是人同自然界的完成了的本质的统一”[6]。“人的本质不是单个人所固有的抽象物，在其现实性上，它是一切社会关系的总和。”[7]在市场经济特别是社会主义市场经济中，任何单一的利己主体同样具有“对象性存在物”与“现实的人”的双重属性，其所追求的利己之利，本质上仍由其现实的对象性关系所决定。因此，得到社会的普遍认同也即成为利己之永恒诉求，由阶段利己转向永恒利他、由关注自我认同转向追求社会认同的人自身发展的必然趋势，也就与马克思所作的“每个人的自由发展是一切人的自由发展的条件”[7]的共同体诠释实现了统一。然而，诚如马克思所言："批判的武器当然不能代替武器的批判"[7]，理论的分析终归要落脚实践，在新时代社会主义市场经济条件下，不能寄望于每个行为主体都能达到利他就是利己的思想高度。但在思维与实践的辩证发展过程中，雷锋已用自己的实际行动探明了一条以利他精神为价值导向的，从平凡走向伟大、从历史走向未来的实践路径。

（二）雷锋精神不是固化的精神而是流变的精神

自1963年毛主席发出"向雷锋同志学习"的号召以来，雷锋精神逐渐得以凝练、弘扬和传承。五十余年匆匆过去，雷锋精神伴随着这段历史进程已深入到亿万群众的心中。然而，在对雷锋精神的凝练弘扬中，逐渐形成了一种将雷锋精神固化的思维范式，其中将雷锋精神固化为超越时空的道德符号、超越民族的价值追求等抽象认同的思路值得肯定，但致力将雷锋精神固化为某种具体道德要求或话语表达的做法需要予以警惕。雷锋精神不是固化的精神而是流变的精神，习近平总书记就此指出："雷锋精神是永恒的。……这和我们党'为人民服务'、'做人民勤务员'是一脉相承的"[8]，并称郭明义、罗阳等"民族的脊梁"彰显了"民族精神的最好写照"[9]。

首先，雷锋精神所内藏的丰富意蕴随着时代发展不断孕育着新的时代元素。任何精神都是时代的产物，雷锋精神也不例外。有学者认为，"深层地看，雷锋精神是在解放了的中国人民对个人存在和社会发展的双重觉醒及其互动的过程中产生的。"[10]习近平总书记关于雷锋精神话语中的"为人民服务""做人民勤务员"等是对适应社会发展需要所生成的中国革命道德和社会主义建设早期道德的具体表达，但除此之外，雷锋精神还延续着作为解放了的中国人民根植于个人存在于血脉中的民族美德，"舍生取义""鞠躬尽瘁""仁者爱人"这些优秀传统道德和历史精粹同样为雷锋精神所吸纳。随着中国特色社会主义建设的深入发展，雷锋精神也走出了其产生的历史时代，为了回应越来越多的时代精神呼唤，雷锋精神所内藏的好人精神、好战士精神、好共产党员精神、共产主义者精神等丰富意蕴被不断深入挖掘，其自身也在新的时代中不断孕育着新的时代元素。时至今日，即便是雷锋精神最核心的集体主义道德原则，也由雷锋所生活时代的"毫不利己、专门利人"转为"强调集体利益和个人利益的辩证统一"[11]。其中部分道德要求的转型看似是种历史的退步，但这种"退步"恰恰是稳步前进的坚实基石，也是马克思主义活的灵魂见之于雷锋精神传承弘扬的有力佐证。马克思、恩格斯在《共产党宣言》七篇序言中反复强调："这些原理的实际运用，随时随地都要以当时的历史条件为转移。"[7]这种对自身进行与时俱进的批判与扬弃是理论和精神能够永葆生机的关键所在，正是在时代元素的浸润熏陶与理论实践的流变扬弃中，雷锋精神终将与马克思主义一样得以永世传承。

其次，雷锋精神所外显的话语表达随着历史变迁不断体现出新的时代特征。正如拉斯韦尔曾言："平民的思想是经过新闻报道，而不是军事训练，才被统一起来的。"[12]雷锋之所以能在同时代诸多楷模中脱颖而出，其精神传承至今仍然深入人心，同样离不开新闻媒体几十年如一日的持久宣传。"媒体塑造什么样的雷锋形象，表明在配合宣传任务时媒体希望受众扮演什么样的角色。"[13]塑造雷锋形象、弘扬雷锋精神的话语表达也伴随着历史变迁不断体现出新的时代特征。时下学界有关雷锋精神话语表达历史嬗变的研究成果日增，普遍认为雷锋精神所外显的话语表达至少经历了"文化大革命"前、"文化大革命"、改革开放初期、党的十四大至今四个发展阶段，与此对应的话语主题分别如"做毛主席好战士""将无产阶级革命事业进行到底""实现社会主义现代化伟大目标""中国特色社会主义精神文明建设"等[14]。部分读者将这种时代特征误读为对政治风向的贴合与趋附，但其实并非如此，这种与时变换的话语表达反而生动折射着国际共产主义运动风云变幻与新中国亿万人民群众心底期盼之间的价值交汇与历史澄明。马克思主义两点论和重点论相统一的认识方法指导我们要集中力量优先解决主要矛盾，雷锋精神作为引领时代的价值信标，在永恒价值的不变旨归下不断丰富时代特征，是历史的必然经历与时代的科学选择。

二、"雷锋精神是什么"：深入理解"雷锋精神是社会主义核心价值观的生动体现"

由习近平总书记论及雷锋精神时并未对"雷锋精神是什么"这一问题作出直接回应，但在"雷锋精神是社会主义核心价值观的生动体现"中可以读出习近平总书记对雷锋精神范畴及本质的部分理解。此问题维度的留白之处可从往届领导人对雷锋精神的定位中找寻结合与补充：其一，雷锋精神不是一元的精神而是多元的精神，其核心内容与主要构成远非单一孤立具体表达的一元范畴所能覆涵；其二，雷锋精神不是个人的精神而是阶级的精神，其所代表的鲜明坚定的阶级立场升华为一种作为观念上层建筑的群体社会意识，成为能够超越个人属性并得以广泛认同学习的精神情感和价值追求。

（一）雷锋精神不是一元的精神而是多元的精神

如果说要为雷锋精神凝练出一个核心和实质，那么一定非"全心全意为人民服务"莫属。然而在1963年，在决定为雷锋题词的前夜，毛主席面对秘书拟定的包括"学习雷锋同志全心全意为人民服务的思想""学习雷锋同志鲜明的阶级立场""学习雷锋同志毫不利己、专门利人的优良品德"等备选方案，大笔挥就了"向雷锋同志学习"的七字箴言[15]。毛主席解释道："学雷锋不是学他哪一两件先进事迹，也不只是学他的某一方面的优点，而是要学他的好思想、好作风、好品德。"[16]可见在毛主席看来，全心全意为人民服务虽然是雷锋精神的核心元素，但仅凭单一孤立的一元范畴远不能覆涵雷锋精神的全部内容。时下学界虽然对习近平总书记关于雷锋精神重要论述的研究成果相对较少，但关于雷锋精神本身的研究成果十分丰硕，以对雷锋精神研究的内容范畴进行划分，可将现有的研究范式分为两种：其一，是将雷锋精神的某方面内容提炼而出，并对此一元范畴进行深入的理论挖掘与实践调研；其二，是将雷锋精神作为整体对象，梳理并挖掘其多元的价值范畴。必须承认，雷锋精神的现实表达确实往往通过某一一元范畴得以具现，对任一范畴的深入研究均是全面领会雷锋精神之应然与必然，但同时必须警惕将雷锋精神一元化的思想趋势，对一元范畴的研究必须建立在对雷锋精神多元把握的基础之上。学界目前就雷锋精神所蕴含的多元范畴究竟如何理解并未达成共识，但这并不影响整体把握雷锋精神的基本遵循。习近平总书记一方面在给"郭明义爱心团队"回信时将雷锋精神有针对性地描述为"当有人需要帮助时，大家搭把手、出份力"[17]的奉献精神，另一方面在十二届全国人大一次会议辽宁代表团审议时又将其延伸为"信念的能量、大爱的胸怀、忘我的精神、进取的锐气"[9]等多元表达。

（二）雷锋精神不是个人的精神而是阶级的精神

雷锋一生的感人事迹践行了"把有限的生命，投入到无限的为人民服务之中去"[2]的价值追求。主流媒体对雷锋进行长期宣传的目的也是希望增进人民群众对雷锋精神的认知、认同和践行。雷锋精神之所以能够入脑驻心，得到群众的真心认同，离不开其广泛的群众性和鲜明的阶级性。改革开放以来，阶级思维框架逐渐被淡化，这一方面源于对阶级斗争扩大化等曲折探索的历史经验总结，另一方面源于对现代化建设时代主题的直接回应——阶级矛盾已经不是中国社会的主要矛盾。社会主义现代化建设至今的发展成就证明了这种认识的科学性，但就雷锋精神研究而言，不应也不能忽视其自身生成与立足的鲜明阶级立场。在传播雷锋精神的过程中，一直有将雷锋精神等同于雷锋个人精神的错误认知，直接造成对雷锋精神理解的全面窄化，雷锋精神脱胎于雷锋的个人精神，同时升华为整个劳动者阶级的精神，不仅是中华优秀传统文化在雷锋个人身上体现的创造性转化和创新性发展，更是民族精神与时代精神适应融合的精神表征。阶级可以被有意淡化但不应被盲目回避，正如马克思所言，自国家与阶级形成以来，"一切社会的历史都是阶级斗争的历史"[7]"占统治地位的思想不过是占统治地位的物质关系在观念上的表现，……因而这也就是这个阶级的统治的思想。"[7]中国是工人阶级领导的、以工农联盟为基础的人民民主专政的社会主义国家，中国特色社会主义与其他资本主义国家最大的不同就在于人民民主的阶级属性。早在革命时期，毛主席就明确指出："真正的铜墙铁壁是什么？是群众，是千百万真心实意地拥护革命的群众。”[18]习近平总书记也多次强调：“党团结带领人民进行革命、建设、改革，根本目的就是为了让人民过上好日子。”[19]“中国共产党除了工人阶级和最广大人民群众的利益，没有自己特殊的利益。”[20]也正因为这一点，雷锋“忠于革命忠于党”“立场坚定斗志强”的价值取向，始终集中反映着最广大人民群众的共同愿望和阶级诉求。习近平总书记指出：“我国工人阶级应该为全社会学雷锋、树新风作出榜样”，只有将雷锋精神升华为一种作为观念上层建筑的阶级意识，成为能够超越个人属性的精神情感和价值追求，才能“让学习雷锋精神在祖国大地蔚然成风。”[17]

三、“怎样践行雷锋精神”：领会落实“以实际行动书写新时代的雷锋故事”

在习近平总书记关于雷锋精神的重要论述中，回应“怎样践行雷锋精神?”这一时代问题的篇幅最多，“以实际行动书写新时代的雷锋故事”是最具代表性的核心表述。在据此展开的系列论述中可以读出两层内涵：其一，雷锋精神不是形上的精神而是实践的精神，其所蕴含的实践品格是马克思主义实践哲学的真实写照，也是雷锋精神能够根植大地、永葆生机的根本保障；其二，雷锋精神不是抽象的精神而是具体的精神，其所外显的实践形式与实践主体是雷锋精神自身得以彰显、弘扬、传承须臾不可分割的必要载体。

（一）雷锋精神不是形上的精神而是实践的精神

自毛主席“向雷锋同志学习”题词问世以来，亿万群众自觉学习雷锋事迹、弘扬雷锋精神，掀起多轮学雷锋活动社会热潮，从“向雷锋同志学习”到“学雷锋活动”的过渡实现了雷锋精神从观念到实践的转变，体现着雷锋精神始终蕴含的实践品格。马克思指出：“哲学家们只是用不同的方式解释世界，问题在于改变世界。”[7]“学雷锋活动”正是马克思主义实践哲学的真实写照。“学雷锋活动”，其基本遵循是“雷锋”，即雷锋事迹和雷锋精神；核心内容是“学”，即学习、研究和传承；终极旨归是“活动”，即落脚实践。正如习近平总书记所说：“我们既要学习雷锋的精神，也要学习雷锋的做法，把崇高理想信念和道德品质追求转化为具体行动，体现在平凡的工作生活中，作出自己应有的贡献，把雷锋精神代代传承下去。”[1]然而，随着时代变化发展，一种对雷锋精神的形上认识逐渐产生，其表现与前文所提及的混淆雷锋精神和雷锋的精神的错误认知有异有同，对此问题的理解与评价需要从理论和实践两个角度进行有所区分的细致分析。一方面，从涉及形上的理论研究成果看，部分研究虽然采用了形上表述，但仍能坚持实践立场，将对雷锋精神的本土化形上界定建立在中西方形上旨趣相异的基础之上，始终坚守雷锋精神“既可以‘安心’又可以‘践行’，甚至是理论理性与实践理性二者一体化的现实操守”[21]，因此可以作为对雷锋精神研究挖掘的有益探索。但与此同时，部分研究宣传将雷锋事迹或学雷锋活动与雷锋精神文化相区别，认为前者属于形下范畴而后者则属形上范畴。这种理解从雷锋精神作为精神符号角度上讲确有道理，但与前文将雷锋的精神与雷锋精神相区别以防范对雷锋精神理解窄化不同，对雷锋精神的形上认识并非混淆而是拆解，是一种将雷锋精神与学雷锋活动在践行层面的孤立与割裂，使雷锋精神失去了根植大地、永葆生机的实践保障，因此只能视为对雷锋精神的片面解读。另一方面，从学雷锋的实践活动上看，对雷锋精神的形上认识则完全是一种误读，是对雷锋精神片面、静止的僵化理解，与前文混淆雷锋精神和雷锋的精神的错误相似，这里对于雷锋精神的形上认识往往表现为将学雷锋活动简单等同于复制或模仿雷锋的事迹，所以就出现了“将军磨刀”[22]等尴尬笑谈，反而阻滞了雷锋精神的传播与弘扬。更为严重的是，雷锋的事迹与精神显现的是一种极高的道德境界与道德要求，代表着社会主义精神文明的终极指向，当人民群众发觉自身与雷锋存有差距时，这种形上的实践理解必然引发二者间的疏离，而一旦脱离群众，学雷锋活动也就难免沦为跟风和形式。对此，毛主席早有警示：“学习雷锋要实事求是，扎扎实实，讲求实效，不要搞形式主义。”[15]随着时代发展与社会变迁，破除学雷锋活动中僵化、跟风和形式主义等不良现象也成为需要多方考量的复杂课题，但无论从何处着手，都必须要解决对雷锋精神形上理解的误读，让雷锋与雷锋精神走下“神坛”、回归群众。

（二）雷锋精神不是抽象的精神而是具体的精神

“雷锋精神，人人可学”是习近平总书记关于学习雷锋精神的最新表述，然而早在毛主席发出学雷锋号召的同年，谢觉哉同志亦提出过相似的表达：“雷锋同志是平凡的，任何人都可以学到；雷锋同志是伟大的，任何人都要努力才能学到。”[23]这正包含着雷锋精神由抽象到具体的逻辑演进。与前文对雷锋精神本身的理解从个人转向阶级相异，这里所说的由抽象到具体是针对雷锋精神的践行而言，亦如雷锋精神的现实表达往往通过某一一元范畴得以具现，雷锋精神所外显的实践形式与实践主体是其自身得以彰显、弘扬、传承须臾不可分割的必要载体。雷锋精神是实践的精神，但这种实践看似具体实则抽象，只有落实到某种学雷锋的现实形式中才算完成向真实具体的转化。同理，作为学习雷锋实践主体的“人人”和“任何人”，实则也是一种抽象表达，只有作为某种践行雷锋精神现实形式的行为主体时，抽象的人才转为具体的人。总之，雷锋精神不是抽象的精神而是具体的精神，这种认知主要从践行角度出发，所谓具体不是理论范畴的具体，而是一定要找到现实性的具体依托。然而，宏观抽象一旦转为微观具体，特殊性与差异性就上升成为践行雷锋精神的基本属性，个人成长的社会关系造就了人与人之间的千差万别，运动发展的辩证关系决定了具体问题需要具体分析，无论是雷锋精神的实践主体还是实践形式，都有着数之不尽的流变表达。随着中国特色社会主义进入新时代，践行雷锋精神也显现出新的时代特征。就实践形式而言，习近平总书记列举颇多："积极参加志愿服务，主动承担社会责任，热诚关爱他人，多做扶贫济困、扶弱助残的实事好事"[24]；就实践主体而言，具体践行的意愿与程度受主体性影响极大，习近平总书记指出："要做雷锋精神的种子，把雷锋精神广播在祖国大地上。"[25]想要实现习近平总书记的期望与嘱托，首先要实现实践主体践行意愿的行为转化，实践主体形成精神认同和践行行为的驱动力不是外在的应该如何，而是内在的我要如何。只有从实践主体个体情境及其差异性出发，对弘扬和践行雷锋精神的影响因素、矛盾问题、方法对策进行系统的分析、化解、引导，才能更好地实现雷锋精神的入脑驻心和外化于行。

四、结语

中共中央、国务院印发的《新时代公民道德建设实施纲要》指出，加强公民道德建设是一项长期而紧迫、艰巨而复杂的任务，随着中国特色社会主义进入新时代，道德建设领域虽整体呈现积极向上的良好态势，但建设任务仍然十分繁重。雷锋是社会主义建设时期涌现出的先进楷模和时代英雄，雷锋精神自诞生以来始终以其坚定的价值导向引领着社会道德风尚。面对新时代历史坐标赋予的民族复兴使命，习近平总书记明确告诫道："一个没有精神力量的民族难以自立自强，一项没有文化支撑的事业难以持续长久。"[26]雷锋精神根植于中华优秀传统文化，是中国革命建设文化和社会主义先进文化的共同结晶和集中体现，在实现中华民族伟大复兴道路上，已经并将继续成为凝聚中华民族强大力量、激励华夏儿女不懈奋进的长效精神动力。

参考文献：

[1] 习近平. 解放思想锐意进取深化改革破解矛盾以新气象新担当新作为推进东北振兴 [N]. 人民日报，2018-09-29 (01).

[2]《雷锋》杂志. 见证人讲述——雷锋日记 [M]. 北京：人民出版社，2018.

[3] 邓小平文选（第3卷）[M]. 北京：人民出版社，1993.

[4] 习近平. 习近平谈治国理政（第一卷）[M]. 北京：外文出版社，2014.

[5] 刘晨晔，王晓翔.《1844年经济学哲学手稿》中的自由观 [J]. 江西社会科学，2018 (3)：23-29.

[6] 1844年经济学哲学手稿 [M]. 北京：人民出版社，2014.

[7] 马克思恩格斯选集（第1卷）[M]. 北京：人民出版社，2012.

[8] 全心全意为人民服务的楷模雷锋 [J]. 求是, 2019 (17): 80.
[9] 习近平李克强俞正声分别参加全国两会一些团组审议讨论 [N]. 人民日报,2013 - 03 - 07 (01).
[10] 唐凯麟. 社会主义新型人际关系的光辉展现——雷锋精神探源 [J]. 思想理论教育导刊, 2012 (8): 67 - 69.
[11] 罗国杰. 关于集体主义原则的几个问题 [J]. 思想理论教育导刊, 2012 (6): 36 - 39.
[12] 拉斯韦尔. 世界大战中的宣传技巧 [M]. 北京: 中国人民大学出版社, 2003.
[13] 陈阳. 青年典型人物的建构与嬗变——《人民日报》塑造的雷锋形象 (1963—2003) [J]. 国际新闻界, 2008 (3): 18 - 22, 72.
[14] 董姣. 从典型形象报道看报纸转型中的话语转向——以《成都晚报》1963—2012 年 "学雷锋" 报道为例 [J]. 新闻世界, 2012 (10): 121 - 123.
[15] 马铬. 穿越时空的雷锋 [M]. 郑州: 河南文艺出版社, 2007.
[16] 中共中央文献研究室. 毛泽东年谱 (1949—1976) (第 5 卷) [M]. 北京: 中央文献出版社, 2013.
[17] 习近平给 "郭明义爱心团队" 的回信 [N]. 人民日报, 2014 - 03 - 05 (01).
[18] 毛泽东选集 (第 1 卷) [M]. 北京: 人民出版社, 1991.
[19] 习近平. 坚持人民至上不断造福人民把以人民为中心的发展思想落实到各项决策部署和实际工作之中 [N]. 人民日报, 2020 - 05 - 23 (01).
[20] 人民日报评论部. 人民观点: 人民至上, 中国共产党没有自己的特殊利益 [N]. 人民日报, 2020 - 08 - 19 (05).
[21] 陆杰荣. 论雷锋精神的形而上价值 [J]. 辽宁大学学报 (哲学社会科学版), 2013 (4): 15 - 17.
[22] 文洁民. 将军, 请别磨剪刀 [J]. 唯实, 2004 (10): 96.
[23] 贺照田. 如果从儒学传统和现代革命传统同时看雷锋 [J]. 开放时代, 2017 (6): 119 - 144.
[24] 习近平. 在同各界优秀青年代表座谈时的讲话 [N]. 人民日报, 2013 - 05 - 05 (01).
[25] 习近平. 把雷锋精神广播在祖国大地上 [N]. 光明日报, 2016 - 03 - 22 (01).
[26] 张晓松, 等. 构建复兴伟业的精神坐标 [N]. 人民日报, 2017 - 09 - 30 (01).

雷锋精神的本体呈现与时代诠释解读

崔任中*

1940年12月18日，一个不起眼的婴儿出生在湖南省望城县简家塘的一户贫苦农民的家庭，他就是雷锋。然而上天并没有格外眷顾这个可怜的孩子，雷锋的亲人相继去世，在他7岁的时候就成了一个孤儿。1949年中华人民共和国成立，雷锋的命运在中国历史的伟大巨变下发生了悄然的变化。在如火如荼的土地改革中，雷锋分到了自己的耕地和一些生活用品。在党和政府的关怀下，雷锋有了上学的机会，高小毕业后在安庆乡人民政府担任通信员，随后被调任中共望城县委公务员，其间曾获评“工作模范”。在1957年2月，雷锋加入中国新民主主义青年团。之后，雷锋进入辽宁鞍山钢铁公司化工总厂当推土机手，获评“先进生产者”3次，“红旗手”5次，标兵多达18次，还获得鞍山市青年社会主义建设积极分子称号。1960年1月，雷锋应征入伍，参加了中国人民解放军，同年11月加入中国共产党。入伍后，荣立二等功1次，三等功2次，团营嘉奖多次，并被评为“节约标兵”和“模范共青团员”。此外，雷锋还当选为抚顺市第四届人民代表大会代表，先后担任部队驻地周围两所学校的校外辅导员。1962年8月15日雷锋不幸因公殉职，年仅22岁。这就是雷锋平凡而精彩，辉煌却短暂的人生。

一、雷锋精神的本体呈现

雷锋留下的只有“拉家常”“流水账”般的手写日记和口头传讲的感人故事，但平实无华的语言并不影响雷锋成为伟大的榜样，发挥强大的感召力量，也不影响雷锋精神的诠释变为不朽的篇章。在不同的时代，对雷锋精神的不同诠释层出不穷，“乱花渐欲迷人眼”，竟使得人们不清楚抑或是忽视了雷锋精神的本体为何物。聚焦于雷锋留

---

* 作者单位系中央民族大学。

下的日记和传颂的故事，人们应当在雷锋精神的多样诠释中发掘、明晰雷锋精神的本体。

爱党爱国，坚定社会主义信念。雷锋无数次将党比作母亲，他用发自肺腑的言语表达自己对党的热爱，“伟大的党啊——我慈祥的母亲，是您把我从虎口中拯救出来，抚育我成长。是您，给了我无产阶级的思想……是您，给了我一切。”[1]雷锋七岁就成了孤儿，在党的关怀下才茁壮成长，他见证了中国共产党领导中国人民翻身得解放，开创新生活，不断建设社会主义的伟大实践。因此，雷锋对党的热爱是从幼年就扎根心中并不断成长的。他在日记中写道，“党叫我干什么，我就干什么，决不讲价钱”，“党的声音，就是人民的声音。”[1]“听党的话，就会开出事业的花朵!”[1]雷锋也确实做到了知行合一，他在团山湖农场当拖拉机手，北上鞍钢在洗煤车间当推土机手，参加弓长岭焦化厂建设，无一不是在响应党的号召。雷锋深沉地爱着祖国，坚定而执着。他不断对自己强调，崇高的行为就是为自己的祖国效忠，“当祖国和人民处在最危急的关头，我就挺身而出，不怕牺牲”。雷锋生在一个困苦的家庭，饱尝社会动荡对自己及家人的摧残，新中国的建立让他燃起对生活的热切期盼。从旧社会到新中国，他珍视祖国的美好变化，他渴望把自己融化在他所热爱的祖国。因此，每一个为国家贡献力量的机会他都紧紧把握，并为自己能够尽到这种义务和责任感到无比的光荣和自豪。在倾盆大雨中抢盖水泥的身影，在泛滥洪水中奋战的呐喊，都折射着雷锋对国家深沉的爱。雷锋说，“为社会主义建设孜孜不倦地工作的人的灵魂是最美的”。从光脚上山砍柴，下地放猪，到“还有皮鞋哩”，雷锋见证了共产党带领中国人民建设社会主义的历程，看到了社会主义的优越性，催动了热爱社会主义的心灵，坚定了积极建设社会主义的理想信念。他常常告诫自己，“人生在世，只有勤劳，发愤图强，用自己的双手创造财富，为人类的解放事业——共产主义贡献自己的一切，这才是最幸福的。”

服务人民，无私奉献。雷锋日记中有一句充满哲学意味的话语：“人的生命是有限的，可是，为人民服务是无限的，我要把有限的生命，投入到无限的为人民服务中去。”有限的生命与无限的为人民服务充满着对立统一的思想，在 1963 年 5 月 2 日到 12 日的杭州会议上，毛泽东同志称赞雷锋懂得一点哲学，懂得辩证法。“人民”字眼在雷锋日记中频繁出现，显示出他无时无刻不把人民装在心中。雷锋小小年纪就失去了自己的亲人，没有充分感受到家的温暖，因此，在他看来广大人民没有一个不是他的亲人，没有一个不给他家庭的温暖。帮助人民，温暖人民，就是帮助和温暖自己的家人。他告诫自己要像柳树一样紧紧与人民连在一起，在人民中生根、长大、结果，做人民最忠实的勤务员。他高度赞美为人民服务的人，认为凡是心中只有人民，没有自己的人，就一定能得到崇高的荣誉和威信。反之，脑子中只有个人，没有人民的人，迟早会被人民唾弃。他的服务人民的思想体现在生活中的方方面面，宁肯自己挨饿，也要把饭给别的战士吃，宁肯自己挨冻，也要把棉衣给衣衫单薄的老人穿，宁肯自己受累，也要多帮别人，多干集体的活。在不断牺牲自己利益的过程中，雷锋实践了为人民服务的理念，他是一个不折不扣的“傻子”。不过，雷锋不认为毫无保留地为人民服务的人是“傻子”。如果做一个有利于人民，有利于国家的人是“傻子”的话，雷锋表示自己愿意做这样的“傻子”[2]。关于实现人生价值的论题，观点迥异。一些人认为人生价值的实现在于财富自由，另外一些人却认为在于心灵安逸超脱，还有一些人认为平平安安就是福。不管这些观点是多么的多样与差异化，在雷锋身上可以看到，实现人生价值在于无私奉献。一滴水是否滋润一寸土地，一线阳光是否照亮一片黑暗，一颗粮食是否哺育有用的生命，雷锋用诗意的话语表达自己无私奉献的人生信念。部队的“业余修理员”、火车上的“义务勤务兵”、车站里的“志愿服务者”、小学的“校外辅导员”等，多种多样的角色是无私奉献的实践，是人生价值的实现。

爱岗敬业，热爱学习。雷锋曾暗暗发誓要在伟大的革命事业中做一颗永不生锈的螺丝钉，在他的手稿和日记中至少有三次提到螺丝钉精神。螺丝钉虽小，但在雷锋看来，社会大机器的运转离不开一颗颗螺丝钉的作用。同样，没有机器整体，即便再好的螺丝钉也免不得被扔到肥料仓库去。螺丝钉精神充满了辩证法的意味。对于每一个岗位，雷锋都充满着火一般的情怀，他说“人若没干劲，就像没有蒸汽的火车头，不能动；像没长翅膀的鸟，不能飞。”在鞍山弓长岭焦化车间工作时，雷锋奔走呼告，甚至不惜用自己的被褥抢盖水泥，为车间避免了巨大损失。在矿山工地，雷锋为了不影响砌砖的进度，赤脚跳进泥浆中踩碎硬土块，还设计横杆吊斗，极大方便了向高处运送稀泥。在鞍钢化工总厂洗煤车间开推土机时，雷锋个头虽小但为了多生产坚持开 C－80 型大号推土机，因为看不到铲子，经常猫着腰干活。在短短的一年多时间里，连续三次被评为先进生产者，五次被评为红旗手。诸如此类的事件，数不胜数，雷锋热爱自己干的每一份工作，在工作中他都保持向积极性最高的同志看齐。因为热爱，所以尊重，雷锋真正把自己融入工作中。此外，螺丝钉精神也蕴含着发展和学习的观念。雷锋充分认识到螺丝钉只有经常保养和清洗，才不会生锈。人的思想也是这样，要经常检查才不会出毛病。因此，雷锋时时刻刻保持着批评与自我批评的习惯，不断加强自我教育和学习。他在运输连有个“读书迷”的外号，只要他没有在工作，那么一定在看书，他随身的军用黄书包经常装满了书，被战友们笑称为“流动图书馆”。雷锋最爱学习毛泽东著作，为此军区工程兵首长还专门安排雷锋向学毛著标兵廖初江“取经”，二人相谈甚欢，竟不知时间已至深夜。当推土机手和汽车兵的时候，雷锋重视自觉学习车辆构造和机械原理，每当机械出问题时，他翻阅专业书籍，请教行家里手，运用知识解决问题。他当班长时，还采取互教互学、包教包学的方法，确保了全班行驶 2.6 万公里未发生任何事故。

艰苦奋斗，勤俭节约。中华人民共和国刚刚成立，经济水平低下，物质条件落后，毛泽东主席号召人民在几十年时间里，团结奋斗，自力更生，用双手创造出一个富强的国家。雷锋时刻谨记毛主席的教导，将艰苦奋斗树立为人生的信念，他坚持用艰苦奋斗磨炼自己的人性和党性。从舒适的县委办公室到脏乱差的基层和前线，雷锋没有任何怨言并且乐在其中。当战友埋怨生活条件差时，他满足地说道，“有床睡就不错哩”。在每一个岗位中，雷锋都发扬艰苦奋斗的精神，他认为青春虽是美好的，但真正的青春只属于永远力争上游、忘我劳动和谦虚的人。每当遇到最困难、最艰苦的工作时，雷锋总会不自觉地想到黄继光，一想到他，雷锋浑身就充满力量，意志更加坚定。雷锋的一生是艰苦奋斗的一生，也是勤俭节约的一生，他总是提醒自己生活要向水平最低的同志看齐。雷锋衣服和袜子上的补丁见证了他艰苦朴素、勤俭节约的品质。补丁上的补丁印证了雷锋的这种“补丁精神”，他认为打了补丁的衣服是最美的。他时时刻刻都没有忘记国家当前还很困难，所以当部队给每人发两套军服、两双胶鞋的时候，他坚持只领一套军服、一双胶鞋。由于他把以前用过的东西都修补好了，所以其他用品也少领了。他还有个“节约箱”，有用的时候就拿出来用，实在没用的废品就拿去卖掉，换得的钱全部用来交公。雷锋真正用自己的实际行动响应自力更生、增产节约的号召。

雷锋七岁成为孤儿，在党和政府的关怀下上小学，毕业后先后担任通信员、县委公务员、推土机手，到参军入伍，加入中国共产党，最后因公殉职。雷锋短暂又丰富的一生，用身体力行彰显出来的理念，毫无疑问可称为“雷锋精神”。爱党爱国、坚定社会主义信念、服务人民，无私奉献、爱岗敬业、热爱学习、艰苦奋斗、勤俭节约的信念与实践，就是雷锋精神的本体呈现。这种真实而朴素的呈现，乃是雷锋精神在各个时代多样诠释的本体和根基，认识雷锋精神的本体乃是诠释的第一步。

二、雷锋精神的时代诠释

雷锋真实而又多彩的一生彰显出的雷锋精神凝聚了丰富的内涵，雷锋精神的本体呈现出较为稳定的内容和特色，但不同时代对雷锋精神的诠释却显现出多样的色彩。从20世纪60年代到改革开放，到党的十四大宣布社会主义市场经济初步建成，再到党的十八大提出社会主义核心价值观，最后来到当前全方位、多向度诠释，雷锋精神在不同阶段的诠释呈现出非常不一般的特点。雷锋精神的本体在其历史传统中存在，而雷锋精神的时代诠释却将雷锋精神引向不同的方向。

20世纪60年代到改革开放前夕，为政治服务的诠释。雷锋成为全民榜样，雷锋精神成为全民学习的对象，离不开《中国青年》杂志的“异想天开”。1961年5月5日，《人民日报》首次宣传报道了雷锋事迹。两年后的二月初，《人民日报》《解放军报》

《中国青年报》再次报道了雷锋的生平并发表相关社论。毛泽东在阅读后对雷锋做出了高度评价，总政治部号召全军开展宣传和学习雷锋事迹的活动，团中央也决定在全国青少年中广泛开展“学习雷锋”的活动。当时的团中央第一书记胡耀邦充分肯定宣传雷锋事迹的重大现实意义和深远战略意义，要求共青团系统加大宣传力度。面对这样的指示，团中央机关刊物《中国青年》杂志责无旁贷。为此，他们发动全社人员建言献策，在热烈的讨论中，一直沉默不言的思想修养组组长王江云提议能否请毛主席题词。一石激起千层浪，大家一致同意，但冷静过后，又担心想法过于“异想天开”了，毕竟毛主席很少为个人题词。然而就是这样的“异想天开”，最后竟成功了。1963 年 3 月 2 日，《中国青年》杂志刊出“学习雷锋同志专辑”，并刊登了毛主席“向雷锋同志学习”的题词。从此，雷锋的名字家喻户晓，雷锋精神传遍神州大地[3]。

20 世纪 60 年代到改革开放前夕这一阶段，对雷锋精神的诠释带有十分浓厚的为政治服务的意味。《人民日报》《解放军报》以及《中国青年》杂志等对雷锋精神的宣传，体现出以下几个特色。首先，集中表现忠于共产党和新中国，忠于人民，忠于毛主席的特色。雷锋出生在旧社会，经历了旧社会的贫穷和黑暗，新中国的成立并随之而来的新社会，给雷锋的人生带来巨大的改变。如果不是在党和国家的关怀下，雷锋不会有接受教育的机会，更不会在高小毕业后成为公务员、工人以及军人等角色。对于一个七岁的孤儿来说，没有共产党，没有新中国，就没有雷锋丰富多彩的一生。所以新旧社会的强烈对比，让雷锋精神中的热爱党和国家的部分与新中国的“新”和社会主义制度优越性的证明与宣传完美契合。中国共产党从成立之日起，就强调人民至上，为人民服务，雷锋精神中的忠于人民，正是对党的核心理念的回应。中国共产党刚刚成为执政党，封建主义、帝国主义、官僚资本主义的压迫阴影仍然存留在中国人民的心中。中国共产党通过对雷锋精神中忠于人民理念的诠释，实际上向当时的中国人民表明党的态度和治国理念，中国共产党不会忘记初心，并将永远坚持忠于人民这一理想信念。雷锋精神中忠于毛主席的理念与毛泽东带领中国共产党及中国人民抵抗日本侵略，粉碎国民党反动统治，建立新中国的艰苦历程，密不可分。对雷锋精神中忠于毛主席方面的诠释，既反映了当时的历史现状，也满足了当时宣传领袖人物正面形象的需要。同时，与凝聚全国人民力量的治理现状相关联，新中国一穷二白的时代背景，需要集中力量办大事，团结在以毛泽东同志为核心的党中央的周围是适当的考虑。其次，对雷锋精神中爱憎分明的强调。雷锋精神蕴含着“对待同志要像春天般温暖”和“对待敌人要像严冬一样残酷无情”的截然相反的态度。在“以阶级斗争为纲”的年代，对于雷锋精神中爱憎分明的诠释带有明显的政治暗示。爱憎分明与国内国外的政治局势密切相关，在反对美帝国主义、蒋介石中有充分的体现。随着中苏关系从友好变为破裂，爱憎分明又与反对苏联修正主义相关联。在国内粉碎“四人帮”

的行动中，“憎”的方面得到明显体现。粉碎“四人帮”后，国际国内对中国政坛的揣测、流言喧嚣至上，为表示对毛泽东同志开创的无产阶级革命事业的坚定信念，《人民日报》和《解放军报》在头版并排发表毛泽东与华国锋为雷锋题词的手迹，这一系列行动都用雷锋精神中爱憎分明的诠释，明确界定了同志与敌人的界限。[4]

改革开放至党的十四大社会主义市场经济初步建成，为经济建设的诠释。1978 年 12 月 18－22 日，党的十一届三中全会在北京召开，实际上此次会议前，已经召开了历时 36 天的中央工作会议。在闭幕式上，邓小平做了《解放思想，实事求是，团结一致向前看》的重要讲话，这也成为即将召开的党的十一届三中全会的主旨报告。十一届三中全会是中华人民共和国成立以来党的历史的伟大转折，它不仅挽救了党的命运，也使得中国这艘巨轮终于驶向了正确的航线。十一届三中全会实现了思想路线、政治路线、组织路线、重大历史是非问题的拨乱反正，恢复了党的民主集中制，做出改革开放的新决策，将党和国家的工作重心转移到经济建设上来。[5]

在这样的时代背景中，对雷锋精神的诠释主要聚焦于艰苦奋斗、热爱学习、勇于创新的内容。首先，艰苦奋斗是以经济建设为中心工作的核心要求。改革开放对当时的社会主义中国来讲是一件开创性的事业，邓小平同志提出的“摸着石头过河”充分体现了改革开放没有现成的经验借鉴，只有靠中国自己在摸索中艰难前进。在这样的境况下，雷锋精神中蕴含的艰苦奋斗理念与时代的旋律互相呼应，那么对雷锋精神中艰苦奋斗理念的深度阐释和宣扬的重要性自然不言而喻。其次，对内改革和对外开放都意味着要敞开心胸，向世界上其他有经验的国家学习。中国走的道路，也许其他发达国家在几百年前就已经走过，它们在发展中遗留下的经验和教训，可以帮助中国实现更好更快发展的同时，避免这些发达国家犯过的错误。实际上，这也是类似中国这样的发展中国家的后发优势。雷锋精神包含着常常读书、虚心请教等热爱学习的内涵，在改革开放的历程中，这样的精神可以帮助中国共产党和中国人民向世界其他国家和人民取长补短。最后，改革开放事业需要雷锋精神中勇于创新的理念作为内在驱动力。改革开放不是一蹴而就的，它需要漫长的时间和不断的试错，从而找到正确的前进方向。在宏观层面，从十二大“计划经济为主，市场调节为辅”到十三大“有计划的商品经济新体制”，再到十四大“社会主义市场经济体制”的确立，充分体现了社会主义国家创新经济体制的尝试。在微观层面，技术创新推动企业发展的理念在实践中得到充分的重视和推广。因此，国家的方方面面都需要创新精神的引领，与雷锋精神中勇于创新理念的大力诠释不谋而合。[6]

党的十四大到党的十八大，为文化气质的诠释。从 1978 年提出改革开放到党的十四大宣告我国社会主义市场经济初步建立，中国的商品经济得到突飞猛进的发展，中国社会从过去的普遍贫困走向了贫富差距逐渐拉大的阶段。国家、社会、个人对财富的追求成为这一阶段的主要特点，过去持续不断强调无私奉献精神的集体主义理念逐渐被人们淡忘，工作岗位越来越被视为赚取财富的机会。作为雷锋精神核心内涵的爱岗敬业、无私奉献精神似乎与这个时代格格不入。而头脑保持清醒，把握时代主旋律的人们，认识到雷锋精神中的爱岗敬业、无私奉献的部分，需要在这一时代得到更加充分的诠释，引领国家和人民树立正确适当的价值取向。[7]

仅仅把岗位视为获取财富的一个机会，可能会导向不负责任的工作态度。而进一步地，在方方面面过分看重经济利益，凡事向“钱”看，也会导致原本团结互助且具有凝聚力的社会成为一个完全没有温度的陌生社会。通过对雷锋精神中爱岗敬业、无私奉献内涵的诠释和弘扬，可以引领人们树立正确适当的职业观、财富观和人生观。不过与雷锋精神本体呈现中的爱岗敬业、无私奉献理念相比，这一时代的诠释有了全新的面向。雷锋精神本体中爱岗敬业、无私奉献是一种完全的大公精神，是一种以主人翁般的精神对待岗位，甚至不追求任何的经济利益。而当前这一时代强调爱岗敬业是为了营造责任意识，并不反对人们追求正当的经济利益。倡导无私奉献是为了建设有温度的社会，并不否定人们获取适当的回报。由此可见，这一时代赋予雷锋精神中爱岗敬业、无私奉献的理念以新的面向，使雷锋精神成为一种“活的灵魂”。[8]

党的十八大以来，国家、社会、公民个人的全方位、多向度的诠释。党的十八大以来，中国特色社会主义进入新的时代，中国未来的发展不再是单一向度的，而应当是全方位的发展。“富强、民主、文明、和谐、自由、平等、公正、法治、爱国、敬业、诚信、友善”二十四字社会主义核心价值观的提出，是最清晰地反映。相应地，对雷锋精神的诠释也呈现出全方位、多向度的特点。

富强、民主、文明、和谐是党和人民追求的社会主义现代化国家的建设目标；自由、平等、公正、法治是对美好社会希冀的生动表达；爱国、敬业、诚信、友善是公民个人的基本道德规范。雷锋精神在国家、社会、公民个人三个层面都有嵌入式可发挥的空间。就雷锋精神本体而言，并没有这般全方位、多向度的广阔展现。但在新的全面发展的时代背景下，无论是国家层面的建设目标，还是社会层面的生动表达，抑或是公民个人层面的道德规范，对雷锋精神的诠释显然已超越雷锋本体，走向更加广阔的空间，并且不断拓展新的诠释向度。雷锋精神的诠释在中国特色社会主义新时期，已经与国家、社会、公民个人深度融合，不仅展现出了新时代全面发展的特色，就其本身而言，也变得更加丰满。[9]

三、雷锋精神本体呈现与时代诠释间的关系

前见在雷锋精神的诠释者与雷锋精神本体之间搭起理解的桥梁。不同时代对雷锋精神的诠释不自觉地带有前见，这种前见是任何人所无法避免的存在。启蒙运动曾彻

底地贬斥前见，将其区分为由人的权威而来的前见和由于过分轻率而来的前见，它的普遍倾向就是不承认任何权威，将理性视为审判一切的君王，但人类理性太过软弱，不能没有前见而行事。启蒙运动想无成见地和合理地理解流传物，但消除前见本身就被证明是一种前见。实际上，前见不能视为对诠释工作的阻碍，它本身就具有肯定和否定双重价值。前见是理解的条件[10]。无法想象的是没有前见而去理解某一事物，前见带给诠释者展开诠释的第一把理解钥匙。没有前见就像没有大脑的躯体一般，无法完成诠释的第一步——理解。面对雷锋精神，诠释者的理解当然不能成为雷锋本人。诠释者的理解是将其置于一种前见或一种传统之中，在这种前见或传统中，诠释者本人对雷锋精神展开理解。这种理解不是某种心灵之间的神秘交流，不是施莱尔马赫的预感行为，而是在前见中对雷锋精神的理解，从而建立一种尚未达到或被打乱了的一致性。就像海德格尔所描述的“对本文的理解永远都是被前理解的先把握活动所规定。在完满的理解中，整体和部分的循环不是被消除，而是相反地得到最真正的实现。”[10]因而，诠释者与被诠释的对象之间存在一种内在相互作用，不是主观的，也不是客观的，它通过二者间的共同性，使得理解得以完成，前见显然具有此等功效。雷锋精神的诠释者与被诠释的雷锋精神通过一种共同性发生关系，通过共有基本的主要前见，理解得以实现。[10]

因此，对于前见的正确态度不是消除一切前见，而是避免随心所欲的偶发奇想和难以察觉的思想习惯的局限性，直接注意“事情本身”。不同时代的传统天然赋予权势者不同的前见，在这种前见的传统中做出对雷锋精神的时代诠释，并不能得出曲解或者歪曲雷锋精神的结论，对于前见的正确把握实际上正是不同时代诠释雷锋精神的关键，因为这种诠释并不是随心所欲的偶发奇想和难以觉察的思想习惯。

雷锋精神本体是时代诠释的来源，也是雷锋精神本体的独特此在表现，具有独特真实意义。当前雷锋精神遭受不同程度的质疑，一些学者认为产生怀疑的原因在于雷锋精神被不断地阐释、改写或垫付，导致人们记忆中的雷锋精神不断被修正，这种持续修正使得人们对雷锋精神产生怀疑[11]。但是，应当看到的是，雷锋精神在不同时代的诠释仍没有脱离雷锋精神本体，并在本体的基础上呈现出不同的时代特点和全新维度。这种时代特点与全新维度不会完全遮盖雷锋精神的本体，人们仍然能够在其中感受雷锋精神本体的本质，获得对本体本质的认识。不同时代对雷锋精神的诠释也做不到一比一的复刻，诠释的时间距离成为主要的障碍。雷锋精神本体产生的条件和元素已经不可能重现，如果雷锋精神本体是一个美丽的果实，当这个果实被摘下并呈上来的时候，长成这一果实的树、土壤、气候等因素统统已经消失在历史的尘埃中。但通过雷锋精神的时代诠释，雷锋精神被再度展现，这种展现不是简单的模仿，而是来源于雷锋精神的本体，成为雷锋精神在此在的独特表现。就像必须鸣响一般，雷锋精神本体在诠释中获得更加完满的表现。在雷锋精神的本体与时代诠释之间应当存在“正确表现”的尺度，这种尺度不允许诠释者做出任意的诠释效果。不仅随心所欲的偶发奇想和难以察觉的思想习惯不能构成正确的诠释，而且单纯地模仿也不能减轻诠释者对“正确表现”尺度的遵守。透过正确的前见，形成对雷锋精神本体意义的把握，在诠释者的传统中按照在雷锋精神中发现的意义，产生雷锋精神的时代诠释。这可以成为通过诠释者中介的“再创造”，雷锋精神本体在这种“再创造”中表现自身。在“再创造”中，雷锋精神的本体与表现不能相脱离，在遵循“正确表现”尺度的基础上，形成二者的统一性。因此，雷锋精神本体隶属于其特有的时代，但其意味着其仅在特定时代具有真实意义，不同时代的诠释成为雷锋精神本体的独特表现，同时在各自时代具有独特的此在真实意义。

雷锋精神的时代诠释构成对雷锋精神本体的完善理解。诠释者的前见并不受诠释者自由支配，因而诠释者不可能事先将使理解得以产生的生产性前见与阻碍理解并导致误解的前见区分开来。浪漫主义将理解视为对一原始产品的复刻，使一种说法成为可能——我们必须比作者理解他本人更好地理解作者。那么后来的理解相对于原作品就具有一种基本的优越性，原因在于解释者与原作者之间存在一种不可消除的差异[10]。雷锋精神的本体与时代诠释各自处于不同的时代，存在一种历史距离。不同时代的诠释者只能在自身的时代传统中理解雷锋精神本体，即雷锋精神诠释者的时代处境决定了对雷锋精神本体意义的兴趣。雷锋精神本体只存在于特定的时代，雷锋精神的诠释者虽不能穿越回雷锋精神本体所在的时代，但雷锋精神诠释者身处的时代也是雷锋精神本体所不能触及的，这正是雷锋精神诠释者的优势。雷锋精神的时代诠释永远不可能只是一种复制行为，它始终是一种创造性行为。其实认识到这一点，已经可以完全消除对雷锋精神的质疑。那么这种历史距离或时间距离，不仅不能克服，也不应该成为强烈意愿克服的东西。雷锋精神的时代诠释构成各自独特的真实此在意义，具有一种创造性，实际上，正是时间距离所发挥的积极意义。

首先，不同时代的诠释者不可避免带有的前见，使他们走进了雷锋精神的本体之中。其次，在时间距离的积极作用下，对雷锋精神本体的时代诠释具有了独特价值，成为一种创造性活动，令存在于雷锋精神本体之中的真正意义充分地展现出来。最后，这种展现是永无止境的无限过程，在特殊性的前见消失和促成真实理解的前见浮现的交替过程中，对雷锋精神本体的时代诠释，总能产生令人意想不到的意义[10]。雷锋精神永远不朽，成为一种活的灵魂的奥秘，也在于此。

四、结语

雷锋精神本体只存在于特定时空，但雷锋精神的时代诠释活跃于各自时空，并且这种诠释将永无止境。正确把握前见在理解雷锋精神本体中的作用，以及将雷锋的时代诠释视为一种“再创造”，可以得出关于雷锋精神本体与诠释之间的关系，即雷锋精神本体是时代诠释的来源，也是雷锋精神本体的独特此在表现，具有独特真实意义，而雷锋精神的时代诠释构成对雷锋精神本体的完善理解。透过对雷锋精神本体与时代诠释关系的解读，完全可以消除笼罩在雷锋精神上空的怀疑阴霾。

参考文献：

[1] 雷锋．雷锋日记：增补版［M］．沈阳：春风文艺出版社，2019.

[2] 陈苗．雷锋传［M］．北京：光明日报出版社，2013.

[3] 余玮．毛泽东与雷锋（上）［J］．中华儿女，2018，468（05）：28－31.

[4] 俞凡，王妍慧．榜样的力量何以无穷？——以雷锋形象变迁为中心的考察［J］．现代传播（中国传媒大学学报），2021，43（02）：38.

[5] 刘孝良．中国共产党史［M］．安徽：安徽教育出版社，1991.

[6] 陶倩，曾琰，谢婧怡．雷锋精神内涵的时代变迁与媒体建构——基于《人民日报》和《光明日报》的分析［J］．思想教育研究，2019（07）：117.

[7] 孙海霞．改革开放以来雷锋精神的道德价值阐释［J］．思想理论教育，2017（05）：51－54.

[8] 周志平，王蔚．雷锋精神效用与社会主义核心价值体系构建［J］．重庆社会科学，2012（03）：15－23.

[9] 谢文凤，贺培育．新时代雷锋精神的三维向度［J］．毛泽东研究，2021（05）：54－62.

[10] 加达默尔．真理与方法：哲学诠释学的基本特征［M］．洪汉鼎，译．上海：上海译文出版社，2004.

[11] 欧彦伶．记忆塑造中的雷锋精神传承研究［J］．人民论坛·学术前沿，2019（21）：110.

从《雷锋日记》看雷锋精神的三重生成逻辑及其当代价值

曹晋丽*

雷锋是一个伟大的共产主义战士。“雷锋精神是以雷锋名字命名的、通过雷锋言行事迹表现出来的，以雷锋的先进思想、高尚品德和崇高追求为基本内涵的一种伟大精神。”[1]雷锋精神是一面永不褪色的旗帜，“是一种宝贵的财富、优秀的品质，它不会因时代的变化而褪色”[2]。2021 年 7 月，习近平总书记在庆祝中国共产党成立 100 周年大会上发表重要讲话，指出：“一百年来，中国共产党弘扬伟大建党精神，在长期奋斗中构建起中国共产党人的精神谱系，锤炼出鲜明的政治品格。”[3]2021 年 9 月，在中华人民共和国成立 72 周年之际，第一批纳入中国共产党人精神谱系的伟大精神予以发布，雷锋精神位列其中。一直以来，雷锋精神都是人们探讨的热点，但多集中于雷锋精神的传承与弘扬、雷锋精神的道德价值、雷锋精神与社会主义核心价值观、雷锋精神与志愿服务、学雷锋的成果与经验等内容。《雷锋日记》是雷锋所写日记的合集，是雷锋的掏心直言，是其内心想法的最真实流露，是从雷锋个人层面解读雷锋精神的第一手资料。本文从《雷锋日记》看雷锋精神的三重生成逻辑，或许可为深化雷锋精神的生成提供一个雷锋个人层面的新视角。从《雷锋日记》的视角来看，雷锋精神的生成蕴含着三重逻辑，毛泽东思想是雷锋精神生成的理论逻辑，英雄人物的精神和事迹是雷锋精神生成的价值逻辑，新旧社会个人遭遇的巨大反差是雷锋精神生成的实践逻辑。从《雷锋日记》看雷锋精神的生成逻辑具有重要的现实意义。

一、雷锋精神生成的理论逻辑：毛泽东思想

毛泽东思想是雷锋思想和行为的源泉之一。雷锋从 1956 年进入望城县委机关工作

* 作者单位系雨花台烈士纪念馆、雨花台红色文化研究院。

起，开始学习毛泽东的著作。那时，“毛泽东著作的发行量还很少，只发到县委书记”[2]。雷锋勤奋好学，经常利用工作便利，向时任望城县县委书记的张兴玉借《毛泽东选集》读。他在学习上，有一股挤劲，把点滴时间都利用起来学习，积少成多；还有一股钻劲，遇到不懂的地方，就“打破砂锅问到底”，经常向张书记和其他长辈请教，直至弄懂为止。雷锋深刻认识到学习毛泽东思想的重要作用和重大意义，他给自己制定了学习计划，能够做到全面深入系统的学习。1960 年 12 月，雷锋在日记中写道：“我深切地认识到，要想成长进步，要为党做更多的工作，就必须认真读毛主席的书，听毛主席的话，照毛主席的指示办事，才能做毛主席的好战士。我一定要抓紧点滴时间进行学习，做到书不离身，有空就掏出来看一段，在明年读完《毛泽东选集》第四卷中的《抗日战争胜利后的时局和我们的方针》《关于重庆谈判》《关于目前国际形势的几点估计》《目前形势和我们的任务》《将革命进行到底》《论人民民主专政》《丢掉幻想，准备斗争》等重要文章，我要重读《毛泽东选集》一、二、三卷中的重要文章，坚持做到边学、边想、边改、边运用。”[4]雷锋学习毛泽东思想后，自觉用其改造自己的世界观、人生观。1961 年 11 月 26 日，雷锋在日记中写道：“我学习了《毛泽东选集》一、二、三、四卷以后，感受最深的是，懂得了怎样做人，为谁活着……”[4]他把毛泽东思想当成每日必学的精神食粮，是维持其生命必需的。1961 年 4 月，雷锋在日记中写道：“毛主席著作对我来说好比粮食和武器，好比汽车上的方向盘。人不吃饭不行，打仗没有武器不行，开车没有方向盘不行，干革命不学习毛主席著作不行！”[4]“雷锋之所以成为一个伟大战士的最根本、最突出的一条，就是他读毛主席的书，听毛主席的话，一心一意做毛主席的好战士。”[5]

春秋政治家管仲曾说：“士不厌学，故能成其圣。”[6]学习毛泽东思想，为雷锋点亮了前进的灯塔，给了雷锋充分的信心和克服一切困难的勇气。通过学习毛泽东思想，雷锋树立了共产主义的远大理想，毛泽东思想在他的脑海里扎根，在他的一切实际行动中开花结果，雷锋学会了用毛泽东思想的立场、观点和方法分析问题、解决问题[7]。雷锋在部队是汽车兵，那个时代汽车兵是人人羡慕的天之骄子，这样的身份自然会使部分汽车兵产生优越感，有的汽车兵看到雷锋竟然去帮着掏厕所，于是开玩笑说他是一个大粪夫。对此，雷锋在 1961 年 10 月 17 日的日记中写道：“我觉得当一个大粪夫是非常光荣的。1959 年参加北京群英会的时传祥同志，不就是一个掏大粪的工人吗？我要是能够当一个这样的大粪夫，那该多荣幸啊！”[4]同时，他还带着大家学习了毛主席著作，告诉大家越是困难、越是脏累的地方越需要去，希望汽车兵通过学习毛泽东思想改变想法，提升境界。“毛泽东思想就是他的英雄行为和高贵品德的无尽的源泉。”[5]

二、雷锋精神生成的价值逻辑：英雄人物的精神和事迹

在雷锋成长过程中，英雄人物的精神和事迹对他影响很大，这是雷锋精神生成的价值逻辑。他很喜欢看有关英雄人物精神和事迹的书籍或者文章。雷锋好友王佩玲在文章《雷正兴与保尔·柯察金》中回忆，雷锋有一个藤条箱子，里面放有不少书，除《刘胡兰小传》外，还有《黄继光》《赵一曼》《董存瑞》《浮沉》《卓娅和舒拉的故事》《钢铁是怎样炼成的》，等等。看完英雄人物的精神和事迹后，雷锋不但会与人谈论心得体会，而且还会把学习收获写在日记里。雷锋在参军当日的日记中写道："我一定要向董存瑞、黄继光、安业民等英雄学习。"[4]在看完介绍"救火英雄"龙均爵烈士感人事迹的书籍《党的好儿子龙均爵》后，1962 年 4 月 16 日，雷锋在日记中写道："我处处要以龙均爵为榜样，永远学习他不畏艰难困苦、勇于斗争的精神，学习他关心爱护同志的高贵品质，学习他大公无私、舍己救人的精神，学习他刻苦学习钻研技术的毅力，学习他爱护国家财产和爱护自己生命的精神，学习他处处把国家的利益和人民的利益放在个人利益之上的思想。坚决学习他，并贯彻于实际行动中，一定要在保卫祖国和建设祖国的事业中，贡献自己的力量。"[4]

雷锋是真正言行一致的人，他说到做到。他把自己节约下来的 200 元捐献给抚顺市望花区人民公社，公社只收下 100 元，而那时的 200 元是笔不少的钱，对于一个每月只有 6 元钱的津贴、只留 5 角钱给自己零用的战士来说，这笔钱不知攒了多久，攒得多不易，但是他毫不犹豫，将之捐献出去，后来他又将公社没有收的 100 元寄给中共辽阳市委，请他们转交受灾的人民使用；他在雨夜行走 1 小时 40 分钟冒着风雨护送无助的妇女和小孩回家，看到小孩冻得发抖，不顾自己寒冷，就脱下衣裳给小孩穿上，她们到家后，雷锋还要步行赶回部队；他深夜偷偷地用自己棉帽衬的一块黄布把同事烧了大口子的新棉裤给补好；他利用休息时间帮老百姓种地；他多次把发的苹果送给伤病员吃；等等。他把自己当成人民的勤务员，把人民当作自己的亲人，把服务人民作为自己最大的快乐。雷锋"从自己作为党员的高尚纯洁的党性修养出发，很自然地把全心全意为人民服务作为自己的行动指南"[8]。1961 年 10 月 20 日，已入党近一年的雷锋在日记中写道："人的生命是有限的，可是，为人民服务是无限的，我要把有限的生命，投入到无限的为人民服务之中去。"[4]雷锋学习英雄人物的精神和事迹，并用之改造自己的思想、指导自己的行为，他在日常的工作和平凡的劳动中，最终也成了一名英雄，并产生了伟大的雷锋精神，给后人留下了宝贵的精神财富。

三、雷锋精神生成的实践逻辑：新旧社会个人遭遇的巨大反差

雷锋个人在旧社会遭受的苦难与在新社会获得的幸福的巨大反差，也是决定雷

锋思想和行为的重要因素，是雷锋精神生成的实践逻辑。1940 年 12 月 18 日，雷锋出生在湖南省望城县安庆乡（今雷峰镇）简家塘村的一户贫苦农民家里。雷锋的祖父雷新庭是位佃户，靠租种地主土地为生。祖父有一男二女，一男便是雷锋父亲雷明亮，两个女儿因家贫无力抚养，早早就送给别人做了童养媳。雷锋的母亲张圆满出生于湖南省长沙县的一个贫困铁匠家庭，后因家贫被一位叫杨一嫔的育婴堂女佣收养。雷锋的父母结婚后，生有雷锋和他的一兄一弟共三个儿子。1945 年起的两年多时间里，雷锋先后失去了父母兄弟。1947 年，才 7 岁的他成了孤儿。1949 年 8 月家乡解放前，雷锋靠给地主家放猪、讨饭等维持生活，他缺衣少食，过着饥寒交迫的生活。

《雷锋日记》中有多处雷锋追忆解放前个人和家庭苦难生活和悲惨遭遇的文字。1961 年 4 月 17 日，他在日记中写道："解放前，我家里很穷，父、母、哥、弟都死在民族敌人和阶级敌人的手里。"[4] 1962 年 2 月 14 日，他在日记中写道："回顾十多年前，我还是一个穷苦的孤儿，吃不饱、穿不暖，过着饥寒交迫的苦日子。"[4] 如果不是家乡解放，不知雷锋能否顺利长大成人，是否也会像他的父母兄弟一样，因贫病交加而死？

幸运的是，1949 年夏，雷锋的家乡获得了解放，在生死线上挣扎的雷锋也获得了解放，他从被压迫的受苦受难的苦命人翻身成为国家的主人。《雷锋日记》中也有多处表示是家乡解放、是党和毛主席拯救了他这个孤儿的文字。1962 年 2 月 14 日，他在日记中写道："自从来了伟大的共产党和英明的毛主席，我才脱离苦海见青天。"[4]

1950 年，通过土地改革，雷锋分得 3.6 亩耕地和一些生活用品；他参加儿童团，后来还做了儿童团团长；他被共产党员、安庆乡乡长彭德茂送入小学读书，得到了接受文化教育的机会。在党带领全国人民进行社会主义建设、创造幸福美好新生活的征程上，青年雷锋释放着他那无穷无尽的力量，以冲天的干劲投身于社会主义建设的热潮，也迎来个人的黄金发展时期。1957 年 2 月 8 日，雷锋在望城县委加入了中国新民主主义青年团；1960 年 1 月 8 日，他参加了中国人民解放军；1960 年 11 月 8 日，他加入了中国共产党。他从一个旧社会的苦命人成长为优秀的少先队员、勤勉的公务员、追求上进的拖拉机手、勤奋的推土机手、爱学习爱钻研的汽车兵。《雷锋日记》中有多处雷锋对比过去和现在个人境况的文字。1962 年 2 月 26 日，他在日记中写道："过去，我是孤苦伶仃的穷光蛋。现在，我是一个光荣的共产党员，国家的主人。"[4] 他也对未来日子里个人的定位做了规划，他在内心下定决心要为党和人民的利益奋斗终生。同日，他在日记中接着写道："将来，我永远是党的忠实儿女，人民的勤务员。"[4] 他在平凡的工作岗位上，做出了不平凡的事迹，以自己的实际行动为人们树立了一面精神的旗帜。

四、当代价值

雷锋从一个旧社会的孤儿，通过学习毛泽东思想、受英雄人物精神和事迹的感染、新旧社会个人遭遇巨大反差的亲身体验，成长为一个伟大的共产主义战士。他在平凡工作岗位上甘当螺丝钉，勇于奉献，乐于助人，表现出崇高的共产主义情操，成为那个时代最响亮的名字。1962 年，他因公殉职时，年仅 22 岁。毛泽东题词："向雷锋同志学习"。雷锋精神，成了新中国社会风尚的一个标志[9]。他的精神穿越时代烟云，依然熠熠生辉。"雷锋是时代的楷模，雷锋精神是永恒的。实现中华民族伟大复兴，需要更多时代楷模。"[10]从《雷锋日记》的视角探析雷锋精神的生成逻辑，对于我们学习雷锋、传承和弘扬雷锋精神，成为雷锋式的人物，具有重大的现实意义。

1. 坚决拥护和践行"两个确立"。雷锋真心地热爱毛主席，他坚持学习毛泽东思想，用毛泽东思想改造自己的思想，树立了共产主义的人生观，并用之指导自己的实践，才有了一系列平凡而伟大的行为，产生了雷锋精神，毛泽东思想是雷锋精神产生的理论逻辑。当前，在实现第二个百年奋斗目标的新征程上，党的十九届六中全会审议通过的《中共中央关于党的百年奋斗重大成就和历史经验的决议》（以下简称《决议》）指出："党确立习近平同志党中央的核心、全党的核心地位，确立习近平新时代中国特色社会主义思想的指导地位"[11]。我们应该坚决拥护和践行"两个确立"，像雷锋拥护毛主席一样，拥护习近平同志党中央的核心、全党的核心地位，深入系统学习习近平新时代中国特色社会主义思想。只有有了一个权威领袖，中国共产党的组织力、凝聚力、战斗力才能发挥出来；只有有了先进思想作指导，才能抵制各种错误思潮的影响，不迷失方向。

2. 学习英雄，崇尚英雄，争做英雄。人无精神则不立，国无精神则不强。英雄是一个民族的脊梁，是一个民族生生不息的灵魂，是一个民族屹立不倒、奋勇前进的动力。雷锋爱看英雄人物精神和事迹的书籍和文章，受英雄精神和事迹的感染，以英雄为榜样，处处学习英雄的做法，最终，他也成了一名英雄。崇尚英雄才会产生英雄，争做英雄才能英雄辈出。当前，面对全球新冠肺炎疫情的严峻形势，面对部分人价值观扭曲的现实，我们需要学习英雄，学习他们崇高的理想信念、高尚的道德情操和全心全意为人民服务的精神；我们需要崇尚英雄，大力弘扬英雄精神和事迹，给予他们崇高的荣誉，对于恶意丑化英雄烈士的行为，绝不姑息；我们需要争做英雄，以英雄主义为精神指引，脚踏实地、勇立潮头，努力成长为雷锋式的人物，"以实际行动书写新时代的雷锋故事"[12]。

3. 投身实现中华民族伟大复兴中国梦的伟大实践。雷锋先进事迹和精神的产生，除了个人努力，更重要的是“时势造英雄”。中华人民共和国成立后，确立了中国共产党在全国的执政地位，彻底结束了旧中国半殖民地半封建社会的历史，实现了人民民主，中国人民成为国家的主人。随着国家的发展进步和社会的万象更新，雷锋也站了起来，掌握了个人命运，作为新一代革命事业的接班人迅速成长。1956 年雷锋小学毕业后，在组织的帮助下，成了望城县委机关的公务员，同年在组织的培养下又成为望城县第一位拖拉机手。1958 年 9 月到 1960 年 1 月，雷锋在鞍钢工作，他连续 3 次被评为先进生产者，18 次被评为标兵，5 次被评为红旗手。参军后，他被评为优秀战士、节约标兵，荣获模范共青团员的称号。雷锋在日记中多次将他个人取得的成绩归功于党和同志们。1962 年 1 月 1 日，他在日记中写道：“由于我在实际工作和行动中，做出了一点成绩，部队党委授予我‘模范共青团员’和‘节约标兵’的光荣称号，并给我记二等功一次，三等功两次，这使我内心十分激动。因为我所做的是每个共产党员应尽的义务，并且距离党和上级的要求还差很远，获得一些成绩也是党的教育和同志帮助的结果。”[4]当前，在实现中华民族伟大复兴中国梦伟大实践的征程上，我们每一个中国人都应该厚植家国情怀，以实现中华民族伟大复兴为己任，“要学习雷锋的做法，把崇高理想信念和道德品质追求转化为具体行动，体现在平凡的工作生活中”[10]，将个人的发展和国家的发展、社会的进步结合起来，有一分光发一分热，将个人的小我融入国家的大我、社会的大我之中，实现个人价值，服务祖国需要。“如果 13 亿多中国人、8900 多万党员、400 多万党组织都能学习雷锋精神，都能在自己的岗位上做一颗永不生锈的螺丝钉，我们的凝聚力、战斗力将无比强大，我们将无往而不胜”[13]，中华民族伟大复兴的中国梦一定能早日实现。

参考文献：

[1] 中共中央宣传部宣传教育局. 雷锋精神学习读本［M］. 北京：人民出版社，2013.

[2] 殷允岭. 雷锋传［M］. 北京：人民出版社，2018.

[3] 习近平. 在庆祝中国共产党成立 100 周年大会上的讲话［M］. 北京：人民出版社，2021.

[4] 雷锋. 雷锋日记［M］. 长春：吉林大学出版社，2020.

[5] 罗瑞卿. 学习雷锋——写给《中国青年》［J］. 中国青年，1963（5，6）.

[6] 管仲. 管子［M］. 长春：时代文艺出版社，2008.

[7] 刘忠和. 新形势下雷锋精神学习读本［M］. 北京：人民日报出版社，2012.

[8] 黄红艳. 雷锋精神的时代变迁：从综合到深描［J］. 社科纵横（新理论版），2012（4）：23－25.

[9]《中国共产党简史》编写组．中国共产党简史［M］．北京：人民出版社，中共党史出版社，2021．

[10] 解放思想锐意进取 深化改革破解矛盾 以新气象新担当新作为推进东北振兴［N］．人民日报，2018－09－29（01）．

[11] 习近平．中共中央关于党的百年奋斗重大成就和历史经验的决议［EB/OL］．［2021－11－16］．http：//www. news. cn/2021－11/16/c_ 1128069706. htm.

[12] 肖宇，翟元斌．新时代学雷锋活动的主要成果与基本经验［J］．毛泽东研究，2020（1）：40－50．

[13] 朱基钗．让历史照亮未来——跟着习近平总书记的足迹学习党史［N］．光明日报，2021－03－27（01）．

新时代雷锋精神的基本内涵、时代价值及育人路径研究

朱成龙*

雷锋的一生是短暂的，但他却用生命诠释了人生的价值，他的精神品质、德行操守像一束光照亮人生前进的方向。站在新的历史起点上，我们不仅要帮助新时代大学生理解雷锋精神的基本内涵，更要发挥雷锋精神的时代价值，为将新时代大学生培养成时代新人提供切实可行的育人路径。

一、新时代雷锋精神的基本内涵

最初，雷锋精神是指忠于党、忠于祖国、忠于人民的崇高信仰以及为人民服务的优良品质。伴随时代的进步，雷锋精神的基本内涵不断得到丰富和发展，增添了许多新的时代内容，其基本内涵可以被概括为以爱党、爱国、爱社会主义为核心的崇高信仰，以服务人民为宗旨的奉献精神，以自强不息为表征的创新精神和以爱岗敬业为基石的创业精神[1]。

（一）以爱党、爱国、爱社会主义为核心的崇高信仰

雷锋作为一名孤儿，从小便失去家庭的温暖，是在党和国家的照顾与关怀下成长成才的，他不仅深受毛泽东思想的洗礼，更是亲身经历了新旧社会的变革，从而自觉将自己的前途命运融入为国家富强和社会主义事业建设的伟大奋斗中。他在自己的日记中写道："我就是长着一个心眼，我一心向着党，向着社会主义，向着共产主义。"[2]雷锋将这种信仰的力量作为驱使自己为社会服务的精神动力和不竭力量之源，甘愿成为一块红砖，哪里需要便往哪里搬，为党的事业矢志不渝、为社会主义事业建设添砖加瓦。

---

* 作者系黑龙江大学马克思主义学院硕士研究生。

（二）以服务人民为宗旨的奉献精神

“人的本质不是单个人固有的抽象物，在其现实性上，它是一切社会关系的总和。”[3] 人的社会属性说明个人对他人和社会都应承担一定的社会责任，雷锋用现实行动诠释了这一点。雷锋的一生，是对人民无私奉献的一生。在他短暂的生命里，他自觉贯彻党为人民服务的宗旨，坚持以人民为先，在平凡的岗位上做了许多默默无闻地好事。他日记中写到的：“人的生命是有限的，可是，为人民服务是无限的，我要把有限的生命，投入到无限的为人民服务之中去。”[2] 这种为人民奉献的精神，不仅是他一生最真实的写照，更是中华民族传统美德的生动体现，值得我们进一步发扬。

（三）以自强不息为表征的创新精神

雷锋认为社会主义事业的发展离不开知识和技术的支持，他将自己比作钉子，钉子的挤劲是学习理论知识的强大动力，钉子的钻劲是钻研技术的精神支柱。雷锋凭借这种精神，通过和同志们的不懈努力，发明了“横杆吊斗运泥法”，大大提高了鞍钢焦化厂建设的效率和进度。雷锋身上这股自强不息的创新精神，正是中华民族不屈精神的重要表现。新时代，我们应继续发扬“钉子精神”，掌握系统的科学理论基础知识，练就过硬的本领，不断丰富自身，成为祖国和社会需要的创新人才。

（四）以爱岗敬业为基石的创业精神

雷锋参加工作时，正处于我国全面建设社会主义的时期，他在岗位上履职尽责，甘愿做个怪人，诠释了一种“做好本职工作，热爱本职工作，尽职尽责”的职业精神。在当汽车兵期间，他经常向行家请教，努力钻研汽车的相关知识，成功解决了汽车的油耗问题，为节约燃油作出了重大贡献。“空谈误国、实干兴邦”，新时代，我们应以雷锋的“螺丝钉”精神为指引，继续发扬艰苦奋斗的精神，在平凡的岗位上尽心尽力，在普通的工作中发光发热，让爱岗敬业在中国大地蔚然成风，成为实现中华民族伟大复兴中国梦的强大力量。

二、新时代雷锋精神的时代价值

雷锋精神是永恒的，它是五千年优秀中华文化和红色革命文化的结合[4]。雷锋精神不仅是新时代大学生提高家国情怀和培育良好家风的精神武器，还是践行社会主义核心价值观的精神指引，更是实现新时代大学生全面发展的精神动力。

（一）新时代大学生提高家国情怀和培育良好家风的精神武器

习近平总书记在许多重要讲话中都提到过家风，提出“父母应该重视家庭教育，注重建设良好的家风，将家庭的命运与国家和民族的命运紧密联系在一起”。家国情怀是个人对于自己长期生活的家乡和国家所产生的一种认同感和归属感，以及愿意为国家和家乡作出贡献的使命感和责任感。新时代大学生的人生观、世界观和价值观仍处于发展阶段，容易受到各种不良思想的侵蚀，作出错误的价值判断，产生不良的行为后果，这便需要家国情怀的熏陶，使新时代大学生自觉将个人与国家、社会的命运紧密相连，为实现中华民族伟大复兴中国梦奉献青春和热情。新时代大学生学习雷锋精神既是对家国情怀的传承，也是建设良好家风的要求。良好的家风对个人而言，有利于个人的成长、成才；对社会来说，有利于社会的安定、和谐；对国家来说，有利于实现第二个百年奋斗目标和中华民族伟大复兴中国梦。因此，要增强新时代大学生家国情怀和培育良好家风就必须要求高校思想政治教育工作者和家庭同向发力，帮助新时代大学生充分理解雷锋精神的基本内涵，引导他们自觉在日常生活践行雷锋精神，维系好家庭和国家之间责任的纽带。

（二）新时代大学生践行社会主义核心价值观的精神指引

雷锋精神是社会主义核心价值观在新时代的生动体现，二者的精神内核具有高度的契合性。社会主义核心价值观分别从国家、社会和个人三个层面凝练出社会主义的核心价值目标；雷锋精神则是以毛泽东思想为指导，在实践中形成和发展的，其基本内涵也囊括了对国家、社会和他人的方面。雷锋精神中的爱党爱国的崇高理想与社会主义基本价值观中的国家价值观相对应；善待他人、为他人付出、建设和谐社会的愿望，与社会层面的价值取向是一致的；雷锋将毕生精力投入到工作中，与社会主义核心价值观个人层面相符合。伴随市场经济的深入发展，社会竞争力的日益增强，个人主义问题更加突出。面对新时代带来的新挑战，大学生应自觉学习雷锋及其精神，坚守本心，正确认识个人价值的实现离不开集体和社会的支持，积极克服市场经济所带来的过度强调物质享受和等价交换的价值误解，使新时代大学生能够在多维价值观中按照社会主义基本价值取向作出正确的价值判断，同时自觉内化雷锋精神的基本内涵，外化为积极践行社会主义核心价值观的行为，做到知行合一。

（三）新时代促进大学生全面发展的精神动力

苏霍姆林斯基曾说：“教育者在关心人的每一个特征的完善的同时，任何时候也不要忽略这样一种情况，即人的所有各个方面和特征的和谐都是由某种主导的、首要的东西所决定的……在这个和谐里起决定作用的，主导的成分就是道德。”[5]道德是人的发展之基，一个人要想得到更好的发展，就必须有高尚的道德情操。

雷锋精神可以帮助新时代大学生更好地融入社会，形成正确的人生观、世界观和价值观，自觉地将个人志向融入社会理想，实现个人利益与集体利益、社会利益的有机结合。学习雷锋精神不仅可以使大学生在道德品质上进行自我完善，还可以锻炼其他方面的能力。首先是独立能力。进入大学后，大学生没有了家长在生活上的细心照顾、老师在学业上的严格要求，雷锋精神可以帮助大学生学会独立，调整自己的状态以适应大学生活，学会进行独立思考，依靠自己去克服遇到的困难。其次是学习能力。面对日新月异的社会，如果没有强大的学习能力，就无法与社会接轨。雷锋精神可以促使大学生学习专业知识及其他方面的能力，从而为社会做出贡献。最后是实践能力。雷锋精神能够让大学生将自己所学的专业知识、练就的各种本领积极地投入到社会实践中，以此提高自己的实践能力。

三、新时代雷锋精神的育人途径

新时代用雷锋精神开展育人活动是一项系统性的工程，需要通过创新雷锋精神学习方式，宣传榜样人物先进事迹，开展多种形式实践活动，以求新时代大学生强化理念认同、淬炼责任意志、践行雷锋精神，切实发挥雷锋精神的育人成效。

（一）创新雷锋精神学习方式，强化理念认同

雷锋精神不仅能够促使新时代大学生塑造正确的人生观、人生观和价值观，而且能够提高新时代大学生的道德修养和审美水平。一方面，针对落后腐朽的观念，可以发挥思政课的价值引领和育人作用，在讲授社会主义核心价值观的内涵和理念时，引入雷锋精神的内容，引导新时代大学生将二者有机结合起来。除了理论学习外，还可以通过开展以学习和弘扬雷锋精神为主题的小组辩论赛、学生演讲等形式的课堂实践活动，让学生有机会展示自己的才能，提高他们参与的积极性，让师生在这些活动中增加彼此之间的了解与互动。这些比赛不仅仅是一场比赛，更是一场由师生共同组织策划的精神庆典[6]。在教师主导、学生主体、师生共同策划的一场生动的课堂活动中，不仅可以使新时代大学生充分理解雷锋精神，并用雷锋精神自觉抵制不良观念的影响，更实现了思想政治课与雷锋精神的有机结合。另一方面，针对网络上的历史虚无主义，高校可以利用雷锋精神加强对新时代大学生理想信念的教育。高校可以通过微博直播、微信公众号等双向互动的形式，讲好雷锋故事，让新时代大学生在了解雷锋、感悟雷锋精神的过程中，增强家国情怀，从而使新时代大学生认识到理想信念的重要性，不再深陷历史虚无主义的漩涡，而是将雷锋精神作为强大的精神武器，用来消弭历史虚无主义带来的理想信念的缺失，增强新时代大学生的理想信念。高校还可以通过自媒体平台，利用新时代大学生喜闻乐见的表达习惯，结合现行网络流行语，创新雷锋精神的表达方式，提高新时代大学生对于理想信念的认同。通过创新雷锋精神学习方式，

坚定新时代大学生的理想信念，进一步激发新时代大学生的爱国情怀，为实现伟大的梦想负重前行。

（二）宣传雷锋榜样先进事迹，淬炼责任意志

党的十八大以来，习近平总书记多次点赞先进典型和模范，号召学习先进典型，学习先进榜样，强调“实现中华民族伟大复兴，需要更多时代楷模”[4]。新时代推进中国特色社会主义伟大事业需要伟大的中国精神，开启中国特色社会主义伟大征程需要伟大的中国力量。先进的事迹会感人肺腑，崇高的品格则会涤荡心灵。责任意识的形成需要不断被榜样引导，榜样的作用便在于可以通过言行将高尚品德、责任意识具体化、人格化，让新时代大学生在潜移默化中模仿榜样的行为，在现实生活中淬炼社会责任意识，从而强化社会责任行为。

每个时代都有时代主题，都需要英雄发挥榜样的力量。榜样都具有强大的社会责任意识。针对新时代大学生社会责任意识薄弱，我们可以为他们树立榜样，充分发挥榜样的力量，让他们向榜样学习，在行动中效仿。首先是榜样的选取。新时代典型代表的树立应具有鲜明的时代特色，贴近大学生现实生活。坚持个人理想与中国梦相结合的原则，选择能反映社会先进价值观的人物，为大学生树立榜样。例如，两战疫情的国士钟南山院士、为人民群众鞠躬尽瘁的扶贫干部黄文秀等，都是新时代的雷锋[7]，他们发挥坚毅不放弃的精神，凭借顽强的社会责任意识，在自己的工作岗位上默默坚守，不求回报，始终把人民的幸福、国家和民族的振兴放在首要位置，不计较个人的得失。他们为国家民族大义而无私奉献的强烈的家国情怀和民族担当精神值得所有新时代大学生学习。其次是榜样的学习。榜样的学习不能仅仅停留在举办座谈会、讲座等形式上，而需要我们将榜样身上的优良品质、社会责任意识提炼出来，成为教学资源的一部分，让大学生在耳濡目染下向榜样学习，强化社会责任意识。

（三）开展多种形式的实践活动，践行雷锋精神

学可以积累量变，习可以促成质变。丰富多彩的实践活动，能够让大学生在实践中充分感悟雷锋精神的基本内涵，实现社会价值，树立正确的人生目标。通过社会实践，大学生在与社会的接触中了解社会需求，在对社会的贡献中发现自己的社会价值，在为社会服务中明确自己的人生理想。实践是认识的目的和来源，理论的重要性就在于指导实践。大学生通过亲身参与实践并在实践过程中进行自我认知、自我感悟来培养有意识和有纪律的行为习惯。

实践能够帮助大学生更好地走进生活、观察生活、体验生活。针对新时代大学生对于雷锋精神知易行难的现状，设计的实践活动应从符合新时代大学生的特点出发，

并且应注意实践方式和实践效果。首先，在家庭教育中，家长可以对大学生进行劳动教育，如打扫房间等，让其在家庭中承担一些责任。其次，在学校教育中，可以组织丰富多彩、活泼向上的校园活动以加强校园文化建设。例如：结合新时代大学生日常生活，开展打扫新生寝室、我为师生办实事等志愿服务活动，为其进入社会自觉承担相应的社会责任打下良好的基础。再次，在社会实践教育中，学校要与社会积极建立实践教育基地，提供实践教育平台。例如：学校可以与社区建立合作，多与社区沟通，找出社区真正需要解决的问题，有针对性地安排大学生参与社区的日常管理，并为社区发展建言献策。大学生只有真正走进社区，主动自觉地执行任务，才能真正体验雷锋精神，才能感悟雷锋精神的时代意义，从而增强他们践行雷锋精神的积极性与主动性。最后，在网络教育中，需要掌握实践活动的话语权，抢占网络高地，切忌实践活动的开展只是单纯地发些电子文件，进行简单的讲解与教化，而应该开展好特色实践活动。例如：可以组织大学生开展网络支教，借助网络的媒介作用，利用网络的强互动性和超越时空限制的优势，为偏远贫困地区孩子们开展课外辅导，让大学生发挥自身优势，更好地完成志愿任务，从而提高大学生参与活动的积极性，激发大学生的社会责任意识，让大学生真正理解志愿服务的精髓，在奉献中体验雷锋精神的真谛。

参考文献：

[1] 杨增岽．雷锋精神的基本内涵及其育人价值［J］．人民教育，2021（8）：12－15．

[2] 雷锋．雷锋全集（新世纪珍藏版）［M］．北京：人民武警出版社，华文出版社，2002．

[3] 马克思恩格斯选集：第1卷［M］．北京：人民出版社，2012．

[4] 解放思想锐意进取 深化改革破解矛盾 以新气象新担当新作为推进东北振兴［N］．人民日报，2018－09－29（01）．

[5] 蔡汀，王义高，祖晶．苏霍姆林斯基选集［M］．北京：教育科学出版社，2001．

[6] 路芳．融合视角的雷锋精神与思想政治教育［J］．中学政治教学参考，2021（10）：78－79．

[7] 谢文凤，贺培育．新时代雷锋精神的三维向度［J］．毛泽东研究，2021（11）：54－62．

试论雷锋精神的永恒性

翟荣凯*

2014年3月11日，习近平总书记出席十二届全国人大二次会议解放军代表全体会议接见部分基层代表时，他对某工兵团“雷锋连”指导员谢正谊说：“雷锋精神是永恒的，是社会主义核心价值观的生动体现。”2018年9月28日上午，习近平总书记在参观抚顺市雷锋纪念馆时强调指出：“雷锋是时代楷模，雷锋精神是永恒的。”习近平总书记关于雷锋精神的永恒性的重要论述，为学习和弘扬雷锋精神，把雷锋精神代代传承下去指明了方向，提供了根本遵循。本文拟就此问题做些探讨。

一、正确认识和把握雷锋精神的永恒性的重要性

雷锋精神是对雷锋在22年的生命历程中，用先进思想和实际行动所体现的社会主义、共产主义思想道德品质的提炼和概括。它是社会主义核心价值观的生动体现，是中华民族传统美德的继承和发扬，是雷锋留给我们的极其宝贵的精神财富。

雷锋精神的实质是全心全意为人民服务。这也就是雷锋所说的“要把有限的生命，投入到无限的为人民服务之中去”，一心“向着社会主义，向着共产主义”，“把自己的毕生精力和整个生命为人类的解放事业——共产主义全部献出”。

雷锋精神的永恒性是指雷锋精神永远不会过时，永远值得我们学习和弘扬。正如习近平总书记语重心长地指出：“我们要从娃娃抓起，让雷锋精神在全社会蔚然成风，世世代代弘扬下去。”

在中国特色社会主义新时代，正确认识和把握雷锋精神的永恒性的重要性主要表现在以下几个方面。

一是传承以伟大建党精神为源头的精神谱系的需要。党的十九届六中全会通过的

---

* 作者单位系贵州省雷锋精神研究会。

《中共中央关于党的百年奋斗重大成就和历史经验的决议》指出："一百年来，党坚持性质宗旨，坚持理想信念，坚守初心使命，勇于自我革命，在生死斗争和艰苦奋斗中经受住各种风险考验、付出巨大牺牲，锤炼出鲜明政治品格，形成了以伟大建党精神为源头的精神谱系。"2021 年 9 月，党中央批准中宣部梳理的第一批纳入中国共产党人精神谱系的伟大精神中包括了雷锋精神。由此可见，雷锋精神是中国共产党人精神谱系的组成部分，传承伟大建党精神需要弘扬雷锋精神。因此，正确认识和把握雷锋精神的永恒性，总结推介弘扬雷锋精神的做法、成效和经验，对于继续发扬光荣传统，赓续红色血脉，永远把伟大建党精神继承下去，发扬光大，走好新时代赶考之路，为实现中华民族伟大复兴凝聚精神力量，必将起到有力的推进作用。

二是培育和践行社会主义核心价值观的需要。雷锋精神之所以是社会主义核心价值观的生动体现，就在于雷锋精神与社会主义核心价值观的内涵相一致。社会主义核心价值观的内涵分为三个层面：从国家层面讲，包括富强、民主、文明、和谐；从社会层面讲，包括自由、平等、公正、法治；从个人层面讲，包括爱国、敬业、诚信、友善。雷锋精神的内涵包括 5 个方面，即雷锋热爱党、热爱祖国、热爱社会主义的崇高理想和坚定信念，雷锋服务人民、助人为乐的奉献精神，雷锋干一行爱一行、专一行精一行的敬业精神，雷锋锐意进取、自强不息的创新精神，雷锋艰苦奋斗、勤俭节约的创业精神。两相对照，可以得出二者在内涵上是相通的，本质上是一致的。这也就是说，雷锋精神是构建社会主义核心价值观的内在元素。因此，正确认识和把握雷锋精神，把雷锋精神的种子广播在祖国大地上，也是培育和践行社会主义核心价值观题中应有之义。

三是加强新时代公民道德建设的需要。1962 年 8 月 15 日，雷锋在执行运输任务时不幸殉职，年仅 22 岁。1963 年，毛泽东等党和国家领导人发出向雷锋同志学习的号召。国防部命名雷锋生前所在班为"雷锋班"。经中央军委批准，将雷锋画像制作印发全军，在连以上单位悬挂、张贴。2009 年 9 月，雷锋被评为"100 位新中国成立以来感动中国人物"之一。2019 年 9 月，雷锋被评为"最美奋斗者"个人。党和人民对雷锋的褒奖，说明雷锋是时代的楷模，是全党全军全国人民学习的好榜样。中共中央、国务印发《新时代公民道德建设实施纲要》的"总体要求"中提出："要把社会公德、职业道德、家庭美德、个人品德建设作为着力点。"并明确了每一类道德的主要内容和总要求，将这些内容和要求同雷锋的模范事迹和雷锋精神的内涵相对照，雷锋仍是加强新时代公民道德建设应当学习的好榜样。因此，正确认识和把握雷锋精神的永恒性，让雷锋精神这面永不褪色、永放光芒的旗帜，成为永远激励人们奋力向前的强大力量，就能推进新时代公民道德建设的总体要求、重点任务和主要目标的实现。

二、雷锋精神的永恒性的依据

马克思主义哲学认为，物质可以变精神，精神反过来可以变物质。还认为，社会存在决定社会意识，社会意识又反过来作用于社会存在。以此作指导，可从雷锋精神产生及形成的时代性、继承性和实践性，探讨雷锋精神的永恒性的依据。

首先，从时代性看。雷锋精神产生和形成于20世纪50年代至60年代初，中华人民共和国成立后，我国进入社会主义革命和建设时期。这也是雷锋生命历程中的主要时期。雷锋出生于贫苦农民家庭，7岁就成了孤儿。1949年8月雷锋的家乡解放，1950年初进行土地改革，雷锋和其他贫苦农民一道翻身得解放。其后，雷锋入小学读书，1956年完小毕业，当年到望城县委当公务员。1957年夏，雷锋参加望城县治沩工程，后到团山湖农场开拖拉机。1958年10月至1960年1月，雷锋在鞍钢参加社会主义建设，当推土机手。1960年1月，雷锋参军入伍，分配到沈阳部队工程兵某部运输连当驾驶员。1960年11月，雷锋加入中国共产党。1962年8月，雷锋因公殉职。雷锋在他一生经历的农、工、兵三条战线上，成绩都很显著。在农业战线上，是治水模范；在工业战线上，三次被评为先进生产者，十八次被评为标兵，五次被评为红旗手，出席过鞍山市青年社会主义建设积极分子大会；在部队，荣立一次二等功，两次三等功，多次受到嘉奖，被评为艰苦奋斗的节约标兵，获得沈阳部队工程兵党委授予的模范共青团员称号，出席过沈阳部队首届共青团代表大会，当选为抚顺市人民代表。思想是行动的先导。雷锋通过党的教育和培养，刻苦学习马列主义、毛泽东思想，树立了“为共产主义献身”的崇高理想和坚定信念，并且理论与实践相结合，解决了“为谁活着，怎样做人”这个共产主义世界观和人生观的根本问题。雷锋以高度的主人翁责任感和共产主义的劳动态度，对待所从事的各项工作，干一行爱一行专一行，一干就要干好。雷锋的模范事迹展现了在社会主义制度下，中国共产党人和广大人民群众自力更生、艰苦奋斗、发愤图强的艰苦创业精神。这种创业精神永远不会过时。

其次，从继承性看。道德是有继承性的，尤其是向上向善的美德更是如此。雷锋精神包含的社会主义、共产主义道德品质，既同中华人民共和国成立后建立的社会主义制度、党的教育培养和雷锋自身的努力有关，同时也与继承中华民族传统美德有关。中华民族传统美德，概括而言有热爱祖国、热爱劳动、热爱人民、尊老爱幼、艰苦朴素等内涵。雷锋不仅继承了这些传统美德，而且还适应社会主义、共产主义道德本质的要求加以发扬。雷锋热爱社会主义祖国，“一心向着社会主义”，“全心全意投入社会主义建设事业，做出更多更好的成绩”。雷锋始终把勤劳，奋发图强，为共产主义献身，作为自己义不容辞的义务。对待工作“像夏天一样的火热”，“向积极性最高的同志看齐”。组织上分配干什么，他就干什么，不计报酬，全心全意地去做。无论是分内的事，还是分外的事，“说干就干，干就干好”。雷锋热爱人民，为同志、为群众做了不少好事。“雷锋出差一千里，好事做了一火车”，当年这句话被传为美谈。雷锋把省吃俭用积存起来的钱，差不多都捐寄给受灾群众和需要帮助的战友。1960 年，在国民经济困难时期，雷锋一次捐款就达 200 元。雷锋参加抚顺市第四届人民代表大会，看到有 6 位六七十岁的老太太被选为代表参会，他很尊敬她们，把她们当成自己的亲人，拉着她们的手，微笑地向她们问好，并把她们一个个送到宿舍，给她们倒茶、送水。雷锋在生活上“向水平最低的同志看齐”。他说：“我们是国家的主人，应该处处为国家着想，事事要精打细算，不能今朝有酒今朝醉，明日愁来明日忧”。他这样说，也是这样做的。部队发军装时他少领，开车时随车带着节约箱，衣服鞋袜破了自己补。在雷锋同志模范事迹展览中，我们看到他那双补丁叠补丁的袜子，一直舍不得换新的，不禁从心底里敬佩。雷锋从中华民族传统美德中汲取营养，并发扬成为社会主义、共产主义道德要求的元素，为我们树立了榜样。我们要把中华民族传统美德和雷锋精神永远传承下去，发扬光大。

再次，从实践性看。雷锋精神的形成有实践基础。雷锋在党的教育培养下，在社会主义建设的时代环境中，在中华民族传统美德的继承中，通过自身的刻苦学习和实践，用生动鲜活的模范事例，展现了社会主义、共产主义的思想道德品质，孕育和形成了平凡而伟大的雷锋精神。因此，雷锋精神具有激励人们为社会主义、共产主义事业奋力前行的影响和感召力。开展学雷锋活动近 60 年来取得的显著成效有力地证明了这一点。近 60 年来，开展学雷锋活动经历了社会主义革命和建设时期、改革开放和社会主义现代化建设新时期，以及现在所处的中国特色社会主义新时代，每个时期都涌现了许许多多的学雷锋标兵、学雷锋先进集体，以及道德模范、时代楷模，还有各行各业评选表彰的先进个人、先进集体等，他们的模范事迹都是弘扬雷锋精神的生动的、具体的体现。这说明，雷锋精神的传承和弘扬可以跨越社会主义事业发展的不同时期，具有穿越时空的恒久生命力和感动社会的永恒魅力，永远不会过时，并且随着时间的推移，随着中国特色社会主义现代化建设事业的发展，其时代内涵将不断得到丰富和升华。

三、努力学习和践行，把雷锋精神世世代代传承下去

把雷锋精神世世代代传承下去，这是学习和探讨雷锋精神的永恒性的目的和落脚点，同时也是持续开展学雷锋活动的主要任务和努力目标。

第一，要抓好学习和教育，增强向雷锋同志学习的自觉性。各级党组织要利用各种学习形式和载体，组织党员、干部和群众以习近平新时代中国特色社会主义思想为指导，认真学习贯彻习近平总书记关于弘扬雷锋精神的重要论述，学习近平总书记在庆祝中国共产党成立 100 周年大会上的重要讲话，学习党的十九届六中全会通过的

《中共中央关于党的百年奋斗重大成就和历史经验的决议》，学习《新时代公民道德建设实施纲要》《关于培育和践行社会主义核心价值观的意见》《关于深入开展学雷锋活动的意见》等。通过学习，提高对持续开展学雷锋活动、弘扬雷锋精神的重要性和必要性的认识，从而增强向雷锋同志学习的自觉性。同时，还应加强对雷锋模范事迹的宣传，增强年轻一代对雷锋生平事迹和雷锋精神的了解和认同。

第二，要抓好措施的落实。当前按照中宣部和中央文明办的部署和要求，各地都成立了文明实践活动中心、站、所，对开展学雷锋活动都做了安排。关键是要认真抓落实、见实效。上级有关部门要加强督促检查。

第三，需要重点解决的两个问题。一是领导干部带头向雷锋同志学习的问题。这个问题讲得多，但缺少具体要求和有力措施。应当把领导干部向雷锋同志学习的情况，作为年终述职的一项重要内容进行考核。二是学雷锋和学其他模范人物的关系问题。2014 年 3 月 4 日，习近平总书记给“郭明义爱心团队”的回信中强调指出：“雷锋精神，人人可学；奉献爱心，处处可为。积小善为大善，善莫大焉。当有人需要帮助时，大家搭把手、出份力，社会将变得更加美好。”可见，学雷锋是人人都要学，人人都可学。其他模范人物，可按党员、干部、群众自身的实际情况和要求，进行学习。

总之，雷锋精神是永恒的，它具有强大的生命力和感召力。要把学雷锋活动深入持久地开展下去，继续激励广大党员、干部和群众，为实现第二个百年奋斗目标而不懈努力。

参考文献：

[1] 习近平. 在庆祝中国共产党成立100周年大会上的讲话 [M]. 北京：人民出版社，2021.

[2]《中共中央关于党的百年奋斗重大成就和历史经验的决议》辅导读本 [M]. 北京：人民出版社，2021.

[3] 中共中央办公厅印发《关于培育和践行社会主义核心价值观的意见》[N]. 人民日报，2013-12-24 (01).

[4] 中共中央、国务院印发《新时代公民道德建设实施纲要》[N]. 人民日报，2019-10-28 (01).

[5] 深入开展学雷锋活动 [N]. 人民日报，2012-03-03 (01).

[6] 王灵凤. 雷锋语录 [M]. 北京：中央编译出版社，2012.

[7] 陈广生，崔家骏. 雷锋的故事 [M]. 北京：解放军文艺出版社，1973.

[8] 雷锋日记 (1959—1962) [M]. 北京：解放军文艺出版社，1963.

新时代学雷锋的哲学思考

王真茂*

党的十八大以来，习近平总书记对新时代学雷锋作出了一系列重要指示，深刻阐释了新时代为什么要学雷锋、学什么、怎样学的重大理论和实践问题，为新时代学雷锋指明了前进方向，提出了明确要求，提供了根本遵循。其中蕴含的唯物辩证法根本立场、基本观点和基本方法，是对马克思主义唯物辩证法的当代运用和继承发展，对推进新时代学雷锋深入蓬勃发展，激发和凝聚实现中华民族伟大复兴的强大精神力量，具有重要的引领和指导意义。

一、运用物质决定意识的基本原理，充分发挥新时代学雷锋等英模榜样的引领激励作用

辩证唯物主义告诉我们，世界统一于物质，物质决定意识。

“雷锋是时代的楷模”，习近平总书记明确定义了雷锋榜样的历史坐标。从唯物主义角度，揭示了雷锋作为红色资源的物质形态，是一个具象的新时代学习榜样。

“实现中华民族伟大复兴，需要更多时代楷模。”雷锋是在党的培养和毛泽东思想的哺育下成长起来的一代新人的杰出代表，是践行社会主义核心价值观的光辉榜样，是共产党人践行初心使命的一面旗帜。习近平总书记的指示，意在号召全社会要争做雷锋式的时代楷模。

榜样的力量是无穷的，这是物质决定意识的反映。榜样是旗帜，是标杆，使人学有榜样，赶有方向。雷锋成为时代楷模，其中一个重要因素是他是在学习方志敏、董存瑞、黄继光等英模人物中成长起来的。在第二个百年奋斗目标新征程，雷锋作为新时代的旗帜、标杆，将激发和凝聚实现中华民族伟大复兴的中国梦的奋进力量。

---

* 作者系雷锋文化研究院研究员（辽宁）。

要通过原汁原味讲好雷锋的故事，解读雷锋的日记、传承雷锋精神，增强社会公众特别是广大青少年对雷锋等英模的认知，真信、真懂、真学，提高新时代学雷锋的思想自觉和行动自觉。要叫响新时代学雷锋等英模榜样的口号，倡导人们自觉向英模学习、看齐，坚定理想信念，掀起比学赶帮超学英模的高潮，大力营造以学雷锋等英模榜样为荣，走英模成长道路的浓厚氛围。要倡导在学习工作中学雷锋等英模，刻苦学习科技知识，掌握创业真实本领，立足本职爱岗敬业，努力拼搏奋斗，彰显学英模榜样的力量。

二、运用意识对物质的能动作用的基本原理，让雷锋精神成为推进民族复兴伟业进程的强大精神力量

马克思主义唯物史观认为，社会存在决定社会意识，社会意识形成后反作用于社会存在，先进的社会意识能促进社会发展，落后的社会意识则阻碍社会发展。这是精神变物质的辩证法。

（一）让雷锋精神成为新征程前行的强大精神动力

习近平总书记指示："雷锋精神是永恒的，是社会主义核心价值观的生动体现。"明确了雷锋精神的时代价值。

"无论我们的时代如何发展，雷锋精神永远不会过时！"这是习近平总书记对雷锋精神的深刻阐释，是指作为中国共产党人精神谱系中的一个闪亮坐标，雷锋精神过去是、现在是、将来仍然是我们党、国家和民族的宝贵精神财富，具有先进性、时代性和引领时代的永恒价值和激励人的巨大作用和力量。

在新征程，要运用意识对物质的反作用的基本原理，高度重视雷锋精神的传承，按照不离其宗、不变其意的原则，在准确把握全心全意为人民服务内核的基础上，赋予雷锋精神时代内涵，进行创新性表达，使其贴近时代、贴近实际，让公众特别是广大青少年易于接受理解，成为引领和激励其努力学习知识、掌握创业本领、争当社会主义现代化国家的建设者、奋进者和贡献者，保持昂扬的精神状态、永不懈怠的革命斗志、一往无前的奋进干劲，把中华民族伟大复兴中国梦变成现实的强大精神动力。

（二）让雷锋的崇高思想和坚定信念成为向远大理想目标前行的精神动力

雷锋精神之所以能够超越时代而历久弥新，根本原因在于它是民族精神的最好写照，具有红色文化基本内涵，是社会主义核心价值观的生动体现。

"崇高信仰、坚定信念不是高不可攀的，雷锋、焦裕禄、杨善洲等就是鲜活的例子。他们一辈子为党和人民奋斗，没有崇高信仰、坚定信念是做不到的。"习近平总书

记的讲话，一方面是说崇高信仰、坚定信念并不是太难太高，只要有革命理想信念就能做到。另一方面，深刻阐明了雷锋等人的信仰信念所在，即他们之所以能够做到一辈子为党和人民奋斗，就在于有崇高信仰、坚定信念。可谓革命理想高于天。这充分揭示了意识对于人的能动作用，即通过政治学习和教育培养，人就会有崇高信仰、坚定信念。而崇高信仰和坚定信念，能使人无畏艰难险阻，不怕流血牺牲，矢志不移朝着伟大理想豪迈前行。

在新征程，我们要坚定理想信念，这个理想信念，就是马克思主义信仰、共产主义远大理想、中国特色社会主义共同理想，把践行中国特色社会主义共同理想和坚定共产主义远大理想统一起来，把坚定理念信念作为终身课题和毕生追求，不断补足精神之钙，深刻感悟百年来党的理想信念穿越时空的强大力量，以崇高理想和坚定信念，进一步增强斗志、奋力前行，不断把为崇高理想奋斗的伟大实践推向前进。

（三）让雷锋精神成为实现中华民族伟大复兴的重要精神动力源泉

“要大力加强思想道德建设，雷锋、郭明义、罗阳身上所具有的信念的能量、大爱的胸怀、忘我的精神、进取的锐气，正是我们民族精神的最好写照，他们都是我们‘民族的脊梁’。要充分发挥各方面英模人物的榜样作用，大力激发社会正能量，为实现‘中国梦’提供强大精神动力。”

习近平总书记深刻阐明了雷锋、郭明义、罗阳等人的高贵品质后，从唯物主义角度强调了精神的能动作用，即通过传承雷锋等英模精神，大力激发健康乐观、积极向上的动力和情感，给人向上的信心和希望，为实现中华民族伟大复兴凝聚奋进力量。

在新征程，我们要心怀“国之大者”，把传承弘扬以爱国主义为核心的民族精神、以改革创新为核心的时代精神和传承弘扬践行雷锋等英模精神结合起来，让雷锋等英模精神成为激发社会正能量和实现中国梦的重要精神动力源泉。

三、运用实践的观点，推进社会主义核心价值体系建设

实践观点是马克思主义哲学的核心观点。实践决定认识，是认识的源泉和动力，也是认识的目的和归宿。

（一）通过实践传承雷锋精神

马克思主义哲学认为，实践是指人能动地改造客观世界的物质活动，是人特有的对象性活动，具有客观性、能动性和社会历史性的特征。

“大力开展学雷锋活动，使雷锋精神真正深入人心，以此推进社会主义核心价值观建设，着力提高人民群众思想道德素质。”习近平总书记说的大力开展学雷锋活动，就

是强调实践。大力开展，是强调实践的力度。

要提高新时代学雷锋实践的思想认识。实践是社会关系的本质和基础，是马克思实践哲学的要求。人是学雷锋实践的主体，首先要在思想上解决新时代为什么要学雷锋、学什么的问题，更要明确落实在行动上。实践又是以人为主体的现实活动，由此新时代学雷锋必须通过直接的、现实的活动和形式，也就是通过实践学雷锋。

要增强新时代学雷锋活动的行动自觉。实践是人类自觉的行为，是社会的、有目的、有意识的物质活动，是人类社会发展的基础和动力，具有“直接现实性”的特征。新时代学雷锋不能光喊口号，也不能光订计划，重要在于实践。要按照习近平总书记重要指示要求，积极主动、加大力度，开展接地气、联人气、形式多样、生动活泼的实践活动。

要努力达到新时代学雷锋实践的目的。习近平总书记要求“大力开展学雷锋活动”，明确了学雷锋活动的目的，即使雷锋精神真正让人深切了解和信服，激发行动自觉性，培育和践行崇德向善、阳光向上的中华传统美德，推进社会主义核心价值观建设和着力提高人民群众的思想道德素质。这是从政治层面对新时代学雷锋提出的根本要求。新时代学雷锋要牢牢把握这个重点，通过实践把雷锋精神变为推进社会主义核心价值体系建设和提高人民群众道德品质素质的直接现实。

（二）做雷锋精神的种子传承雷锋精神

从生物学讲，种子是种子植物的繁殖体系，居于农业生产链条的最上源，对延续物种起着重要作用。大地是种子的孕床和产床，对种子成长有重要作用。种子与大地是对立统一的关系，相互依存，相互促进，相互发展。

习近平总书记发出“你们要做雷锋精神的种子，把雷锋精神广播在祖国的大地上”“使雷锋精神在祖国大地上得到广泛传播”等指示，把学雷锋的人称之为“雷锋精神的种子”，形象又生动。既有对志愿者说的，也有对雷锋生前所在团代表说的，实际是号召人人都要做雷锋精神的种子，传承雷锋精神。

要发挥好雷锋精神的种子作用，在祖国大地广泛传播，成为新时代学雷锋一道亮丽的风景线，应着重把握以下三点：

第一，要当好雷锋精神的种子。种子是生物学整个种植环节中最重要的一环，饱满、质优的种子，发芽率高，生长势强。这启迪我们，要当好雷锋精神的种子，必须品质情操高尚，具有雷锋情怀和无私奉献精神。雷锋精神种子要发挥传承作用，应注重学习，不断提高政治觉悟，充分认识和明确自身肩负的重大责任与使命。要通过学习雷锋故事、雷锋日记等丰富雷锋知识，不断提高思维能力和表达能力。要针对新时代学雷锋不同的主题要求、不同的宣讲对象，以已经出版的有关雷锋的故事、雷锋精神为准，并根据变化了形势任务，赋予时代内涵与内容，认真准备宣讲提纲。宣讲时，力求语言生动，通俗易懂，形式活泼，使雷锋精神落地扎根，发芽展叶，开出绚丽之花，结出丰硕果实。

第二，要做好雷锋精神的种子。雷锋精神种子具有示范性作用，不仅事关自身形象，也事关雷锋形象。由此，作为雷锋精神的种子，要自觉遵纪守法，严于律己，在思想上、道德上高于平常人。在生活上和日常言行举止上，要时时、处处树好形象，在层次上、品位上高于平常人。既当好雷锋精神的传承者，也当好雷锋精神的弘扬者；既当好雷锋形象的代表者，也当好雷锋精神种子形象的代表者，以无愧于雷锋精神种子光荣而神圣的称谓。

第三，要关爱雷锋精神的种子。种子与大地的辩证关系告诉我们，种子离不开大地，需要大地的水分营养，才能扎根、开花、结果；没有大地，再优质的种子也不会开花结果。大地需要种子证明和显示自己的作用和价值，没有种子，再肥沃的大地也结不出果实。

受到习近平总书记关注并赞扬的时代楷模、邓州“编外雷锋团”雷锋精神种子之所以不断发展壮大，使雷锋精神一代接一代薪火相传，名誉神州，主要得益于中原大地这片丰厚“沃土”。河南省、南阳市、邓州三级历任市委、市政府高度重视，主要领导多次到“编外雷锋团”调研指导鼓励，特别是邓州市作为一把手工程，领导班子齐给力，在政治上关怀，工作上支持，经费上保证，宣传上重视，还把准备建市政府办公楼的300多万元钱，用于建设邓州“编外雷锋团”展览馆。

邓州“编外雷锋团”的经验，充分印证了雷锋精神种子要薪火相传、生生不息，需要全社会特别是党委政府的重视、关怀和支持。各地要像河南、南阳和邓州三级党委政府那样，对雷锋精神的种子要在政治上关怀、在组织和运行机制上支持、在物资和经费上给予一定保证，在宣传表彰上重视等，也就是要“多浇水”“勤施肥”，以使雷锋精神的种子获得足够的“水分”“养分”茁壮成长，成为传承雷锋精神、赓续红色血脉的传人和火种，让雷锋精神在全社会蔚然成风。

（三）做到学习雷锋的精神和学习雷锋的做法相统一

马克思主义哲学既是科学的世界观又是科学的方法论，要求首先要坚持实践第一的观点，积极投身实践，同时要坚持理论和实践相结合的原则，做到二者具体的历史的统一。

习近平总书记指示：“我们既要学习雷锋的精神，也要学习雷锋的做法，把崇高理想信念和道德品质追求转化为具体行动，体现在平凡的工作生活中，作出自己应有的贡献，把雷锋精神代代传承下去。”开创性地回答了新时代学雷锋学什么、怎样学的重大课题，蕴含着科学的方法论。

新时代学雷锋必须坚持实践第一的原则。应强化实践意识，着眼于新征程新使命，把学雷锋落实到实际中、落实在行动上，结合岗位、职能和单位实际，制定具体计划，明确指导思想、活动项目、时间安排、分工要求、组织领导等。实践中，按照计划精心组织，认真实施，确保活动取得预期成效。要坚决克服光说学没有行动，光有计划没有落实等情况。

新时代学雷锋必须坚持学习雷锋精神和学习雷锋做法相统一。应以积极务实的态度，坚持把学习雷锋的精神和学习雷锋的做法，体现在具体工作岗位和日常生活中，实现二者有机统一，以学习雷锋的精神促进工作的效率和质量，在日常生活中践行雷锋精神；以学习雷锋的做法，深化对雷锋精神的理解，提高传承的行动自觉和实践效果，聚力为实现中华民族伟大复兴作贡献。

新时代学雷锋必须坚持以实践作为检验成效的标准。新时代学雷锋不在于制订了多少份计划、搞了多少次活动、开了多大规模的会议等，而应以获得了多大社会效益、产生了什么样的社会影响来作为判定成效的标准。既要有无私奉献的精神，又要树立实践是检验成效标准的理念，从活动的指导思想、组织领导、实践项目、保障措施等，到具体实践活动，都要着眼于实际效果，坚决防止单纯为上镜头、登照片等“作秀”行为。

四、运用群众的观点推进新时代学雷锋蓬勃发展

群众观点是马克思主义的基本观点。人民群众是社会物质财富和精神财富的创造者，是社会变革的决定力量，是认识和实践的主体。

习近平总书记指出：“雷锋精神，人人可学；奉献爱心，处处可为。”“积小善为大善，善莫大焉。”“要让学习雷锋精神在祖国大地上蔚然成风，以实际行动书写新时代的雷锋故事，为实现中国梦有一分热发一分光。”既明确了雷锋精神的“无界性学习”，即无年龄、无性别、无身份的限制；又明确了奉献爱心的“泛可做可为”，即处处、时时都可做到，让学习雷锋精神奉献爱心成为社会新风尚，蕴含着学雷锋的群众观点。

新时代学雷锋要牢固树立马克思主义的群众观点，把动员组织全社会学雷锋，作为着重点和突破口，以获得新时代学雷锋最广泛、最可靠的群众基础和力量源泉。要按照习近平总书记要求，把为实现中国梦凝心聚力，作为新时代学雷锋的鲜明主题。个人有多大能力，就贡献多大；能做多少事，就做多少；能做出多少贡献，就做出多少贡献。倡导在志愿服务、公益行动和危难之际等学雷锋，崇德向上、见义勇为、无私奉献。要采取思想的、行政的、物质的等行之有效的措施，最大限度动员、发动和组织全社会积极参加新时代学雷锋志愿活动，努力形成人人都学、全社会都学，处处、

时时学雷锋奉献爱心的生动情景。

五、运用发展的观点开创新时代学雷锋新局面

唯物辩证法认为，自然界、人类社会和人的思维都是不断运动、变化和发展的，发展是事物从出生开始的一个连续不断进步变化的过程，是事物的不断更新。发展的实质，是事物的前进、上升，是新事物代替旧事物。

“创新学雷锋活动的方式方法，使雷锋精神真正深入人心，成为全社会特别是青少年的价值取向。”这是习近平总书记针对国内外形势发生深刻变化，出现许多前所未有的新情况新问题，对新时代学雷锋提出的具体要求。“创新学雷锋活动的方式方法”，蕴藏着辩证唯物主义发展的观点。

发展是一个国家、一个民族进步的不竭动力，也是学雷锋立足新时代、展现新作为的重要动力。

（一）要以发展为理念，聚焦和把握新时代学雷锋主线

坚持实事求是、一切从实际出发，是唯物辩证法的根本要求，也是认识世界和改造世界的根本方法。当前正处于世界未有之大变局，当代中国已经迈上新征程。新征程新使命，任重道远。要树立新时代学雷锋创新发展理念，辩证分析我国经济社会发展阶段性特征，准确把握新变化新特点，开阔新视野，以更高的政治站位，聚焦并牢牢把握为实现中华民族伟大复兴中国梦提供强大精神动力这条主线。

（二）要以发展为引擎，大力推进新时代学雷锋理论创新

要立足客观性，坚持主动性，把握规律性，突出时代性，加强针对性，适应客观要求，紧紧围绕培根育人铸魂、引领社会风尚、激励聚力前行，从理论到机制、节点到常态、系统到整体等，与时代同频共振，深入阐释新时代学雷锋、传承雷锋精神的重大现实问题，以前瞻性、指导性、实用性的雷锋研究成果，激发新动力，发挥推进新时代学雷锋实践蓬勃发展的导向作用。

（三）要以发展为动力，不断创新新时代学雷锋实践活动

要运用唯物辩证法观察事物、分析和解决问题的科学思维，从历史和现实生动鲜活的学雷锋实践中总结规律性，汲取有益经验和做法，结合新的时代条件，坚持理论指导和实践探索辩证统一和良性互动。要坚持守正创新，在报告、讲课、参观等传统方式基础上，广泛应用多媒体等现代科技，以线上线下形象直观的讲解、展示，宣讲雷锋故事和雷锋精神，增强新颖性和感染力。要通过创新新时代学雷锋实践方式方法，

不断拓展传承雷锋精神的途径，直达人心，引发共鸣，使雷锋精神真正深入人心，提高全民特别是青少年的道德品质素质。

六、着眼传承红色基因，让雷锋精神代代相传、发扬光大

量变质变规律告诉我们，量变和质变是事物发展变化的两种基本的状态，任何事物的发展变化都是量变和质变的统一。量变是质变的准备，质变是量变的必然结果。当量变的积累达到一定程度时，必然会引起质变，在新质的基础上开始新的量变。

“我们要从娃娃抓起，让雷锋精神在全社会蔚然成风，世世代代弘扬下去。”“要把学雷锋活动与加强未成年人和大学生思想政治教育结合起来，让学雷锋活动在广大青少年中蔚然成风……”“把雷锋精神代代传承下去。”“希望大家以雷锋为榜样，从身边做起，从小事做起，努力学习知识，养成好的品德，长大后报效祖国和人民。”这是习近平总书记站在确保党和人民事业薪火相传和着眼于共和国长治久安大计的高度，高瞻远瞩对新时代学雷锋提出的要求，体现了领袖的战略思考，意义重大而深远，蕴含着唯物主义辩证法的量变质变规律。

娃娃和青少年是国家的希望和民族的未来，肩负着实现中华民族伟大复兴的中国梦的时代重任。就此而言，新时代学雷锋是传承红色基因、赓续红色血脉的未来工程、希望工程和世纪工程，对立德树人、培根铸魂具有重要作用。我们要深刻领会习近平总书记指示的内涵，增强娃娃和青少年新时代学雷锋的思想自觉，提高行动上的自觉。针对娃娃和青少年接受新鲜事物多、智力开发早、思想成熟早等特点，摸准脉搏，因情施策，以使他们从小到大学雷锋，从量的积累到质的升华，成为堪当民族复兴重任的时代新人。

（一）要从小抓起

要按照习近平总书记“要从娃娃抓起”的指示，充分发挥家长第一任老师、幼儿园第一所学校的作用，在幼儿园设立雷锋塑像、张贴雷锋画像和日记，以简单明快、易于接受的形式开展学雷锋活动，给幼儿讲述雷锋故事、教唱学雷锋歌曲，在幼儿脑中打下雷锋烙印，在心灵播下雷锋精神种子。

（二）要从中小学校抓起

在学校内，设立雷锋塑像、张贴雷锋画像和日记等，把宣讲雷锋故事、雷锋精神，开展学雷锋主题活动，选树“雷锋式”学生等，融入学校的社会主义核心价值观等德育教育的基本内容中，体现在学校的日常教育管理中，做到进教材、进课堂、进头脑，使雷锋精神对处于人生“拔节孕穗期”的青少年，起到春风化雨、润物无声的作用，

让雷锋式的家国情怀融入血脉，厚植爱党爱国爱社会主义的情感，夯实红色基因基础。

（三）要从扣好人生第一粒扣子抓起

紧密围绕立德树人、培根铸魂这个根本，充分发挥新时代学雷锋的作用，通过开展宣讲雷锋故事、雷锋精神，评选雷锋式学生等主题活动，引导和帮助青少年逐步树立远大理想，听党话、跟党走，把热爱祖国作为立身之本、成才之基，增强时代责任感，立大志、明大德、成大才、担大任，不断增强做中国人的志气、骨气、底气，成为德智体美劳全面发展的社会主义建设者和接班人。

参考文献：

[1] 习近平．习近平谈治国理政（第二卷）[M]．北京：外文出版社，2017.

[2] 总政治部．雷锋日记选 [M]．北京：解放军文艺出版社，1989.

[3] 梁伟军．雷锋精神与人的自由全面发展 [J]．华中农业大学学报（社会科学版），2013（4）：124－129.

[4] 朱永卫．雷锋精神的内涵与意义 [J]．山西师大学报（社会科学版），2013，40（S1）：13－14.